U0932976

本书是重庆第二师范学院芦智龙主持的重庆市一流本科课程《中国近现代史纲要》（线上线下混合式）、重庆市中特中心重二师分中心 2022 年度“中特专项”重点项目《问题导向视域下 PBL 教学法引领高校思政课混合式教学改革创新研究》（KY2022ZTA01）、2022 年重庆市教育委员会人文社会科学研究思政专项一般项目《重庆红色文化资源融入党史学习教育的实践研究》（22SKSZ081）、重庆第二师范学院示范性实践教学基地（聂荣臻元帅陈列馆）建设的结项成果。

本书也是重庆第二师范学院新时代青少年思想政治教育协同育人研究中心（2021XJPT04）资助的研究成果。

PBL

芦智龙
文道群
刘思佳
田偲睿

著

新时代高校
思政课混合式教学改革创新研究

中国财经出版传媒集团

经济科学出版社
Economic Science Press
北京

图书在版编目（CIP）数据

新时代高校思政课混合式教学改革创新研究 / 芦智龙等著. -- 北京 : 经济科学出版社，2024. 5. -- ISBN 978 -7 -5218 -5953 -9

Ⅰ. G641

中国国家版本馆 CIP 数据核字第 2024DR1364 号

责任编辑：卢玥丞　赵　岩
责任校对：杨　海
责任印制：范　艳

新时代高校思政课混合式教学改革创新研究
XINSHIDAI GAOXIAO SIZHENGKE HUNHESHI
JIAOXUE GAIGE CHUANGXIN YANJIU
芦智龙　文道群　刘思佳　田偲睿　著
经济科学出版社出版、发行　新华书店经销
社址：北京市海淀区阜成路甲 28 号　邮编：100142
总编部电话：010 -88191217　发行部电话：010 -88191522
网址：www. esp. com. cn
电子邮箱：esp@ esp. com. cn
天猫网店：经济科学出版社旗舰店
网址：http：//jjkxcbs. tmall. com
北京联兴盛业印刷股份有限公司印装
710 ×1000　16 开　19. 25 印张　320000 字
2024 年 5 月第 1 版　2024 年 5 月第 1 次印刷
ISBN 978 -7 -5218 -5953 -9　定价：67. 00 元

PREFACE 前言

随着信息技术的发展，数字化报刊、网络、客户端等新兴媒体作为开展教育教学的重要载体，体现出高时效、互动性、开放性、碎片化的特点。新媒体时代，既为高校思政课推进线上线下混合式教学提供了契机，又对高校思政课的课程建设和改革提出了更高要求。推进高校思政课线上线下混合式教学，应着力解决传统课堂教学忽视学生主体性、线上学习互动有限性和考核评价结果失真性等问题，遵循目标性、建设性、融合性、贴近性等原则，合理设计课前、课中和课后三个教学环节，实现线上线下无缝对接，让高校思政课时时、处处发声，起到润物无声之效，发挥思政课立德树人、铸魂育人的作用。

在党和国家不断推动思政课建设内涵式发展的新时代背景下，立足于解决“培养什么人”“为谁培养人”“怎样培养人”的根本问题，如何坚持问题导向，聚焦学生核心素养的形成，充分发挥学生的主体性？如何找准思政课教学改革的痛点和盲点，精准供给教学内容，创新教学模式方法？如何让学生热爱思政课、参与思政课，提升学生对思政课的认同感、获得感？破解和回答这些问题，是新时代高校思政课改革创新取得实质性成效的关键。

本书聚焦问题导向，从基于问题导向的教学思想理论渊源出发，探讨了问题意识与高校思政课教学的内在契合性，引出对问题链教学法的思考与运用；通过对高校思政课混合式教学的学理因由的深入阐释，分析当前高校思政课混合式教学的现实困境，提出了其推进思路，即进一步优化教学模式，提升教学实效；在当前高度关注 PBL 教学法应用的教学实践中，详细介绍了PBL教学法的概念特点、理论基础、构成要素，分析了PBL教学法在高校思政课中的运用现状，尤其从PBL教学法与高校思政课混合式教学的关联性出发，进一步总结出PBL教学法应用于高校思政课混合式教学的价值内涵、基本要求并提出具体的实践策略；结合当前新时代高校思政课教学质量评价面临的现实困境，全面分析了新时代高校思政课教学质量评价体系构建的基本逻辑和四重维度，指出其实施路向。本书力求对新时代高校思政课混合式教学改革进行全方位研究，以期对高校思政课教学的发展贡献一点微薄之力，具有较强的应用价值。

本书由重庆第二师范学院芦智龙、重庆化工职业学院文道群、重庆第二师范学院刘思佳、重庆第二师范学院田偲睿共同撰写完成。具体写作分工如下：第一章（文道群、芦智龙）、第二章（刘思佳、芦智龙）、第三章（田偲睿、芦智龙）、第四章（田偲睿、芦智龙）、第五章（芦智龙）。全书共计32万字，芦智龙撰写15万字，文道群撰写7万字，刘思佳撰写5万字，田偲睿撰写5万字。全书由芦智龙负责审校和统稿，同时感谢以上作者为本书的校对、修订工作付出的辛勤劳动。

全书在写作过程中学习和借鉴了相关学者们的研究成果，在此深表谢意；存在的不足之处，敬请专家、读者批评指正。

芦智龙

2024年3月15日

CONTENTS

目　录

第一章

CHAPTER 01

坚持问题导向的教学思想

坚持问题导向，是习近平新时代中国特色社会主义思想的实践品质，标注了这一理论从实践中来、到实践中去的出发点和落脚点。习近平总书记在党的二十大报告中指出："继续推进实践基础上的理论创新，首先要把握好新时代中国特色社会主义思想的世界观和方法论，坚持好、运用好贯穿其中的立场观点方法。①"党的二十大报告阐述中的重要主线就是要坚持问题导向，聚焦薄弱环节，找准发力点，树牢底线思维，进一步推动实现中华民族伟大复兴。问题是时代的声音，回答并指导解决问题是理论的根本任务。增强问题意识、坚持问题导向的教学思想，根植于马克思主义理论也深刻蕴含在高校思政课教学实践中，是办好高校思政课的核心要义也是高校思政课改革创新的必然要求。坚持以问题为导向，要在实践中敏于发现问题、敢于提出问题、善于分析问题、勇于解决问题，抢占高校思政课守正创新、高质量发展的主动权和先机，更好推动课程育人走深、走实、走心。

第一节 问题导向概述

问题是时代发展的动力源和助推器，破解问题是时代高质量发展的根

① 习近平．高举中国特色社会主义伟大旗帜 为全面建设社会主义现代化国家而团结奋斗——在中国共产党第二十次全国代表大会上的报告［EB/OL］．（2022－10－16）［2024－03－03］．http：//cpc. people. com. cn/n1/2022/1026/c64094－32551700. html.

本路径。坚持问题导向，科学解决问题，回答时代问题，从问题中寻先机、找办法、求突破，是推动马克思主义理论创新发展的内生动力。新时代以来，党和国家取得了历史性成就、发生了历史性变革，很重要的经验就是坚持问题导向，把解决实际问题作为开展工作的突破口。新时代的高校思政课要放到世界百年未有之大变局、党和国家发展的战略全局中来看待，坚持问题导向，坚守育人初心，不断开辟思政课育人新局面、新境界。

一、问题

问题是人们在生活中常用的一个词汇。在《辞海》中，“问”是指“有所不知而询于人以求解答”①。学习开启于思考，问题发源于疑惑，问题总是与疑惑密切相关，问题是疑惑的具体表达。“问题”目前主要体现为要求回答或解决的题目、矛盾，麻烦或者毛病，也指事情的关键点或者核心要点所在。在《哲学大辞典》中，“问题”被定义为“一般指需要研究和解决的实际矛盾和理论难题”②。从哲学上讲，这里的问题可以理解为两层含义：一是“问题”是“需要研究和解决的实际矛盾”，问题就是事物的矛盾，哪里有没有解决的矛盾，哪里就有问题；二是“问题”是“需要研究和解决的理论难题”，问题除了作为“实际矛盾”客观存在，也有作为“理论难题”的主观问题。因此，问题分为了“客观问题”和“主观问题”这两种基本表现形式，二者并不是单向相互独立而是紧密联系，不可分割。换句话，问题应该是主观和客观的统一，内容上是反映现实的客观问题，形式上却是主观的表达，综合来看是现实世界中客观矛盾的一种主观能动反映。

从哲学角度看，问题是事物存在的矛盾。矛盾无处不在、无时不有，认识世界和改造世界就是发现问题、解决问题的过程。毛泽东说过：“问题就是事物的矛盾。哪里有没有解决的矛盾，哪里就有问题。③”唯物辩证

① 《辞海》编委会．辞海［M］．上海：上海辞书出版社，1999：1027.
② 冯契．哲学大辞典［M］．上海：上海辞书出版社，2001：1545.
③ 毛泽东．毛泽东选集：第3卷［M］．北京：人民出版社，1991：839.

法认为，矛盾是普遍存在的，因此问题本身也是客观普遍存在的。没有矛盾的事物不存在，没有问题的工作也不存在。从历史角度看，问题是时代的声音和口号。每个时代都有属于它自己的问题和使命。问题就是时代的口号，是体现某种精神状态最实际的呼声。我们要认清自己所处的时代问题、听懂时代声音、读懂时代口号、回应时代精神并不容易。因此，我们面临的困难和需要重视的不是答案，而是问题，往往提出一个问题比解决一个问题更难。在事物发展的链条中，准确把握时代声音，发现问题并解决问题，是推进社会发展进步的关键环节，可以把人类的思想进步和理论创新大大推向前进。

需要指出的是，问题之所以重要，是因为人们的思维总是指向某个具体问题，是我们学习、探索和研究的实践起点，是我们思想衍生的基点和生长点。一个真实而有意义的问题提出必须是“同自己时代的现实世界接触并相互作用[①]”的结果，问题必须跟现实世界的具体情况相联系。在马克思看来，真正的问题并不是理论体系自身的逻辑矛盾，而是来自于现实生活中的客观矛盾，是以客观的现实为基础的，是联结理论与实践的中介和手段。“实践过程中主客体之间的矛盾运动和认识过程中主客体之间的矛盾运动，通过问题的形成和解决，彼此联系在一起，并相互作用。[②]”

通常情况下，问题的提出总是基于给定的背景，德国哲学家伽达默尔认为：“问题使被问的东西转入某种特定的背景之中”[③]。这种“特定的背景”通常与该“问题”所涉及到的“学科场域”相关，也就是说人们发现、探究和实践的问题均是在一定的时代背景和给定背景下进行的，不同给定背景提出的问题及解决方法是不同的。在科学研究场域，每门学科都有自己的研究焦点及问题。高校思政课中的“问题教学”，必然与学生成长的思想实际、思政课教育教学内容、社会关注的现实问题相联系，而不是指所有的“个性问题”。同时，从问题的结构和类别来看，教育教学实施中的问题更倾向于去有效发挥学生的主体性和创新思维，帮助培养学生的问题意识更多体现为“发现型”和“创新型”的新问题，从而引导学生

---

① 马克思，恩格斯．马克思恩格斯选集：第1卷［M］．北京：人民出版社，1995：220.

② 陈新汉．问题的哲学意蕴［J］．上海大学学报，2005（6）：5－11.

③ 伽达默尔．真理与方法［M］．上海：上海译文出版社，2004：471.

主动思考、综合分析、解决问题、启发思维，推动学生创新能力与综合素质的全面提升。

二、问题意识

我们发现问题、解决问题，首先要有问题意识。何为问题意识？长期以来，人们对问题意识的认识和理解不尽一致，存在多样化解读。有的认为从哲学上来讲，问题意识是人们对存在问题的主观性、能动性和探索性的反映，是一种面向本体和现实生活的思考。有的认为在认识活动中，经常遇到一些难以解决或者疑惑的理论和实践问题，会让人产生焦虑、疑惑和探索的心理状态，这种心理状态会促使人积极主动思考，不断提出问题和解决问题。有的认为问题意识是人们对客观世界充满好奇、疑惑和敏感，同时又具有善于提出问题、解决问题的能力，说明问题启发了思维，是创造的起点。有的认为每个人都有问题意识，只是强弱不同，问题意识较强的人会"于不疑处有疑"，对事情或事物比较敏感，会意识到不寻常之处，然后主动提出高质量的思辨问题，紧紧围绕问题想方设法地解决问题，从而拓展出新的视角和领域，产生创新性成果；问题意识较弱的人则通常会发牢骚、不能正视问题、掩饰情况，一般很少主动提出建设性意见和相应解决方案。

问题意识是由"问题"和"意识"两个词组成，理解为"具有问题性的意识"。"意识"原本是一个内涵意蕴深刻的重要概念，在现代汉语词典中，意识是指"人的头脑对客观物质世界的反映，是感觉、思维等各种心理过程的总和，其中的思维是人类特有的反映现实的高级形式。存在决定意识，意识又反作用于存在[①]"从哲学上看，意识是与物质相对应的哲学范畴，是与物质相对立又统一的精神现象；从心理学上看，意识是一种高级的人类所特有的心理活动，能主动借助语言思维对客观世界进行描述和反映，同时也包括主体对外部世界的感知察觉与自身的主体意识。一般

① 中国社会科学院语言研究所词典编辑室编．现代汉语词典［M］．7 版．北京：商务印书馆，2016：1556.

而言，问题意识起初作为心理学术语，指人的一种问题性的心理状态或主体意识，是一种主体精神层面和心理活动的状态，它体现为“我”与客观世界的连接，是主体认识外部世界的起点，是一个由已知向未知探索的心理空间场域。

通常，问题随着人类思维的产生而产生，从古至今存在，揭示了物质世界的普遍联系和发展。如屈原的《天问》，这部被誉为“千古万古至奇之作”的经典著作，全文自始至终完全以问句构成，行云流水般一气呵成，对天、对地、对自然、对社会、对历史、对人生提出了 173 个问题，堪称是屈原对问题意识展现得淋漓尽致的大家之作。又如毛泽东早年时期撰写的《问题研究会章程》中，围绕政治、经济、文化、社会等诸多方面，提出了中国当前需要研究的大大小小 144 个问题，可以说问题意识贯穿了他的一生。在《问题研究会章程》中所彰显的问题意识和毛泽东认为的要解决的诸多问题，充分体现出青年时代毛泽东关注国计民生、体察社会形势的责任与担当，以及他敏锐的洞察力和强烈的忧患意识，也记录了青年毛泽东实事求是的作风和思想。在一定程度上，这种问题意识推动党和国家的理论、思想和实践不断向前发展，也推动着毛泽东带领全国各族人民开拓出了“农村包围城市，武装夺取政权”的正确的中国革命道路。历史反复证明，时代伟人都敏锐地感受到了时代强音，抓住了时代问题，回应了时代使命，才进一步推动了历史发展的潮流。

现在通常认为，问题意识体现为一种思维的问题性心理，是人们在认识世界、观察世界、参与实践的过程中，意识到一些难以解决或者存在疑惑的事情，并产生困惑、焦虑、思考、研究、实践的一种心理状态，以及激发出的思考能力，提出高质量问题并加以分析、解决问题的一种思维能力表现。因此，问题意识不仅体现人的思维活动的深刻性和自觉性，也反映主体思维的创新性和独特性，是推动人的思维发展的动力和基点，具体表现为问题意识是思维领域在问题方面的心理品质，是一种对新异事物具有探究倾向，主动发现问题、提出问题、直面问题、分析问题、解决问题的过程和能力，同时具备一种寻根问底的探究及批判精神。总之，问题意识是一种以“问题”为对象的主体意识和心理状态。

综上所述，问题意识的特征和性质具有多方面，而主体性、客观性和升华性是其最主要的基本特征。

问题意识具有主体性。主体性是问题意识最根本的特征，主体是意识最根本的存在，没有主体就没有意识。马克思主义认为，主体是指从事认识和实践活动的现实的人，既指人的个体也指人的集体，如国家主体、政党主体、人民主体等。因此，问题意识既可以是个体意识，也可以是集体意识，是一种群体意识或者社会意识。主体性作为实践活动的主体，在与客观世界互动中具有主动性、能动性和创造性，问题意识作为人的主体意识，同样具备上述特征，主要体现为问题意识是人的思维活动，是人主动参与社会实践，激发社会思考的心理过程，能主动通过思维与实践的互动，自觉且有目的地作用于外部世界，实现意识对物质的反向能动作用，在一定条件下从内而外产生创造性，实现问题意识的高层次探索与研究。

问题意识具有客观性。虽然问题意识具有主体性，但真正的问题不是人们的主观臆想，不是凭空产生的主观冥思，而是人们在实践基础上所形成的对客观事物的主观反映，具有客观性和现实性。问题意识的客观性必须建立在对客观事物的认识和把握上，要求人们主观见之于客观，将人的主观意识与客观事物联系起来，在实践中促进个人思维的发展，并检验思维的正确性。问题来源于实践，实践催生问题，人们的主体意识和能力根源于实践，且问题的解决取决于实践，问题解决的效果应用于实践。人们的思维活动所产生的问题意识，离不开客观实践，起点、过程及成果均须根植于现实社会实践，否则就容易陷入唯心主义的窠臼，人的发展也失去根基和活力。

问题意识具有升华性。问题意识最独特的就在于它具有一种批判性，体现为主体对自身及外部世界在当前认识基础上的再思考、再琢磨、再探究，黑格尔曾指出："反思以思想的本身为内容，力求思想自觉其为思想[①]"。那么，问题意识就要以问题为对象，强化主体对认识过程的进一步深化，体现主体意识的能动性、发展性和实践性。问题意识具有的升华性，通常表现为一种怀疑和批判精神，反向激励主体加深对问题探究的具体化和明晰化，在对认识和实践的再思考中进一步优化解决措施。

---

① 黑格尔．小逻辑［M］．贺麟，译．北京：商务印书馆，1980：39.

高校思政课是学习研究宣传马克思主义理论及马克思主义中国化的主阵地、主战场，要始终坚持马克思主义的问题意识，深化思政课的理论研究与实践教学。马克思曾提出："一个时代所提出的问题，有着共同的命运：主要的困难不是答案，而是问题。因此，真正的批判要分析的不是答案，而是问题。问题就是公开的、无畏的、左右一切个人的时代声音。[①]"可见，马克思主义的产生就是基于对人类社会的发展规律及产生的重要问题的一种探索与实践，并且要作为现实的问题来客观对待，而不是一种空洞的理论或幻想。可以说，没有对人类社会发展长期的关注、思考和探索，就没有马克思主义理论的创立、产生和发展。强烈的问题意识是马克思主义理论保持强大的生命力的重要动力，马克思主义正是在不断解决和回答时代问题中迈向前进的。马克思主义的问题意识要求从客观实际出发，实事求是地看待问题，具有时代性、开放性、发展性、辩证性、批判性、反思性。马克思主义的问题意识具有重要的方法论意义，是我们理解、掌握各种理论和现实问题的重要基本原则，要坚持贯穿高校思政课教育教学全过程，对提升思政课的内涵和质量提供重要的理论基础。

三、问题导向

日常生活中，我们常常会看到诸如价值导向、需求导向、舆论导向、目标导向、成果导向等与"导向"相关联的术语。"导向"望文生义，就是引导方向，指明方向之意。通常，导向也会体现更为广泛的外延，如了解导向主体、导向客体和导向中介分别是什么，掌握导向实体、导向意图和导向行动等重要信息。可见，导向是"主体借助于一定的途径和方法引导导向客体朝着主体所预定、所期望的方向发展的活动"。[②] 同时，"导向是一种活动，亦是一个过程，但是活动和过程的展开是发端于主体的主观意图。因此，凡主体引导客体朝着某个方向发展的意图、

① 马克思，恩格斯．马克思恩格斯选集：第1卷［M］．北京：人民出版社，2012：289－290.

② 吴艳东．思想政治教育导向论［D］．武汉：武汉大学，2010：31.

行动及其过程，即可以称之为导向”。① 由此可见，问题导向是人们以“问题意识”为载体或者媒介，是一种以“问题”为中心的思维方式，蕴含人们对外部事物的看法、取向和评价。从哲学范畴来讲，问题导向通常可以理解为基于问题性立场的范式概念，是人们认真看待各种事物、理论和实践的特定思维方式，对人们在社会实践中认识世界、把握理论和参与实践具有重要的方法论意义，这对新时代高校思政课教学实施策略具有重要指导意义。

通俗来讲，问题导向就是以解决问题为方向。人们树立问题意识，分析和研究问题，目的在于解决问题。若没有树立问题意识，不坚持问题导向，回避遮掩问题，只会让问题越拖越多、越拖越大。只有始终坚持以问题为导向，强化问题意识，善于找准问题，勇于揭露问题，敢于直面问题，深入研究问题，认真解决问题，才能够推进事物和时代的发展。总之，问题是学术研究的起点和生长点，尤其在人文社科领域和教育教学方面，如果不牢牢抓住现实的问题，不从问题入手，无异于切断了教学和研究的源头，让我们的学术研究和发展失去生命力，成为无源之水、无本之木。因此，问题导向是一个基于问题立场的方法论思想，它从实际出发，彰显问题意识，有效解决和回应时代发展，成为重要的实践原则和根本立场。

我们要坚持用好“问题导向”这一方法论。明代谈修在《呵冻漫笔》中写道：“为治之道，必先除弊。”② 意思是说消除种种弊端是国家治理的首要关键。教育教学领域同样需要找准问题的症结，对教育对象、教育环节、教育内容等精准把握，从而对症下药、精准滴灌，开展“靶向式”教学。实践证明，始终坚持“问题导向”这一方法论，已成为学术研究和教育教学进行创新改革的有效途径。

坚持问题导向，须“导”之有道。《说文解字》中对“导”解释为“导者，引也”，即指引之意。问题的本质是客观事物的内在矛盾，发现问题则是对事物矛盾机理的思考探索，因此正向“导”不可或缺。“导”分

① 吴艳东．思想政治教育导向论［D］．武汉：武汉大学，2010：31.

② 张鲁原编著．中华古谚语大辞典［M］．上海：上海大学出版社，2011：291.

为内外两方面，一是自内向外的“内功”，跳出“自我”看“自身”的问题意识，将以往教学成果放到更广的范围去比较，在一览众山小中发现自身问题所在，摆正心态、认真对待；二是自外向内的“外力”，从他人或者社会视角给予自身问题以正确引导，我们要善于通过多方评价发现短板，听真话、摸实情，找准问题之所“向”，才能对症下药。

坚持问题导向，须“向”之有靶。唯物辩证法指出，事物发展由矛盾的主要方面决定。在明确“导”的内外含义基础上，明确问题之所“向”，找准问题之“靶”，牵住问题的“牛鼻子”，至关重要。教育教学领域问题并不是单一表层的，推动教育教学改革不能“一刀切”、简单化，而要通过现象看本质，把握教育教学发展规律，探究学生成长实际特点，立足学校办学特色优势，通盘考虑也要寻幽入微，既见“树木”更见“森林”，辩证看待教育教学改革成效，肯定成绩又挖掘不足，找到制约教育教学高质量发展的瓶颈问题并解决之。

坚持问题导向，须“解”之有法。坚持问题导向，最终要在解决问题上下功夫，这是根本之所在。发现问题的最终指向是要解决问题，而破解难题的方法关键在于善于思考、勇于创新、敢于改革。当前教育教学改革取得一定成绩，但是也存在进一步优化提升的广阔空间。问题是实践改革的起点，坚持问题导向不仅要精准捕捉问题症结，而且要坚持勇于创新、敢于探路的精神贯穿教育教学全过程，转变改革思路、破解发展痛点，不断推进教育教学发展迈上新台阶。

事实上，每一门学科都有自己的研究范式，学科之间的发展都有关联性和发展性。问题导向对学科建设及学术发展的影响是开放的、动态的、广泛的，思想政治教育学科体系的构建和知识的积累，不能离开发展中的社会现实，要始终用好“问题导向”这一方法论，主动触及与积极回应社会现实问题，充实思想政治教育的内涵。因此，思想政治教育的学科建设和教学研究，要坚持问题导向，以“问题”为核心起点，实事求是，从社会现实中发现问题、分析问题、探究问题、解决问题，充分关注学生的思想实际，从党和国家发展的鲜活实践和时代进步中，获取第一手素材，为思想政治教育教学注入生命力，最大限度发挥思想政治教育的育人功能。

第二节 基于问题导向的高校思政课教学探讨

高校思政课教学改革发展是一个系统工程，它不是某一细枝末节的改变，而是一个整体的、系统的、综合性的改革，需要将其放到思想政治教育整个学科体系建设和发展进程中去，从系统和整体的视角来把握高校思政课实效性的问题。这是马克思主义理论学科发展的内在要求，也是高校思政课教学发展的内在规律。面对新时代、新形势、新挑战，积极回应社会、学校、家庭和学生的问题诉求，高校思政课教学的问题化成为了重要的教学改革发展趋势。坚持问题导向，树立问题意识，要厘清问题导向教学思想的理论渊源，明确问题导向是高校思政课的重要维度，把准问题导向与高校思政课教学改革的契合性，促进高校思政课教学实效性提升，凝聚起推动人与社会全面发展的思想支撑和精神力量。

一、高校思政课问题导向教学思想的理论渊源

新时代高校思政课教学改革与创新发展，需要增强问题意识、坚持问题导向，一切从实际出发，着眼于发现问题和解决问题，呼应时代发展和回应学生关切，有效提升思政课教学实效。长期以来，问题导向的方法论深深蕴含在有关教学问题化的研究中，在高校思政课教学中有着深厚的历史根源和理论依据。问题导向与高校思政课教学的关系根植于马克思主义理论，也与思想政治教育相关的其他思想理论资源联系在一起，成为开展问题化教学重要的思想理论资源。

（一）问题导向教学思想的历史探寻

有关问题导向的教学思想可以追溯到久远的历史时代，如著名的哲学家、教育家苏格拉底的“精神助产术”，通过比喻、启发等手段，用发问与回答的形式，使问题的讨论从具体事例出发，逐步深入，层层驳倒错误意见，最后走向某种确定的知识。这表明已经开始有了关于问题教学的雏

形，可理解为启发式教学的源头。

苏格拉底通过与别人的问答式辩论和对话，以提出问题、回答问题、反复询问的特定方式来寻求普遍的真理、知识和道德。作为高校思政课教师，就要多途径、多层面帮助学生努力去发现这些真理、知识和道德，把他们对知识的渴望和对真理的追求激发出来。

早在我国春秋时期，著名教育家孔子指出“不愤不启，不悱不发，举一隅不以三隅反，则不复也”。[①] 他认为，启发学生获得知识和真理的重要手段也是需要通过跟学生一起探讨、交流和回答的方式进行，首次体现了启发性原则。在孔子看来，只有当学生有彻底想搞清楚所学内容的迫切愿望时，教师及时予以引导、启发和点拨才是有效而成功的。同时，应该让学生产生积极联想，不断深化和扩充自己的知识面，从而实现深度学习，且愿意、主动深度学习。当然，早期教育家们关于问题教学的方式，往往停留在一般问答式方法层面上，不管从形式还是内容上来看，都无法与现代意义的问题教学方法论媲美。自苏格拉底之后，很长一段时间人们对于问题教学的理论研究和实践指导缺乏更多关注。近代以来，随着人们对学生主体性及实践教育的关注，问题式教学重新予以重视，以适应对客观实践问题的教育需求。

现代意义上的问题教学理论与实践来自19世纪末的美国实用主义教育家约翰·杜威对问题教学的研究。约翰·杜威批判和反对传统以书本为主的教条式教育模式和以灌输被动接受的学生学习模式，从主观经验主义的方法论立场出发，倡导学生独立思考、解决实际问题的教学实践活动，提出要“通过解决问题来开展学习”的教学思想和原则，初步形成了问题教学的可行性方法。约翰·杜威在《我们怎样思维》和《民主主义与教育》等重要著作中提出“学校为学生所能做或需要做的一切，就是培养他们的思维能力”。[②] 他认为问题教学要以解决现实问题为基础，是一个比较完整而有序的教育教学方法体系，形成有教育意义的经验或者方法。按照约翰·杜威的理解，“教学法的要素和思维的要素是相同的。这些要素是：

① 杨伯峻. 论语译注［M］. 北京：中华书局，2017：97.

② 约翰·杜威. 民主主义与教育［M］. 王承绪，译. 北京：人民出版社，2001：167.

第一，学生要有一个真实的经验的情境——要有一个对活动本身感兴趣的连续的活动；第二，在这个情境内部产生一个真实的问题，作为思维的刺激物；第三，他要占有知识资料，从事必要的观察，对付这个问题；第四，他必须负责有条不紊地展开他所想出的解决问题的方法；第五，他要有机会和需要通过应用检验他的观念，使这些观念意义明确，并且让他自己发现它们是否有效"。① 由此可见，这是一套解决问题的结构体系也是一个解决问题的教学过程，包括：创设情境、明确问题、提出方案、执行实践与总结评估五个方面，对问题式教学思想具有重要开创性的指导意义和价值。但是，由于约翰·杜威将教育教学理论过于经验化，把儿童行为的生物学规律和科学研究的方法机械地用于普遍意义的教育教学过程，过分重视实践习得性学习，忽视了理论教学和间接经验的地位和作用，也缺乏其他理论和学科的支持和论证，因此受到了一定程度的批评和反对，但不管怎样，其为现代意义的问题教学的进一步研究和实践奠定了重要的基础。

继约翰·杜威之后，美国逐渐展开对问题教学的相关研究，通常与个人主义、人本主义相结合，使人们更加关注问题意识、问题导向研究以及培养学生的实践创造能力，产生了一大批具有影响力的问题教学的理论与实践研究专家。如帕内斯、布鲁纳、托马斯、布鲁贝克等，他们的研究方向主要包括如何以问题为先导，发挥问题思维在学科教学中的引领作用，如何有效引导和培养学生的自主学习能力和独立思考能力，如何让学生在实践教学中发挥自主探究的学习精神和创新思维、深度思维等，从而形成基于实践尝试的更具有效性和多元化的问题教学理论和教学模式，如"布鲁纳的'建构知识结构学习'教学理论，奥斯本的'问题发现'教学模式，托马斯'问题探究'教学模式，布鲁贝克倡导的'问题课程'教学思想以及帕内斯的'问题多元化创造模式'教学思想等"②。

与此同时，20 世纪六七十年代的苏联教育界开启了关于问题教学的热点探讨。其中，苏联著名的教育教学论专家马赫穆托夫的研究，最为系统和全面，影响也最大，是苏联问题教学理论的主要创始人之一。1975 年，

---

① 约翰·杜威．民主主义与教育［M］．王承绪，译．北京：人民出版社，2001：197.

② 丁国浩．问题意识导向下的高校思想政治理论课教学研究［D］．上海：上海大学，2013：35.

马赫穆托夫出版的《问题教学基本理论问题》一书被苏联教育界誉为“当代问题教学的理论与实践的百科全书”。在马赫穆托夫看来，问题教学是一种更为高级的教学形态，有利于培养学生独立思考和认识事物的能力，可以让学生处在真实的问题情境之中，通过参与问题性教学活动、完成问题性任务及进行自我评价，激发学生的智力和思维，更好开展知识的探索和训练。以马赫穆托夫为代表的苏联学者对问题教学的相关研究，在情境教学、问题心理等方面展开了更为详细深入的研究，为当前各个学科的课程教学提供了重要的理论基础和实践支撑。

综合分析，基于实践探索的积累，以美国和苏联在20世纪六七十年代所形成的相对较为成熟的问题教学理论和成果为标志，现代问题教学理论及其实践迎来了快速的发展。主要体现为以下两个方面的重要特点：一是现代问题教学理论与教育学、心理学、哲学等学科理论结合紧密，成为一门日益成熟和完善的教学理论或者思想，相关研究也得到深化和拓展；二是问题教学理论的应用更具可操作性和实践性，形成了各具学科特点的问题教学理论及实践成果。当前，问题教学在教育教学领域的应用非常广泛，成为重要而有效的基本理论和方法，尤其在基础学科领域取得了快速发展。

那么，问题教学理论或者思想融入高校思政课教学，既具有共性也有特性。因为高校思政课作为系统的课程教学，其问题教学的理论和方法显然需要借鉴和继承一般的教育学领域的问题教学研究成果，但高校思政课的特殊性又与其他学科具有不同的特殊要求。高校思政课是落实立德树人根本任务的关键课程，是铸魂育人、启智润心的核心课程，应该坚持问题导向，以充分关注学生的思想实际为基础，以帮助学生实现全面发展为导向，积极回应社会现实和重要理论问题，强化问题意识在教学环节和教学方法中的应用，重视培养学生用马克思主义的立场、观点和方法去发现问题、解决问题的能力，从而提高学生的理论探究能力、政治判断力和笃实践履能力，不断增强高校思政课教学的实效性，有效彰显高校思政课的魅力。

（二）高校思政课问题导向教学思想的资源借鉴

问题导向是哲学、心理学和教育学等学科中的重要概念和研究内容之一，对新时代高校思政课教学中进一步树牢问题意识、坚持问题导向，具有重要的理论参考和思想借鉴。

首先，问题导向教学思想的哲学资源借鉴。从哲学上来看，马克思主义哲学的认识论和辩证法为高校思政课的问题导向教学思想提供了重要的认识论哲学基础。一方面，认识论是建立教学论的重要基础，马克思主义认识论认为认识是在实践基础上主体对客体的能动反映，这种反映并不是简单机械、消极被动的，而是充分体现了人的主观能动性。马克思主义实践观认为，人类认识产生并建立于实践基础之上，实践是人类认识活动得以开展的基础和前提，也是人类活动得以实现的根本目的和最终动力。因此，马克思主义认为人类认识活动是一个建立在实践基础上辩证能动的发展过程，认识是主体对客体的反映，又不断作用于客体，这对于高校思政课开展问题教学具有重要的指导意义。人们基于实践活动获得客观世界的相关信息和材料，但对于这些信息和材料的整理、加工、处理和重构都是主观的，是人的主观能动性的体现。在人们对事物的认识过程中，要充分重视并体现人的主体性、创造性。"传统教学论也用反映论解释教学过程，但它片面地理解反映论，即只强调感性反映的一面，却忽视理性反映的一面。用这种理解法来解释教学过程就导致片面地强调'生动的直观'，认为每个新概念的掌握都应当从直接感知开始，从直观入手。结果就对直观性—具体形象思维的作用估价过高，而对逻辑思维、概括—抽象思维的作用估价过低，即贬低概括性知识的意义和演绎推理的作用。传统教学论首先强调的是，如何在识记、背诵、复现过程的基础上掌握知识、技能、技巧，而不曾论述与创造性反映相联系的人的思维的创造积极性①"因此，从马克思主义的认识论视角来开展高校思政课教育教学，应该高度重视和发挥学生的主观能动性，尤其是要激发学生在参与教学实践、体验教学情境中的主体意识和理性思维。而问题导向教学思想的生长点本身就是要激发学生主体意识和理性思维，因此马克思主义的认识论就成为问题导向教学思想的哲学基础。另一方面，唯物辩证法的核心是矛盾论。某种意义上

① 马赫穆托夫．问题教学［M］．王义高，赵玮，等译．南昌：江西教育出版社，1994：4.

矛盾即问题，事物发展变化由内因和外因共同作用，内因是事物发展的内部矛盾，外因是事物发展的外部矛盾，对事物发展起决定作用的是事物的内部矛盾，外因通过内因起作用。马克思主义唯物辩证法这一关于内外因的矛盾运动关系原理为问题导向教学思想提供了辩证法的哲学基础。可见，基于问题导向的高校思政课应注重从以“学生为主体”的内部矛盾来促进其自身全面发展，社会、家庭、学校、教师等外界力量的推动成为促进学生主动深度学习的助推器。

其次，问题导向教学思想的心理学资源借鉴。从心理学来看，问题导向是心理学的重要概念之一，问题教学思想与心理学紧密相连，问题教学的心理学依据是问题性思维理论。所谓问题性思维，是指在依托特定问题的情境模式中，以相关问题为线索，在实践中完善起来的具有逻辑性的心理过程，也是创新思维的一种重要形式。马赫穆托夫提出，“思维中所反映的认识对象的辩证矛盾过程经过认识过程本身的辩证矛盾的特殊改变可以被人感知为逻辑矛盾，感知为逻辑思维中的矛盾，感知为对逻辑思维规律即形式逻辑规律的悖反。辩证矛盾是现实现象（及其概念）本质所具有的，在概念形成过程中它在意识中反映为逻辑（认识性）矛盾，被思维着的个体感知为理论性问题”。① 可见，人的思维的内在本质或特征是要解决形式逻辑矛盾或理论性问题，成为问题导向教学思想的心理学基础。同时，现代认知心理学认为学习者对新知识的学习，要在头脑中对新旧知识进行相互作用，通过一连串心理活动，让新知识同化到原有知识结构，从而形成新的知识结构。通过这样与已学知识对应、比较建构起来的认知结构，思维过程中才会经常出现“为什么”，从而驱使学生产生积极思维，不断提出问题和解决问题。因此，问题导向的教学思想能有效促进学生自主构建认知结构和思想体系。在教学中，问题导向能有助于激发和调动学生内在的学习动机和兴趣，成为其调动学习主动性、积极性的重要动力。新时代大学生具有独立思考、主体意识强、思维活跃等特点，高校思政课要紧密联系学生的心理特点，结合教学内容开展相关问题教学，就能有效

---

① 马赫穆托夫．问题教学［M］．王义高，赵玮，等译．南昌：江西教育出版社，1994：5.

契合学生思想心理需求，达到沟通心灵、启智润心，切准教学症结、提出改进举措、提高教学质量，以增强高校思政课的思想性。

最后，问题导向教学思想的教育学资源借鉴。从教育学来看，建构主义教学理论、人本主义教育理论、主体性教学理论等为问题导向教学思想提供了教育学的理论基础。其中，建构主义教学理论指出，知识可以通过教师传授，更多是学习者在一定情境中借助必要的学习工具和资料，在他人的指导帮助下自主通过意义建构过程而形成。这个理论的核心强调学习者自主建构学习活动和过程，且与相关问题结合，在教师引导下通过探讨和解决问题来进行学习。建构主义教学理论更注重围绕实际问题开展学习活动，展示社会化的真实情景，尝试创造一种能够代表知识的结构，促进学生主动建构知识，让学生在完整、真实的案例或问题中产生学习需求和兴趣，并通过自身体验、主动辨别、探索发现，最终解决问题。也就是说，建构主义教学理论要求学习者将解决问题的过程作为建构知识的现实途径，实现在高水平的思维活动中来提高认知、建构知识。人本主义教育理论以美国的罗杰斯（C. R. Rogers）、马斯洛（A. H. Maslow）和库姆斯（A. W. Combs）等为代表，其核心思想强调要注重人的潜能，关注人的价值，发挥人的主体性，同时发挥个体的认知、情感、意志等非智力因素在学习中的重要作用，但需注意主体间的个体差异。人本主义教育理念，注重教育教学要以学生为中心，重视学生的自主性、个体性、主体性等作用的发挥，充分调动学生内在的学习积极性、主动性和创造性，提高学生自觉认识和探究问题的能力，使学生发现自己的独特品质，发现自己作为一个人的特征。从这个意义上讲，学习即“成为”一个完善的人，才算是真正意义上的学习，这也体现了主体性教学理论关于人的主体性发挥的方法论思想和教学模式。问题导向的教学思想跟人本主义教育理念存在高度的吻合性，如教学中坚持问题导向，以学生实际心理、生活、成长、发展为问题切入点，本身就是高度关注和充分肯定学生的主体性，尊重学生的个性发展、唤起学生的自主意识、培养学生的创新能力。坚持问题导向的教学思想，跟人本主义教育理论、主体性教学理论的教学思想是一致的，均体现为尊重学生的成长规律及主体性地位，关注学生的实际问题，激发内生动力，创新学习模式，促进学生的全面发展。

二、问题导向是高校思政课教学改革的重要考量

新时代高校思政课教学改革创新发展，应聚焦人才培养目标和学生核心素养，从学生实际出发，以学生为中心，关注学生成长内涵，服务于“努力培养担当民族复兴大任的时代新人，培养德智体美劳全面发展的社会主义建设者和接班人”的终极目标，为党育人、为国育才。高校思政课是完成这一神圣使命的关键和核心课程，要始终将课程目标与人才培养融会贯通，提高思政课教学实效性和人才培养质量。坚持问题导向是新时代高校思政课教学改革的重要思考维度，要明确问题导向对高校思政课教学的重要意义、问题意识是高校思政课教学的基本特点、从学生问题出发是高校思政课教学的现实基点、问题教学是高校思政课教学改革的有效举措。

坚持问题导向是马克思主义的鲜明特征。问题既是理论创新的起点，又是理论发展的动力源。我们只有树立强烈的问题意识，才能正确对待问题，找到高校思政课教学当前存在的现实困境，并进行靶向对接和改革。增强问题意识，是高校思政课的本质要求，是高校思政课有效引领学生健康成长、服务党和人民事业的内在使然。习近平总书记强调：“学生的疑惑就是思政课要讲清楚的重点”“要坚持问题导向和目标导向相结合，坚持守正和创新相统一，推动思政课建设内涵式发展”。[①] 高校思政课要认真学习贯彻习近平总书记关于思政课建设的重要论述和精神含义，重点关注问题导向、问题意识对教学改革的重要意义，始终贯穿高校思政课教学创新改革全过程。

（一）从本体论意义上看，问题导向是思想政治教育中的元问题，是教育产生的根源、存续的理由、发展的动力

思想政治教育是马克思主义理论的思想教育，具有鲜明的意识形态性、科学性和实践性。“思想政治教育的学科属性是思想政治教育实践特

① 习近平．思政课是落实立德树人根本任务的关键课程［J］．求是，2020（17）：4－16.

征的反映。从理论系统分析，思想政治教育学科具有知识性、科学性、系统性特征，这是其作为学科存在的必要条件和一般性前提；从价值系统分析，思想政治教育学科具有思想性、政治性、意识形态性，这是其作为这一特定学科存在的内在根据。因此，思想政治教育学科是思想性（政治性）与知识性（科学性）的统一。①”可见，高校思政课具备价值塑造、知识传授和能力培养等基本功能，是集知识性和思想性的高度统一。这一基本要求和功能决定了高校思政课要坚持知识传授与思想教育相统一，二者不是平行推进，也不是有先有后分阶段进行，而是有机统一、相互融合。如果单纯进行知识传授，解决不了学生的思想问题，教育效果不明显；如果单纯进行思想教育，就会变成空洞说教，缺乏说服力也解决不了实际问题。马克思说过：“理论只要说服人，就能掌握群众；而理论只要彻底，就能说服人。所谓彻底，就是抓住事物的根本。②”高校思政课的教育教学实践的本质是“思想教育”，不是单纯的知识教育和理论灌输，否则就忽视了思想政治教育的内在规律和本质要求。习近平总书记在全国学校思政课教师座谈会上，提出要“坚持价值性和知识性相统一”，从内在规律性的角度要求高校思政课要以知识作为载体，塑造价值观，寓价值观引导于知识传授之中。

从本质上讲，高校思政课的教学过程在本体论意义上是知识性与思想性的高度统一，这是跟其他学科的本质区别。问题意识是高校思政课知识性与思想性有机统一的重要结合点，对开展教育教学具有本体论意义。高校思政课教学具有两个特点：一是高校思政课是宣传马克思主义理论、中国特色社会主义理论的主阵地，传播主流意识形态，具有自身知识的系统性；二是高校思政课具有强烈的思想教育性和育人功能属性，强调对人思想价值的塑造和引导。高校思政课要实现这些功能，要求学生学以致用、理论联系实际，善于用马克思主义的观点、立场和方法，联系社会实际和思想实际，解决实际问题，达到知行合一，学思践履。显然，在高校思政课教学过程中，学生的问题意识是推动理论联系实际、促进实践养成的重

① 李春华．论思想政治教育学科建设中思想性与知识性的关系［J］．学校党建与思想教育，2011（4）：10.

② 马克思，恩格斯．马克思恩格斯选集：第1卷［M］．北京：人民出版社，1995：9.

要原点。因此，只有增强问题意识、坚持问题导向，充分了解学生的思想状况和现实情况，关注“新”问题、切准“真”问题、聚焦“大”问题，自主回应各类问题，将理论教学与实践问题、学生主体相结合，从而实现高校思政课教学的内涵与价值。

（二）从价值论意义上看，问题导向下的高校思政课教学体现了思想政治教育教学实践性的发展要求和人本化的价值取向

首先，实践性是思想政治教育的本质属性。它是“思想政治教育教学活动的现实性及其价值实现的实效性，在社会生活中表现为与其他实践活动的结合与渗透①”。思想政治教育是理论性教育活动，但体现为实践性价值，高校思政课教育教学价值创造离不开实践，如果脱离实际、逃离实践，主体的价值需要就无法得到满足，高校思政课的价值目标也会束之高阁。因此，实践是问题产生的根源，是高校思政课的价值基础，成为新时代教育教学改革与时俱进的必然要求。“时代和实践的发展源源不断地提出新问题和新课题，要求理论给予回应和解答。时代主题的嬗变要求理论进程的转变。在当代，理论进程的一个主要特征是知识技术化和理论实用化，即越来越注重理论本身的实践解释力和对象化程度，越来越重视理论的可操作性，这些与当代理论所处的特殊时代和它所面临的社会现实问题具有内在相关性。时代发展预制了理论的基本问题及其发展进路。理论向实践渗透，与实践紧密结合，以至于理论教育向实践转向就因此成为一个时代课题。②”为避免高校思政课教学发展落后于时代发展要求和人的全面发展要求，必须坚持理论主动走向实践，随着实践发展而发展，防止出现理论教育的空洞化、概念化和抽象化，进一步增强高校思政课教学的针对性和实效性，增强理论教育的现实说服力和阐释力。

坚持问题导向思考、研究高校思政课教学，能推动教学实践内涵式发展，有效提升思政课铸魂育人的价值指数，不断提高高校人才培养质量。

---

① 张耀灿，郑永廷，等．现代思想政治教育学［M］．北京：人民出版社，2007：116．
② 张耀灿，郑永廷，等．现代思想政治教育学［M］．北京：人民出版社，2007：292．

问题导向下的高校思政课教学，一方面，体现了主体性原则。马克思主义认为，人是实践的主体，但是人的主体性不是先天经验性的，而是来自实践。人的主体性是一种内在形态的能力和素质，但需要基于社会实践而生成，可以说实践是人的主体性存在的根本动力。高校思政课的主体和对象是现实的、具体的人，要从现实的、具体的实际出发开展教学实践活动才能科学、客观且有效。教育教学效果的体现，基于教学主体与客体在实践中的全面互动。坚持问题导向，从人的主体性出发，关注现实需求，对症下药从而高效解决实际问题。另一方面，体现了实践性原则。实践是人们现实的感性对象性活动，具有可观可感的直接特点。思想政治教育教学作为一种特殊的对人的实践性活动，是一种交往实践活动，以改造人的思想素质、提高道德修养为目标，而人的思想素质又是主观的，思想政治教育教学的实践性则要实现这一主观性。换言之，人的主观层面的思想素质等目标可以通过思想政治教育教学实践得以实现，因此其实践性是现实的、具体的。从理论来看，能够把人的主观世界和客观实践联系起来的就是问题意识，人们通过问题意识把已知和未知联系起来、通过问题意识把现实困境或疑惑表达出来、通过问题意识了解人们的思想心理诉求等，如果没有问题意识作为中介和桥梁，人们的认识活动和思想交流就难以有效完成。显然，高校思政课要实现课程育人的价值目标，必须将实践性作为教学活动的基本原则和要求，引导学生把准时代脉搏、定位问题源头、把握内在需求，坚持理论性与实践性相统一，用科学理论培养人、用实践教学塑造人，用思政育人元素和内涵推动学生真正接受消化，往深里走、往实里走、往心里走。

其次，人本化是思想政治教育的价值取向。从“以人为本”“人本中心”到“以人民为中心”，是人本化与时代化同步发展的哲学主题，坚持人民至上，以人民为中心的发展思想，是习近平新时代中国特色社会主义思想的理论情怀，也是哲学思想贯穿社会发展的重要路径。高校思政课教学要以人为本，以学生为中心，也是哲学思想与思想政治教育本质内涵契合的工作思路。高校思政课教师要把落实立德树人作为神圣使命，坚持学生的主体性，探索人本主义精神。党的二十大报告指出：“教育是国之大计、党之大计。培养什么人、怎样培养人、为谁培养人是教育的根本问题。[①]”表明了党和国家在坚持为党育人、为国育才上凝聚了更高共识，明确回答了教育“干什么”“怎么干”“为什么干”的本质特征。思想政治教育坚持以人为本，重点在于育人，一切的出发点和落脚点都是对人的个性的彰显、现实的关切、发展的关照。高校思政课坚持以学生为中心，对他们进行思想引导、知识传授、心理疏导和道德培养，是一门有爱、有温度的灵魂课程。高校思政课要坚持一切为了学生、一切从学生出发和为了学生的一切，关注学生的成长、关心学生的实际、关爱学生的心灵，尊重他们的独立思想、独立个性、独立主体，充分激发和调动其作为实践主体和能力主体的内生动力。

经求“问题”解决的高校思政课，要注重培养学生理论联系实际的能力。坚持理论性与实践性相统一，引导学生带着思考、问题学习，把解决思想上、理论中的问题作为学习的出发点，用科学的理论知识武装头脑，做到与时俱进、常学常新，真正把理论学习效果转化为疑难解惑的“金钥匙”；同时，引导学生在社会实践中提炼想问题、做事情的新思维和新方法，锻炼能力、增长才干。思政课的本质是讲道理，要注重方式方法，把道理讲深、讲透、讲活，准确把握时事形势，直面问题本身，挖掘问题实质，利用各类事实案例剖析教材重难点和社会关注点，引导学生在现实中涵养品德、提升修养、拓展视野，基于问题导向的高校思政课能更好找到和对接学生的真实需求，积极回应学生的思想困惑、人生问题、热点关切，有针对性地开展教学活动，在及时精准供给教学内容的同时满足学生的需求，让学生对思政课的理解更为透彻，感悟更为深刻，真正实现思政课的思想政治价值引领。

（三）从方法论意义上看，问题意识作为理论联系实际的重要载体和纽带，是高校思政课理论联系实际要求的中间环节和重要桥梁

首先，问题意识是在教学实践中坚持和实现理论联系实际的基本环节。马克思主义理论的本质是要求理论联系实际，促使主观和客观相联

① 习近平．高举中国特色社会主义伟大旗帜 为全面建设社会主义现代化国家而团结奋斗——在中国共产党第二十次全国代表大会上的报告［EB/OL］．（2022－10－16）［2024－03－03］．http：//cpc. people. com. cn/n1/2022/1026/c64094－32551700. html.

系、相统一。但“理论联系实际并不是无过程、无中介的，它内在地包含了‘客体主体化’和‘主体客体化’的两个相统一的过程、环节。这两个相统一的环节都是在对社会发展中重大理论问题与现实核心问题的发现、分析与解答中完成的。‘问题’成为了理论联系实际的关节点，‘问题化’是理论联系实际的认识环节，‘问题求解’是理论联系实际的实践环节。[①]”因此，马克思主义强调从客观世界出发，强调在“认识世界”的基础上“改造世界”，把认识论建立在实践观之上，而具备问题意识正是促使其实现的重要推动力。高校思政课教学要秉持马克思主义实践观，坚持理论联系实际，将理论教学与实践教学相结合、理论教育与思想教育相统一，体现马克思主义的生命力和思政课教学的独特魅力。高校思政课教学过程要坚持马克思主义的方法论，将深厚的科学理论、鲜活的社会现实与个性化的学生需求有机结合，不仅重视基础理论教学，更要善于挖掘理论背后的意义与价值，引导学生用所学去观察、理解、分析和解决社会现实问题，夯实理论基础的同时提升躬身践行能力。

其次，问题意识要实事求是、因事而化、因时而进、因势而新。“问题教学以教材内容要求和中国建设发展中的事情为中心，从大学生学习生活的实际问题出发，着眼于马克思主义理论的运用，着眼于对实际问题的理论思考和运用来教学，可以防止和克服把马克思主义理论教学搞成书斋式的概念游戏，搞成故作高深、言之无物的刻板说教，符合理论联系实际教学原则的基本要求。[②]”当前，我国发展进入战略机遇和风险挑战并存、不确定难预料因素增多的时期，各种良莠不齐的思想和价值深刻影响着当代大学生，高校思政课面临的压力与挑战不可小觑。因此，教学不能局限于课堂、内容不能局限于理论、方法不能局限于灌输、载体不能局限于单一，高校思政课要随时关注世情、党情、国情的变化，联系社会现实与学生思想实际，突破传统教学模式，避免假、大、空的枯燥说教，要敢于改革创新，强化问题意识，勇于面对社会新形势、回应社会新变化、解决社会新问题，将理论知识适时有效转变为对现实社会的分析、运用和解答，

---

① 刘小容．问题意识导向下的马克思主义整体性研究［D］．长沙：中南大学，2009：12．

② 刘文革．问题教学与思想政治理论课教学实效性［J］．首都师范大学学报（社会科学版），2012（5）：154．

用事实和数据让思政课火起来、活起来，赋予其更多生命力，提升课堂实效。

总而言之，强化问题意识、坚持问题导向在高校思政课教学中的价值，有着深厚的历史渊源和科学的理论依据，根植于马克思主义理论之中。强烈的问题意识是马克思主义理论彰显的现实品格，是其创立的逻辑理路，也是其发展的基本动力。马克思认为："一个时代所提出的问题，有着共同的命运：主要的困难不是答案，而是问题。因此，真正的批判要分析的不是答案，而是问题。问题就是公开的、无畏的、左右一切个人的时代声音。问题就是时代的口号，是它表现自己精神状态的最实际的呼声"。① 因为，"当每个问题已成为现实的问题之时，就能通过探究获得答案"。② 同时，马克思也指出："世界史本身，除了用新问题来回答和解决老问题之外，没有其他更好的方式。由此可见，问题是支配一切的时代之声，具有公开性，问题反映出特定时代最实际的内心状态，彰显时代的格言"。③ 所以，马克思主义的产生和发展是建立在人类社会对历史发展规律的思考上、对人类自由和解放的探索中，离不开对社会发展现实问题的密切关注。可见，强烈的问题意识是马克思主义理论保持常青的动力源，正如习近平总书记所述："每个时代总有属于它自己的问题，只要科学地认识、准确地把握、正确地解决这些问题，就能够把我们的社会不断推向前进"。④ 正是在不断回应和解答中国之问、世界之问、人民之问、时代之问的过程中，坚持问题导向，增强问题意识，才能不断推进实践基础上的理论创新，谱写马克思主义中国化时代化新篇章。当前，问题意识已成为高校思政课教学的基本特征和实践要求，也是其自身发展的内在规定性。因此，新时代高校思政课要贯彻党的教育方针，以马克思主义的问题意识为思想指针、以新时代中国特色社会主义的现实问题为行动导向、以高校思政课教学改革的疑难问题为重要抓手、以学生成长成才过程中的思想迷雾为关键切口，增强问题意识开展问题链教学，深度推进教材体系向教学体系的转化、推动课堂教学深刻性与生动性的统一。

---

①②③ 马克思，恩格斯．马克思恩格斯选集：第1卷［M］．北京：人民出版社，2012：289－290.

④ 习近平．之江新语［M］．杭州：浙江人民出版社，2007：235.

三、问题意识与高校思政课教学的内在契合性

高校思政课教学中的教学主体、教学过程与教学实效是思想政治教育教学中的基本环节和要素，三者紧密相连。问题意识对高校思政课教学主体的融合发展、教学过程的优化完善、教学效果的显著提升具有重要意义，有助于进一步改革创新高校思政课教育教学。

（一）问题意识与高校思政课教学主体的契合性

以学生为主体是教学的基本出发点，高校思政课的教学主体以学生为中心。为促进人的自由而全面发展，高校思政课要强调问题意识和问题导向，充分发挥学生的主体性和主动性，形成主动精神、积极思维，不断提升思政课的教学成效。

1. 问题意识与高校思政课学生的主体性发展

高校思政课是立德树人的关键课程，必须紧密结合人才培养方案，为学生成长成才保驾护航。高校思政课的终极教学目标须与“努力培养社会主义合格建设者和可靠接班人”这一党和国家培养目标的社会价值、大学生自身成长成才的个人价值高度契合，实现高校对人才培养的价值需求，办好人民满意的教育，实现人民对教育的美好需要。因此，新时代高校思政课要全面贯彻习近平总书记关于教育的重要论述、习近平总书记在高校思政课教师座谈上的重要讲话精神、习近平总书记考察中国人民大学时的重要讲话精神，紧密联系我国教育教学改革发展的新趋势和新要求，坚持把国家对人才培养的需求与大学生的主体性需要结合起来、把高校思政课教学改革与提升人才培养质量结合起来，为服务地方经济和社会发展服务。学生主体以实践性为特征，是高校思政课教学活动的本质属性，是学生自觉认同思想政治教育目标、要求和内容，并内化后形成的积极判断和自觉选择，应在实践活动中不断完善自身思想、行为，进而丰富思想政治教育的价值、规范和原则而体现出来的积极性、主动性和创造性。高校思政课不仅要重视学生的主体地位，更要注重对学生主体地位的培养，彰显课程育人的重要功能和作用。

习近平总书记强调："问题是时代的声音，回答并指导解决问题是理论的根本任务。"① 在推进高校思政课改革创新过程中，我们要始终坚持问题导向，把对学生主体意识和创新意识的培养作为打开高校培养人才的突破口。教育心理学认为，人的思维起点是由于意识到问题的存在，若没有问题意识，思维则是肤浅和被动的，问题意识使"问题成为学生感知和思维的对象，从而在学生心里形成一种悬而未决但又必须解决的求知状态。问题意识会激发学生强烈的学习愿望，从而注意力高度集中，积极主动地投入学习；问题意识还可以激发学生勇于探索、创造和追求真理的科学精神。没有强烈的问题意识，就不可能激发学生认识的冲动性和思维的活跃性，更不可能激发学生的求异思维和创造思维。总之，问题意识是学生进行学习特别是发现学习、探究学习、研究学习的重要心理因素"。② 因此，我们要以问题意识创新高校思政课教学范式，积极关注学生的现实活动，及时融入最新社会热点，引导学生形成启发性思维，强调其对教学内容的内化理解、反思探究、履践笃行。问题导向下的高校思政课教学，强调坚持用马克思主义的世界观、方法论，对教学疑惑进行分析研究、对社会现象进行思考解决，打破传统的教学封闭体系，让学生置身于一个更为多元开放、自由活泼的教学空间和维度，激发他们的参与意识、唤起他们的创新思维、拓宽他们获得知识与技能的范围和途径，从而培养学生学会学习、善于学习、乐于学习的习惯和能力，培养和发挥他们的创新潜能和聪明才智。

具体而言，基于问题导向的高校思政课教学能积极培养学生的问题意识，对教学主体的成长发展具有三个方面的作用。一是有助于培养学生的科学思维。科学思维是正确应对挑战与解决矛盾的思维方法。新时代中国面临"两个大局"交织时期，科学思维是我们抓住新机遇、应对新挑战的重要方法论。大学生作为民族的未来和希望，是实现教育强国的根本力量，必须具备创新意识，培养创新能力。而问题意识作为培养大学生创新

① 习近平．高举中国特色社会主义伟大旗帜 为全面建设社会主义现代化国家而团结奋斗：在中国共产党第二十次全国代表大会上的报告［N］．人民日报，2022－10－26（1）．

② 朱慕菊．走进新课程：与课程实施者对话［M］．北京：北京师范大学出版社，2003：135．

能力的起点，也是提升大学生科学素养的原点，其强弱反映着大学生创新能力与科学素养的高低，高校思政课应该发挥重要的塑造功能。比如课堂上，教师可多问“为什么”“怎么样”“如何做”等让学生掌握逻辑思维方式，引导学生经历分析与综合、演绎与归纳、判断与推理等思维过程，积极参与到提升理性思维的深度学习中。通过培养学生的问题意识，促使学生在不断反思中树立起面向社会、面向生活、面向时代的实事求是的学习工作态度，勇于破除陈旧的思维定势，善于用辩证思维科学解决问题。二是有助于提高学生的学习能力。大学生的学习效果遵循成果导向，不是停留在“是什么”的基础上，而是要追问“为什么”“怎么做”，教师呈现给学生的不是现成的结论，而是由结论转变成的具体情境中的各类问题，引导学生在不同情境中观察社会、发现异同、解决问题，让他们亲身体验得出结论的过程，学会思维而不是识记结论，进而促进理论认知向思维情感、价值塑造转化。坚持问题意识的高校思政课教学更追求开放、动态、多元的教学模式，能促进师生的有效互动与主体融合发展，引导学生学会运用科学的世界观、方法论去进行高质量的深度学习。三是有助于调动学生的主动性。高校思政课的本质是讲道理，要让课堂有活力、有温度、有情怀，需要充分调动学生的主动性和积极性，培养学生爱学、乐学的学习兴趣，进而切实提高思政课的教学效果。突出问题导向，强化问题意识，开展问题链教学，通过问题设计、研讨学习、分享讨论等方式构建互动式、互助式教学模式，最大限度激活学生的参与热情。同时，高校思政课通过开展分层教学，针对不同学段、专业、生源、个体等差异，“量身定制”因材施教，精准供给教学内容与方法，重塑课堂生态，不断提升师生对思政课的获得感、认同感。

2. 问题意识与高校思政课教师的主导性发展

高校思政课要发挥落实立德树人的关键作用，关键在教师，重点是发挥教师的主导性，具体体现为：第一，教师对教材内容的主导性加工。上好思政课，教师首先要把准、厘清、吃透教材内容，实现教材体系向教学体系的有效转换。思政课教材涵盖内容广、涉及领域多，体现出高度的政治性、严密的逻辑性、完整的体系性，大多是比较抽象的理论。如果不对教材内容提前进行科学加工，往往会呈现要么囿于教材内容完全“照本宣科”，使思政课堂失去生命力，要么脱离教材内容完全“另起炉灶”，使思政课堂失去原有的教育目的，这两种无效或者低效的教学形态必须坚决摒弃。因此，高校思政课教师要对教材内容进行主导性加工，实现教学内容体系化，在保证教材内容“原汁原味”的基础上对其进行“编码转译”，转化为学生的话语体系，但必须充分考虑教材内容的转化着力点、转化方法及准确性、整体性。第二，教师对课堂教学的主导性把控。习近平总书记指出：“‘经师易求，人师难得’教师承载着传播知识、传播思想、传播真理，塑造灵魂、塑造生命、塑造新人的时代重任。思政课教师，要给学生心灵埋下真善美的种子，引导学生扣好人生第一粒扣子。[①]”高校思政课教师对教学过程的把控包括对课堂政治方向、教学节奏管理、课堂教学纪律等多个方面的把控。其中，教师对课堂政治方向的把控要求教师做到“政治要强”，要有正确的政治观点、鲜明的政治导向、坚定的政治信仰，绝不能在大是大非面前含糊其词，必须保持头脑清醒，坚定做马克思主义理论的传播者、践行者，肩负起塑造灵魂、塑造新人的时代使命；教师对教学节奏管理的把控就是要基于整个教学内容的规划，合理设计教学环节、把握教学重难点，循序渐进地完成教学任务、持续实现教学目标，努力将“真善美的种子”在学生心里“种下”“埋好”；教师对课堂教学纪律的把控就是要坚持自律和他律相统一，既要坚持原则，严肃课堂纪律，不能放任自流，又要创新形式，活跃课堂氛围，增强学生的体验感，这就需要思政课教师高超的课堂教学管理艺术。第三，教师对教学设计的主导性安排。教学设计是为实现教学目标、对教学环节和过程进行提前规划、系统设计而形成教学实施方案的过程。教师对思政课的教学设计的主导性安排，关系着教学目标的实现、教学实效的提升。高校思政课的教学设计应遵循政治性与科学性相统一、知识性与价值性相统一的原则，但“教学有法，教无定法，贵在得法”，故在实际教学中教学设计往往会因人而异，不存在统一模板，最终目的是有效实现教学目标。教师对教学设计的主导性安排就是要遵循思想政治教育教学规律，根据课程标准，结合学生特点确定适宜的教学形式、选择恰当的教学方法，自主对教学资源进行有序安

---

① 习近平．思政课是落实立德树人根本任务的关键课程［J］．求是，2020（17）：4－16.

排、优化组合、合理分配，这是实现思政课教学目标的重要保证。

因此，坚持高校思政课教师的主导性，要求教师努力树立科学的问题意识并基于问题导向开展教育教学，这是一项发挥教师主观能动性的基本要素。思政课教师应自觉把握在教学过程中产生的矛盾和问题，联系学生实际、把握社会脉搏，因事而化、因时而进、因势而新，对新时代的社会现实问题、对理论知识与学生个性的融合、对教学内容与时代发展的融合等具有感知力和创造力，全面提升思政课堂教学的思想和方法。

在传统的高校思政课教学中，由于教师对教学问题的导向意识不足，如发现问题的敏感度不强、认识问题的专业度不深、分析问题的精准度不高、解决问题的灵活度不够，导致在教学过程中未能对教材内容、教学本质进行自主理解领会、研究把握，往往只注重理论的单向灌输，对教材内容生搬硬灌，把思政课变成教材的“传声筒”，从而扼杀了思政课的生命力和教师主导性发挥。习近平总书记在学校思政课教师座谈会上强调，“思政课教学要有问题意识，坚持问题导向，教师不应该回避矛盾和问题”。[①] 新时代背景下，为了满足学生成长成才的需求与期待，作为高校立德树人关键队伍的思政课教师要充分利用课堂教学这个主渠道，在教学中始终强化问题意识，精准找到学生的关注点并联系学生思想实际，直面他们真实关心的社会与个人问题，有针对性地为他们解疑释惑，坚持和加强思政课的实效性。一方面，提升思政课教师的问题意识能对教学内容进行深入研究和思考，形成科研成果并转化为教学能力，彰显思政课教学的理论魅力，增强思政课的感染力、阐释力，同时也提升了教师自身的素养、能力和水平；另一方面，坚持思政课教师的问题意识能走进学生，拉近学生的思想和心理距离，加强双向互动的同时培养学生良好的思想素质，同时促进教师更新教学理念，改进教学方法，使思政课教学在持续改进中不断得到加强。

提升高校思政课教师的问题意识，重点就是要提升其对教学问题的敏感度和寻求策略的自觉性，注重理论教学与社会现实、学生个性的融合发

---

① 习近平．用新时代中国特色社会主义思想铸魂育人 贯彻党的教育方针落实立德树人根本任务［N］．光明日报，2019－03－19（1）．

展。那么，高校思政课教师问题意识的具体体现包括：一是发现问题的方向把握。高校思政课教师要用发展辩证的眼光看待问题，通过螺旋上升式的反复追问，发现学生存在的共性问题并找到普遍规律，有计划、分步骤地解决问题，实现高校思政课与时俱进的时代目标。当前，高校思政课的教学主体已由教师转为学生，而学生存在个性需求差异，关注的问题因人而异，这就要求思政课教师要学会将问题与方法统一融合在教学目标中，精准把握不同学生的问题方向并适时给出回应。高校思政课教师要将教学重难点内容、社会关注热点焦点、学生思想困惑问题等分类结合新形势、新要求，优化整合于思想政治教育教学目标中。二是认识问题的理论指向。高校思政课教师要以问题为切入口，将教材、学生、社会三者联系起来，理解转化为教学内容，处理好内容的系统性与现实的针对性。这就要求高校思政课教师要准确把握教学过程中的“问题”是否精当、典型，是否与教材内容契合，是否与学生思想实际贴近，精准把握教学内容的问题及理论基础，结合校情学情，构建问题链教学模式，以问题串联问题，专题化推进教学内容的问题化，通过设问导思启发学生思维，阐述理论的形成发展，透析理论的本源和实质。三是分析问题的价值认知。高校思政课教师自身的知识结构影响分析问题的水平和结果，因此要有深厚的理论功底，要用马克思主义的世界观、方法论来做出合理解释；对于重大社会现实及理论问题，高校思政课教师要有敏锐的洞察力，观察和分析深层次的原因。这就要求高校思政课教师要有高超的讲道理的能力，要在深厚的理论学识的基础上，结合学生的实际情况，综合运用马克思主义中国化时代化的最新理论成果回答学生之问、现实之问、时代之问。高校思政课教师要用彻底的理论力量和清醒的理论自觉，解答现实问题，向学生展现马克思主义的理论魅力，帮助学生客观、理性地看待世界、国家、社会和自身，走出思想迷雾，坚定共产主义理想和中国特色社会主义信念。因此，高校思政课教师必须注重理论分析与学生主体相结合、教材体系与教学设计相结合、教学内容与实践感知相结合，构建问题探究式、知行合一式教学模式。这既是高校思政课教学改革创新的内生动力，也是思政课教师具有问题意识的外在体现。四是解决问题的实践考量。高校思政课教学就教学对象而言，是以解决学生的思想困惑，帮助学生成长成才为基本任务的，但这并不是思政教育教学的目标本身。我们开好上好高校思政课，是要用习近平新时代中国特色社会主义思想铸魂育人，让学生自觉融入坚持和发展中国特色社会主义事业、建设社会主义现代化强国、实现中华民族伟大复兴的奋斗之中，培养合格的社会主义建设者和接班人。因此，高校思政课教师要准确考量并重视学生的个体差异，在解决他们的思想困惑基础上唤醒主体意识，教育引导学生树牢“三观”，增强“四个自信”，立鸿鹄志，做奋斗者。高校思政课教师解决问题即要将问题意识与思政课教学的实践终极目标相统一，履行好培根铸魂、立德树人的光荣使命，着力解决好培养什么人、怎样培养人、为谁培养人这个根本问题。

值得注意的是，高校思政课教师的主导性，不是主体性发挥也不是主观随意发挥，而是要发挥教师的积极性、主动性、创造性，讲政治、明大德、会阐释，把思政课讲成“第一课”“灵魂课”。树立科学的问题意识，可避免高校思政课教师的主观倾向，以问题意识为导向去观察和审视来自世界、社会和学生的各种问题，不断接受新思想、新知识，在具有反思性、创新性的教学活动中走向更加开放的教学思维和理论视域，树立更加科学的现代教育观。

3. 问题教学促进师生间的对话融合

问题意识下开展高校思政课教学，很大程度上体现为教师与学生的对话融合。所谓对话，就是在相互尊重、平等、民主的基础上进行的一种思想与语言的双向沟通交流，“作为一种意识所换来的应是学生独立思考的能力，作为一种教育培养的是学生独立的人格意识，作为一项原则激发的是学生创造性发展的素质，作为一种精神体验强调的是学生已有经验、正在进行经验和可能最终成为学生自身一部分的经验在教学上的重要价值①”。可见，对话是基于师生平等、尊重和信任的基本立场，本质在于在自我中发现他人和在他人中发现自我。对话融合即通过言谈、倾听进行双向沟通、共同学习，双方理解和接受的共识。

显然，高校思政课教学中的对话是教师和学生之间围绕教学相关问题而展开，“问题”是“对话”的核心，通常与“灌输”相对应，是一种以

① 林日青．在对话中走向发展［M］．杭州：浙江大学出版社，2005：5.

"填鸭式"灌输为方法的传统思政课教学模式，学生只能被动参与学习过程，往往只注重对教学内容知识性的认知和记忆，其学习热情与兴趣不能充分被激发，主体性得不到充分发挥，降低了思政课教学成效。高校思政课的对话教学，是教师与学生在相互尊重与平等民主的基础上，以共同的教学问题为媒介进行语言、思想、情感与精神等的双向交流与互动，以达成理解与共识，进而促进学生对教学内容的消化与内化。教学是师生之间的平等对话，教学活动是教师的"教"与学生的"学"之间的往来互动。学生的参与是教学活动必须、必然和必要的组成部分，体现为主动思考、提出问题，而教师提出的问题要具有代入感，要创设学生主动思考提问的情境。

增强问题意识、基于问题导向开展高校思政课教学，是一种问题链教学新模式，也是师生对话融合的新形态，具有自己的基本特点和实现形式。对话教学新形态，问题存在的功能不是作为教学导入的引子，也不是作为课程巩固的题库，而是贯穿并统摄整个教学过程获得全新的价值，问题群在对话教学中起着不可替代的作用。因而，对话教学中的问题具有定向、整合、导行、启发的功能。换言之，高校思政课的对话教学过程是一种开放式的教学模式，要注重以学生问题为中心，关注学生的思想现实问题，联系教学的基本理论问题，以此作为整个教学活动的出发点和归宿，激活学生的问题意识并引导学生在对话交流中提出问题，在学习和探究问题中促进对教学内容的理解和把握，进而实现思政课的育人目标。

具体而言，基于问题导向开展高校思政课对话教学，具有重要的现实意义。一是建立教学新模式。传统的高校思政课师生之间往往强调教师的权威和尊严，过于强调教师的主体性，弱化了学生的主体性，导致忽视了学生的思想实际问题，并以书本、教材的知识为核心，进行单向"灌输""说教"。但是，随着现代教育学的发展，尤其是新时代高校思政课的教学环境和时代条件已发生深刻变化，师生关系应该是平等尊重的主体间关系，尽管彼此在人生阅历、知识储备上有所差异，但都是独立的个体。教师要正视师生的人格地位，要将学生的关注点、教材的理论点和社会的聚焦点结合起来，把理论话语转换为教学话语、学生话语，对理论与现实做出合理的阐释，引导学生做到知行合一。二是实现教学目标。新时代高校思政课教师唱“独角戏”已经不能适应教学和学生的需要，而是要通过课堂这一“思想的训练场”，关注、解答和回应学生的思想困惑，在对话交流中引导着学生思考的频率和维度，彰显思政课的理论魅力。通过问题链组织对话教学，实现从聆听到对话，回答学生的思想困惑、引发学生的注意与共鸣、触动学生的心灵，才能真正实现思政课的教学目标，才能真正让学生觉得思政课有用、有效、有魅力。三是增强教学效果。高校思政课以学生“问题”作为对话的基础、内容和媒介，有利于更好把握学生思想动态，有针对性开展对话交流，这样就能避免纯粹依靠抽象的知识传递和理论说教，让学生有更多的思想启发、学习体验和心灵感悟。高校思政课最终是指向学生的理想和信仰的，通过学生身体力行的参与式、实践性学习，引导他们在学习和追问中树立属于自己的价值观和精神状态，为社会奉献自己的聪明才智，进而彰显思政课立德树人的独特功能。

（二）问题意识与高校思政课教学过程的契合性

高校思政课教学是一种特殊的认识与实践活动，是教师的“教”与学生的“学”相互统一与结合的过程，引导学生掌握理论知识、增强素质与价值养成是其基本指向。高校思政课教学过程也是一个思政课教学各要素、各环节相互融合而形成教学效果的矛盾运动过程，具有问题意识对这一过程具有重要的意义和作用，力争使这一过程更加合理、完善与高效。

1. 问题意识与思政课教学过程的生成性

现代建构主义教育教学理论认为，教育教学实践是一种人们思想和认知结构的建构过程，“建构包括两个方面，一是个体对新知识意义的建构，二是对原有知识的改造与重组”。[①] 学习的过程是人们以已有的经验为基础，通过与外界相互作用来获取知识进而建构自己的精神世界，建构主义的教育所强调的学习方式不是被动接受外部环境的刺激，而是学习者根据自己的经验基础，自主对外部的知识和信息进行选择、甄别、加工和处理，进而获得自己的意义的建构过程。

“思想政治教育自主建构过程是指将原来的静态的道德意识、规范、

---

① 杨小微．现代教学论［M］．太原：山西教育出版社，2004：187.

观点在现实中激活、催化，再经过比较、甄别、整合，来选择适合自己的一些道德内容，填充到原有的思想品德体系中去，吐故纳新，构建新的道德体系。这种新的道德体系是在原有的基础上，获得了新的内容，形成了新的意义，从而促进教育者和受教育者思想品德新的发展，形成更高水平的思想品德结构。[①]”可见，高校思政课教学过程也即学生的认知结构、品德结构、情感结构、价值结构等不断获得新的知识而促进其结构变化、发展、完善的生成性过程。

建构主义认为，教学过程是学生在教师的指导帮助下，在原有经验、动机及情感等多方面因素的综合作用下，学生主动寻求外部环境的刺激建构自己的意义，从而形成精神世界的过程。在这个过程中，学生处于教学过程中的中心和主体，学生的“学”是核心，学生在学习过程中自主发现、探究和建构，并自主同基于问题的研究性学习和基于环境的合作式学习结合；教师是组织学习的引导者、推动者、促进者，帮助学生对知识和意义的建构。我们把教学过程看成是学生主动建构意义的过程，本质上是对学生主体性价值给予充分尊重与肯定，体现现代教育教学发展的基本趋势和方向，为我们重新思考高校思政课教学中的师生关系、教学关系及主体关系提供了崭新的理论视角。

建构主义教学理论强调在教学活动中以学习者为中心，学习者又以问题为中心来建构相关知识和精神体系。作为高校思政课教师，要寻求和提炼学生的问题，引导课程和整个教学专题；要接受和鼓励学生的观点，使用他们的思维和经验推动教学开展；要多使用开放性问题，并鼓励学生去思考他们的问题和回答；要多强调合作、尊重彼此、使用技能等鼓励学生相互质疑、挑战各自的观点；要适当花费时间进行思考和分析，尊重和使用学生提出的观念和概念，等等。概言之，建构主义教学理论的核心观点就是“以学生为主体、以问题为中心”组织教学活动。课堂教学的目标是让学生自主学习，形成生命精神，激发创造活力，学生是知识生成的主体，教师要以问题为中心组织、引导和调控课堂，促进学生通过已有的经验、意向、感知来获得新的具有自身个性特征的知识体系。因此，从建构

---

① 张耀灿，等．思想政治教育学前沿［M］．北京：人民出版社，2006：388.

主义的教学理论视域看，坚持以学生为主体、以问题为中心组织高校思政课教学，一是有助于在充分尊重学生现有知识和经验的基础上，通过问题链设计循循善诱激发学生的创造活力，将原有知识和经验作为寻求新知识、新经验的生长点，在亲身体验教学活动过程中形成符合自身个性发展需要的思想知识体系；同时，可以促进学生从感性认知到理性思维的转化，通过对问题的综合探究和思考，帮助学生从学理性中强化对思政理论的认知和理解；二是有助于学生提高实践能力，通过构建情境教学模式，学生在交流学习活动中逐渐养成处理问题的实践经验，并提高同伴合作、相互尊重、彼此信任的团队精神，感悟思政理论魅力的同时提升自我人格素养；三是有助于学生从多样化的问题情境中构建有意义的知识体系，帮助他们从不同角度、不同层面、不同维度对解决问题的思路、原则和方法进行更深入的探究和评估，拓展学生的理论视野和知识宽度，进而架构更加坚定而充实的思政教育理论体系。

2. 问题意识与思政课教学过程的开放性

在高校思政课教学实践中，树立问题意识已然成为新时代高校思政课教学改革创新的显著特征与发展趋势。大学生更注重多样化、个性化、务实化的学习方式，期待在教学中启发思维进行问题的思辨，获得解决现实问题与成长困惑的经验、智慧。基于新时代大学生的成长需求与学习特点，高校思政课教学具有开放性特点，体现为更加包容、多样与创新，主要包括教学过程中主体的开放性、内容的开放性和教学形式的开放性。

一是问题意识与高校思政课教学主体的开放性。高校思政课教学中增强问题意识、坚持问题导向，形成行之有效的开放性教学模式，促进教师主导性和学生主体性的融合发展，即既要以教师的“主导性”启发“主体性”，又要以学生的“主体性”激发“主导性”。从问题意识的角度调动师生的联动效应，一方面，教师要引导学生积极关注现实、敢于质疑、勇于提问、善于解答，深度激发学生的主动性和创造性，用更加开放的态度培养学生的理论品格、思想素质和人生价值，真正发挥学生的主体性；另一方面，在发挥学生主体性的同时激发教师的问题意识，从教学问题出发做研究、讲案例、会总结，充分关注学生的思想心理动态，及时给予关注和解答，用更加开放的态度把教材知识转化为育人力量，进而增强高校思政课教学的感染力和吸引力。

二是问题意识与高校思政课教学内容的开放性。传统的高校思政课教学内容，单纯以教材知识为主，往往显得僵化和枯燥，缺乏时代性和针对性。开放性的高校思政课教学内容是以“高度、深度、广度、温度”奠基的“内容为王”的内涵课堂，是能触及学生灵魂、打动学生思想的具有生命力的有效课堂。其中增强思政课的高度，要求思政课不仅要“讲知识”，还要“讲使命”“讲情怀”，要把思政小课堂与社会大课堂统一起来，培养学生的使命与担当；增强思政课的深度，要求思政课不仅要讲明“是什么”，还要讲透“为什么”，要通过理论知识洞察背后的思想、本质与来源，以透彻的学理分析回应学生、以理服人，将“基本原理”变为“生动道理”；增强思政课的广度，要求转换视角、拓宽空间，通过生动、具体、深入的比较分析，把思政理论知识讲透、把道理讲明，让一些耳熟能详的知识更有深度，启发学生思考，并能很好地将知识内化吸收，除了启发学生关注当下还要让学生深入思考价值层面关注未来，遇到问题时有自己的立场和解决方法；增强思政课的温度，要紧密联系学生实际，用有温度的课堂吸引学生，与学生产生共情，触碰学生的心灵。显然，要实现如此富有生命力的课堂，需要以学生为主体、以问题为中心组织与实施课堂教学，强化思政课教师的问题意识，密切关注学生的思想与心理动态，有机融入教学内容，不断推进思政课发展与时俱进。

三是问题意识与高校思政课教学形式的开放性。传统封闭的高校思政课教学往往以单向灌输为主，教学形式单一、刻板，教学缺乏感染力和吸引力。开放性的高校思政课教学形式则要求灵活多样、形式各异且结合现代化教学手段，将理论讲授与实践教学、启发思维与提问解答、校内课堂与校外课堂等结合，灵活运用启发式、讨论式、体验式、参与式等教学方法。因为，高校思政课与其他课程不同之处在于，不仅要解决学生“知与不知、懂与不懂”的问题，还要解决“信与不信，行与不行”的问题[①]。一方面，通过课堂内的体验式教与学，让课堂更生动、有温度，师生互动

---

① 王芳．“课程思政”建设中发挥思想政治理论课主渠道作用的探索［J］．教育理论与实践，2020（6）：35－37．

性更强，打造一个开放合作的学习平台，培养学生的创新、合作能力，让他们亲身感受思政课的魅力，通过优化实践教学载体，利用好校内课堂、社会课堂、网络课堂、心灵课堂“四个课堂”，实现立体化的实践育人模式；另一方面，抓住新媒体发展带来的机遇，探索线上线下混合式教学新模式，借力信息技术实现线上线下教学有机结合，现场教学与网络教学相得益彰，让思政课时时在线，处处发声，突破校园围墙限制，更加灵活辐射学生群体，构建思政大课堂。这样的开放式教学形式，能充分激发学生的主体意识，引导他们富有热情的参与思政课教学过程，在形式多样、丰富灵活、生动活泼的教学体系中更好地发挥自身的潜能和智慧。

3. 问题教学与高校思政课教学过程的视域融合

所谓视域，指视看的区域，它包括人从某个立足点出发所能看到的一切；视域融合就是人们从不同的立足点出发，去看待某种事物而形成的对其意义的理解、认同和把握的过程。视域融合的思想观点对于达成高校思政课教学过程中的理解、共识和意义具有重要的启发和借鉴意义。因此，高校思政课教学过程中对教学内容的理解和认同也可以看作是一种视域融合的过程，是教师、学生与教学内容之间达成的认同与意义共识。

人们通常会根据自己的经验从不同立场和角度看待各种问题和事物，由于每个人的经验、背景、处境、思考不同，看待问题的方式和视角等有差异，构成了各自不同的“视域”，进而人们思考、看待、处理问题的方式也各异。教师要在这种差异中寻找到共通之处，从而在“使各种异质性因素相互融合”的基础上实现对相关事物和问题的现实理解与把握，即主体间视域的融合。高校思政课教学就是教师的“教”与学生的“学”相互作用的过程，是教师用科学的理论说服学生，用透彻的思想引导学生，用真理的力量感染学生。某种意义上，在高校思政课教学过程中，教师、学生与教学内容达成一致的过程，也是教师与学生理解并认同教学内容的视域融合过程，是主体与教学内容之间进行对话与交流的过程。一般而言，教师和学生均会站在自己的立场和角度去认识和把握事物，均会形成各自的“视域”，如何促进师生之间的“视域融合”，增强高校思政课实效性，是当前高校思政课教学改革面临的重大课题。高校思政课教学中要促进教师与学生的相互理解与认同，在分析解决具体问题中形成师生的视域融合，要坚持从问题出发，理论联系实际，把思政课教学的理论内容与师生关注的实际问题、与师生的思想实际联系起来，从而找到融合的切入点。

如果将高校思政课教学过程看成是教学各要素的视域融合过程，那么开放的、现实的、具体的教学问题就是融合的交汇点与契合点。可见，问题教学为高校思政课教学过程的视域融合提供了一种范式或途径。即以问题意识为导向，有机融合学生关注点、教材知识点、教学契合点，强化教学主体与要素的对话交流，推动教师、学生与思政课教学内容之间不同视域的有效融合。

（三）问题意识与高校思政课教学效果的契合性

高校思政课的教学效果是教育教学活动的根本目标，体现了思政课的生命力和价值，主要指思政课教育教学活动对学生在思想、行为、精神等方面所产生的积极作用或实际价值，是学生在思政课教师指导下通过对思政理论的学习、理解和消化，从而对自身在知、情、意、信、行等方面的素养和能力所产生的积极作用。高校思政课教学效果具有针对性和实效性两个基本内容，其中针对性是教学效果的前提和基础，实效性是教学效果的最终目标和价值追求，他们是一个问题的两个方面。坚持问题导向对实现高校思政课教学效果具有重要意义，是不断促进教学效果内化的重要途径。

1. 问题意识与高校思政课教学的针对性

“针对性”是指事物的指向性，强调指向事物的核心和关键①。高校思政课教学的针对性就是要从受教育对象的思想实际出发，协调教学中的各环节和要素，采取适当的方法和手段完成不同的教学任务、目标和要求。换言之，高校思政课的受众是大学生，其最终目标是要培养德智体美劳全面发展的社会主义建设者和接班人，是要为党育人、为国育才，必须以学生为中心，围绕学生、服务学生、关照学生。高校思政课教学的针对性就

---

① 吴潜涛，王维国．增强亲和力、针对性，在改进中加强思想政治理论课［J］．思想理论教育导刊，2017（2）：7－9．

是要针对学生的成长规律和特点，优化教学内容、创新教学方式，开展有的放矢的教学活动，从而释疑解惑，达到育人的目的。例如，加强教学内容的针对性，要对内容本身进行细化和研究，结合学生特点和社会发展有针对性地进行分类、整合等具体化的处理。因为高校思政课教学内容作为社会意识的具象化表现，既依据国家统编教材具有相对稳定性，也会随着时代的变化、学生思维意识的转变及育人目标的升级，不断适应社会环境而完善内容结构，具有理论性、时代性、前沿性。深化高校思政课教学内容，既要以实现思政教育目标和任务为客观依据，也要以学生的思想心理状况为现实依据，尤其要注重教学内容与学生需求特点、社会现实问题的契合度，以满足学生对理论学习、能力提升与价值塑造的需求。同样，加强教学方法的针对性，就要坚持具体问题具体分析的原则，根据不同教学内容和对象灵活选择教学方法，教学有法，教无定法，但贵在得法。从大的方面看，新时代高校思政课要实现“在课堂上讲”与“在社会中讲”的紧密结合，要把学生的思想发展放到悠久的历史文化、生动的社会实践、伟大的改革成就中考察，引导学生在回顾历史、观察社会、参与实践中打开视野、树立情怀、激昂斗志，引导他们深刻理解中国共产党为什么“能”、马克思主义为什么“行”、中国特色社会主义为什么“好”，在感应时代脉搏中坚定跟党走的决心和信念。从小的方面看，高校思政课要结合学校专业人才培养方案和目标，努力做到因人而异，因材施教，以课堂教学为主阵地，结合章节内容和学生专业实际，设计体验活动如爱国演讲、青春微视频、人物简评、法律讲堂、话剧表演、影视赏析等，让学生自觉参与、主动体验教学过程。深化教学内容和创新教学方法都需要增强问题意识，坚持问题导向，在学生参与体验教学的过程中，教师针对性解答学生疑惑，聚焦关键问题，回应社会热点，讲深讲透讲实，以“小切口见大思想”，提升高校思政课教学的针对性。

2. 问题意识与高校思政课教学的实效性

实效性是贯穿高校思政课教学的生命线，是教学实践的出发点和归宿，是根据社会发展的要求并结合大学生思想、心理与行为的实际特点，对大学生进行思政课教学活动，其活动的结果所达到的真实、有效的程度，即马克思主义理论是否真正内化为学生自己的思维模式，内化的程度如何并是否可以学以致用。具体而言，高校思政课教学实效性应该具有层次性、多方面。一是从高校思政课本身来看，发挥着立德树人的关键作用，说到底是育人的工作，要用马克思主义及其中国化时代化的创新理论教育武装学生，让学生获得深度思考、深入理解、深刻感悟，对所学内容真知笃信，这是增强教学实效性的前提和基础。二是从教学主体性来看，高校思政课教学的落脚点是为党育人、为国育才，要遵循学生的成长规律和思想教育的发展规律，成为促进学生成长为德才兼备、全面发展的社会主义建设者和接班人的有效途径和主要渠道。三是从工具性来看，高校思政课是传播马克思主义理论，展现马克思主义中国化时代化创新成果，用新思想铸魂育人的课程，需要把理论讲彻底、把道理讲通透，以透彻的学理、强大的思想说服学生、影响学生，引导学生坚定“四个自信”。

高校思政课是从理论上加强学生思想政治教育的主渠道，思想政治教育的重点和难点是要解决学生深层次的思想认识问题，而学生深层次的思想认识问题往往以理论形态表现出来，体现为在实践基础上产生的大量思想迷茫与理论困惑。要想解决这些思想政治理论问题，必须提高思想政治教育的科学含量，诉诸理论的教育力量，坚持以科学的理论武装人，以深刻的道理说服人，引导学生运用马克思主义的科学理论和方法，分析和解答实践中产生的理论问题，认识和把握社会发展的客观规律，认清西方各种社会思潮的实质，抵御西方社会思潮的消极影响，从而树立坚定正确的政治方向和人生正确的价值取向。思想政治教育的关键在于教育和引导学生透过现象看本质，只有科学的理论才能揭示社会发展的本质和规律，理性说服大学生，从根本上解决学生在日常生活和社会实践中遇到的各种思想认识问题。提高学生的思想政治素质，是我国全面实施教育、科技、人才强国战略，确保在激烈的国际竞争中立于不败之地，确保中国特色社会主义事业兴旺发达、后继有人的必要保证。同时，高校思政课对学生的人生发展也起到了非常重要的作用。青年学生的发展不仅要做到全面、协调发展，而且要做到可持续发展。青年学生能否把握人生成长的重要方向，能否在人生发展的道路上增强可持续发展的能力，某种意义上高校思政课发挥了重要作用。而且高校思政课作为夯实学生思想基础的主阵地，涉及根本、关系全局、影响长远。在这个问题上，以习近平同志为核心的党中央始终高度重视高校思政课建设，并特别提出，要把建设和发展高校思政课放在世界百年未有之大变局、党和国家事业发展全局中来看待，要从坚持和发展中国特色社会主义、建设社会主义现代化强国、实现中华民族伟大复兴的高度来对待，突出了高校思政课在为国家育人育才和增强学生使命担当中的重要作用。

显然，影响高校思政课教学实效性的因素是多方面的，教学环境、教学内容、教学方法、教学主体等都是重要因素，但教学实效性最重要的承载者和体现者是学生主体，主要通过对学生的影响和作用体现出来。因此，新时代高校思政课是全面贯彻落实党的教育方针，培养德智体美劳全面发展的担当民族复兴大任时代新人的主渠道，帮助学生扣好人生的第一粒扣子，帮助他们树立正确的世界观、价值观、人生观。新时代的大学生有自己的特点，思维活跃、视野广阔、独立性强、个性张扬，高校思政课要取得实效触及学生灵魂，不仅要让学生明确“是什么”，探究“为什么”，在掌握知识的基础上转识成智，提高思辨实践能力，内化为情感认知和信念信仰，才能实现高校思政课的真正育人目标，实现“一个心灵唤醒另一个心灵”的教育属性。因此，“思想政治理论课要提高实效性就必须把长期的以知识性传授和占有为主的教学转变为以培养大学生马克思主义理论运用能力为主的教学。问题教学不仅在理论上符合思想政治理论课教学目的任务和理论联系实际教学原则的要求，在实践中，通过教学实验也证明其能有效提高思想政治理论课教学实效性”。[①] 因此，我们应该坚持问题导向，从学生关注的焦点难点热点出发，运用马克思主义分析和解决问题的角度促进学生对马克思主义理论的掌握和应用，进而有效提升高校思政课教学实效性。

问题意识需要高校思政课教师在自我教育与成长的过程中，不断探索坚持将问题意识融入教学实践中。但当前由于受到传统灌输教学模式的负面影响、教师自我问题意识养成的薄弱以及相关培训考核机制不健全等原因，高校思政课教师的问题意识也有待提升。高校思政课坚持问题导向，

---

① 刘文革. 问题教学与思想政治理论课教学实效性［J］. 首都师范大学学报（社会科学版），2012（5）：152－156.

就是要将马克思主义理论与社会现实相结合，坚持理论联系实际，形成发现问题、认识问题、分析问题、解决问题的逻辑体系，围绕学生的思想实际和心理动态，旨在培养他们的“运用能力”这一关键目标。高校思政课要取得实效，就要坚持问题意识的教学导向。

一是重视发现问题的前瞻性原则。“我们的事业越前进、越发展，新情况、新问题就会越多，面临的风险和挑战就会越多，面临的不可预料的事情就会越多。”① 这就要求高校思政课要着眼于新问题、新情况、新形势，通过对现实问题的反复追问和思考，找到普遍性和根本性的规律。思政课教学过程的立足点是学生的实际问题，要以学生的关注点为突破口，坚持问题导向，超前预见并及时给予积极回应，而不是单向灌输和说教，让学生真正在课堂上提升自我、受益终生。高校思政课要重视发现问题的前瞻性，一方面，要坚持政治性和学理性相统一。思政课不同于其他课程，传授的是马克思主义理论及中国化时代化的理论成果，培养的是学生运用马克思主义世界观和方法论解决问题的能力，提升的是学生的思想政治道德素养。高校思政课具有政治性、学理性、价值性、知识性、实践性等特点，政治性是首要属性且通过学理性体现出来。这就要求高校思政课教师首先自己要真信真懂马克思主义理论，在学懂弄通基本理论的基础上不断提升自身理论涵养，夯实理论功底，只有自身政治性和学理性强，才能及时发现存在的问题和矛盾，才能抓住主要矛盾，把发展着的马克思主义讲深讲透讲活，努力让思政课富有持久的生命力和深邃的理论魅力，让思政课有高度、有深度、有力度、有温度，增强思政课教学内容的说服力，引导学生求真理、悟道理、明事理。另一方面，要坚持价值性和知识性相统一。高校思政课是价值性与知识性相统一的课程，寓价值观引导于知识传授之中。高校思政课重在塑造价值观，虽然以思政理论知识作为素材和载体但不能仅停留在知识传授的层面上，而是要把马克思主义的科学理论转化为改造客观世界和主观世界的有力武器，转化为学生的世界观和价值观；同时高校思政课重在价值塑造但绝不能把课堂变成价值说教，而是要提升思政理论的知识性，用科学的力量回应意识形态的要求，帮助学

---

① 习近平．习近平谈治国理政：第2卷［M］．北京：外文出版社，2017：377.

生构建正确的世界观、价值观和人生观。高校思政课教师要学会在纷繁复杂的社会思潮中，明辨是非，增强问题意识，预先发现学生的思想困惑问题，既要讲清知识体系，又要挖掘知识背后的价值体系，把价值性融入知识性之中，实现知识性和价值性的结合，实现融入式、渗透式的高校思政课教学模式，提升教学效果。

二是重视认识问题的多元性原则。高校思政课的科学性来源于对问题的准确认识和把握，认识问题是坚持问题导向的重要一环。高校思政课教学中要实事求是认识到问题的多元性，直面多元社会思潮，加强对社会思潮的甄别、辨析、批判。高校思政课要重视认识问题的多元性，一方面，要坚持建设性和批判性相统一。高校思政课的建设性是要立足于新时代的社会客观实际，建设实效性强的教学模式，既要以“为人民服务，为中国共产党治国理政服务，为巩固和发展中国特色社会主义制度服务，为改革开放和社会主义现代化建设服务”① 为根本方向，全面发挥思政课的主渠道作用，自觉弘扬主旋律，传导主流意识形态，传播正能量，又要继承马克思主义理论的批判性传统，直面各种错误的社会思潮，旗帜鲜明坚持真理，发扬斗争精神敢于亮剑，体现教学内容的正向性，引导学生正确客观评价社会现象，褒良贬劣，增强“四个自信”，自觉将爱国情、强国志、报国行融入中国式现代化建设中，实现中华民族伟大复兴。另一方面，要坚持统一性和多样性相统一。习近平总书记强调指出，既要落实教学目标、课程设置、教材使用、教学管理等方面的统一要求，又要因地制宜、因时制宜、因材施教。高校思政课改革创新要遵循思想政治工作规律，遵循教书育人规律，遵循学生成长规律，在统一性和多样性的辩证关系中不断推进课程建设内涵式发展。坚持统一性方面要把教学目标、课程设置、教材使用、实践教学、管理评价等方面的统一要求落实，进一步完善课程建设体系，突出问题导向，坚持守正创新中强化价值引领。坚持多样性方面要因地制宜，整合地方与学校、校内与校外的实践教学资源，构建“大思政课”格局；要因时制宜，努力使思政课教学目标、教学内容、教学方法紧扣时代脉搏、紧随学生成长、紧跟时代发展，凸显思政课教学的时代

① 习近平．思政课是落实立德树人根本任务的关键课程［J］．求是，2020（17）：4－16.

性、创新性、针对性；要因材施教，要结合校情学情、学生的专业和个性特点，开展分层教学，创新教学手段，实施精准教学，让思政课真正打动人心，真正“火”起来、“活”起来。

三是重视分析问题的系统性原则。分析问题必须坚持系统的观念，需要全面、客观、辩证分析每个环节和要素。高校思政课教学是一项系统的育人工程，重视分析问题的系统性，一方面，要坚持理论性和实践性相统一。高校思政课是理实一体化课程，兼具理论性和实践性，做到二者的结合是应然有之。理论方面，坚持用习近平新时代中国特色社会主义思想铸魂育人，用马克思主义中国化时代化的最新理论成果武装学生头脑、指导学生行动，引导学生树立正确的理想信念、增强学生理论素养和文化底蕴、提升学生政治敏锐性和洞察能力、提高学生对社会问题的逻辑论证和理性思考能力，实现用科学的理论培养人；实践方面，坚持把“思政小课堂”同“社会大课堂”有机结合起来，“不断探索思想政治理论课实践育人的长效机制，推动实践教学往深里走、往实里走、往心里走。[①]”高校思政课要落实立德树人根本任务，需要坚持强化理论学习与锻炼实践能力相结合相统一，构建“理实一体化”实践教学模式，推动“深入基层、深入实践”做实做深，助力学生感受社会发展、时代变迁，增强学生勇做新时代奋进者的信心。另一方面，要坚持主导性和主体性相统一。教师的“教”与学生的“学”之间的关系是教师主导性与学生主体性之间的关系，二者相互统一。坚持教师的主导性是持续推进高校思政课改革创新的关键，体现为教师对教学内容的主导性加工、对课堂教学的主导性把控、对教学设计的主导性安排、对教学评价的主导性考量，通过有计划的知识传授、言传身教等形式对学生的思想政治理论素养产生重要影响，进一步以心化心、以爱育爱，才能得到真心、收获真情、取得实效。坚持学生的主体性是不断提升高校思政课教学质量的关键，要激发学生思维的主体性、学习的主动性，引导学生在参与教学体验中发挥主体性、展现主体性、彰显主体性，自觉主动分析和思考问题，在不断探究学习中水到渠成得出结论，进一步提升学生的获得感，促进其自由而全面的发展。

---

① 刘亚．办好理论性和实践性相统一的思政课［N］．经济日报，2020－12－15（1）．

四是重视解决问题的实践性原则。解决问题是高校思政课实践教学的最终归宿，也是培养学生“运用能力”的关键环节。高校思政课的实效性，主要通过学生解决实际问题的综合能力得到充分彰显，要用学生喜闻乐见的话语体系，将深刻的道理讲明白、讲透彻，让学生在实践中长才干、增见识、拓视野。高校思政课重视解决问题的实践性，一方面，要坚持灌输性和启发性相统一。所谓灌输即强调对受教育对象进行正面、系统的理论传授，用科学的理论武装头脑，但并不是强调硬灌漫灌，也不是“填鸭式”的教条化理论教育，而是要结合新问题、新实际，优化教学内容、创新教学方法、运用鲜活事迹，巧妙地实现教师与学生的思想理论对接；所谓启发即引导鼓励受教育者积极思考做出判断，自主选择方法应对各种困难和矛盾，实现知识向能力的转化。高校思政课要坚持灌输性和启发性相统一，通过设计学生自主阅读、思考与分享的环节，培养学生看待社会和现实的批判性思维、创造性思维和开放性思维，提升学生自觉运用马克思主义的基本立场、习近平新时代中国特色社会主义思想的世界观和方法论分析和解决问题的能力，坚持学思用贯通、知信行统一，让科学理论彻底内化于心、外化于行。另一方面，要坚持显性教育和隐性教育相统一。显性教育与隐性教育是相得益彰的辩证统一关系。“坚持把立德树人作为中心环节，把思想政治工作贯穿教育教学全过程，实现全程育人、全方位育人①”高校思政课是立德树人的关键课程，是育人育才的主渠道，要不断推进课程改革创新，实现知识传授、价值塑造、能力提升的教学目标，进一步培养学生的政治认同、家国情怀、道德修养、法治意识、文化素养等核心素养，不断增强思政课的思想性、理论性和亲和力、针对性。同时，还要坚持潜移默化的隐性教育，挖掘其他各类课程中的思政元素，使各类课程与思政课同向同行、同频共振，共画育人的最大同心圆，以春风化雨润物无声的隐性化、柔性化方式激发学生的关注与热情，实现入芝兰之室久而自芳的效果，还要把思政教育融入到学生社团、社会实践、班级宿舍、校园文化等过程中，落实学生的第二课堂成绩单，构建立体化、

---

① 习近平．在全国高校思想政治工作会议上强调：把思想政治工作贯穿教育教学全过程，开创我国教育事业发展新局面［N］．光明日报，2016－12－09（1）．

多元化、常态化的育人模式。

第三节 高校思政课问题链教学法的探索与实践

高校思政课是启迪思想、触及心灵的课程。习近平总书记在中国人民大学考察时强调："思政课的本质是讲道理，要注重方式方法，把道理讲深、讲透、讲活，老师要用心教，学生要用心悟，达到沟通心灵、启智润心、激扬斗志。"① 能否解答学生的思想困惑、能否触动学生的心灵、能否激扬学生的斗志，是高校思政课是否有用、有效、有魅力的"试金石"。参与才能触心，学生出于热爱参与实质性的课堂体验，高校思政课才能启迪思想、触及心灵、激扬斗志。如何让学生热爱思政课，参与思政课，问题链教学是高校思政课改革创新的一种探索与尝试。

马克思曾经提出："问题是时代的口号，是它表现自己精神状态的最实际的呼声。"② 问题是实践的起点、创新的起点，坚持问题导向是马克思主义的理论品格和根本要求。习近平总书记强调，要坚持问题导向，坚持底线思维，把问题作为研究制定政策的起点，把工作的着力点放在解决最突出的矛盾和问题上。新时代的高校思政课，我们要深刻认识和把握坚持问题导向、开展问题链教学的科学内涵和实践要求，着眼解决思政课改革面临的实际问题，不断提出真正提高思政课教学实效的新办法，助推思政课建设高质量发展。

一、问题链教学法的内涵及其运用依据

问题是时代的声音，回答问题是理论的根本任务。高校思政课是用党的创新理论铸魂育人、立德树人的关键课程，教师的"教"与学生的"学"成为提升教学质量的重要把手。2019 年 3 月 18 日，习近平总书记在

①② 习近平. 坚持党的领导传承红色基因扎根中国大地 走出一条建设中国特色世界一流大学新路［N］. 人民日报，2022-04-26（1）.

学校思想政治理论课教师座谈会上指出："思政课的教学目标、课程设置、教材使用、教学管理等方面有统一要求，但具体落实要因地制宜、因时制宜、因材施教，结合实际把统一性要求落实好，鼓励探索不同方法和路径"。[①] 因此，建好、上好高校思政课，需要立足课堂教学主渠道，全面厘清教学症结、积极回应学生需求，推动转变教学方式和学习方式，引导学生在问题情境中合作探究，提升问题意识和解决问题的能力，使思政课在问题破解中落实立德树人的根本任务。问题链教学以连贯性和严密性的问题为主线，引导学生在教师的帮助和指导下主动参与学习体验，进而在深度学习、探究学习、沉浸学习中重构知识体系，进一步凸显问题链教学法的运用价值，为高校思政课教学提质增效开辟新的路径。

（一）问题链教学法

1. 问题

《现代汉语词典》对问题定义的词解主要分为以下几类："一是要求解答或解释的题目；二是须要研究讨论并加以解决的矛盾、疑难；三是关键、重要之点；四是事故或麻烦；五是有问题的、非正常的、不符合要求的。[②]" 换言之，问题是要求解答或回答的题目，需要研究讨论加以解决的矛盾、困难、疑惑或尚待解决者。《马克思主义哲学大辞典》中问题一般指需要研究和解决的实际矛盾和理论疑难。综上所述，问题是人们在社会实践中提出来的，是被人们意识到的矛盾，是以客观事实为依据而设立。问题是连接人们从理论到实践、认识到现实的媒介，是建立在已有知识基础上对未知世界的存疑状态。发现问题是一个认识过程，解决问题是一个探索过程，因为问题是一切科学研究的起点。高校思政课中的"问题"是指在教学过程中，思政课教师基于对教学内容、学情学段、教学环境的分析，设置的亟待掌握的教学知识，它可以是教学的重难点、教学困惑点、学生的关注点等，需要通过不断地合作探索及深入思考才能解决。

---

① 习近平．思政课是落实立德树人根本任务的关键课程［J］．求是，2020（17）：4－16．

② 中国社会科学院语言研究所词典编辑室编．现代汉语词典［M］．7版．北京：商务印书馆，2016：1375－1376．

2. 问题链教学

“问题链”是诸多疑惑或难题的合集，但不是对问题的简单整合，是依据一定的逻辑关系层层递进、环环相扣串联起来的问题链条，是将教材的核心知识点设计为多个相关联的“子问题”，并按照循序渐进的原则有效衔接起来的问题群或者问题矩阵，以最终促进教学目标的达成和学生深度学习能力的提高。这里，需要强调两点：一是问题的设计要遵循逻辑性、系统性特点，高校思政课教师要认真研读教材、深化教学内容、深入分析学情，针对教学重难点设置序列化的问题，既可以横向发展也可以纵向递进，问题之间具有层次性、可探究性、开放性的特点。二是问题的解决需要在开放民主的教学氛围下，强调师生互助合作，不断思考探究、总结反思，通过师生的共同努力完成教学目标，其中教师要发挥主导性作用，不仅要引导学生主动参与、敢于表达、反思分享，还要促进学生在学习探究中深化对旧知识的理解、对新知识的构建。

问题链教学法作为新时代高校思政课的一种探索与尝试，对培养学生的理论学习兴趣和理论思维能力具有重要意义，有其自身的要求属性。一是教学目标具有指向性。教学目标是课堂教学的依据，问题链教学法的教学目标改变了传统的单向灌输的目的，更多关注学生的善学、乐学后的效果，更注重以成果产出为导向的学习模式，体现为学生的最终学习效果及思政核心素养的提升，实现知识—能力—价值的立体化教学目标。二是教学内容具有思辨性。高校思政课具有政治性、理论性、前沿性、实践性、系统性等特点，理论性强、内容繁多、涉及面广、更新较快，难以调动学生的学习兴趣，难以激发学生的深层次思维。问题链教学法以学生为中心、以问题链为纽带、以教材内容为载体，优化教学方式，精心创设问题情境，通过展示具有时代化、生活化、身边化的教学案例找准学生的关注点、点拨学生的疑惑点，顺着问题链层层递进调动学生主动学习探究，培养对社会现实中各类问题的思辨能力，用价值引领学习新路径，用科学精神培养理性思维，让党的创新理论入脑入心入行。三是教学过程具有交互性。问题链教学中，教师以问题链为把手，引领课堂教学，把控课堂进程，设置的问题具有开放性、探究性特点。学生需要学习教材、查找资料、交流讨论，开展合作式、交互式学习，期间教师起着指导、协调、引领的作用，通过师生的双方努力提高了教师“教”的能力和学生“学”的能力，共同提升教学效果。四是教学氛围具有民主性。高校思政课是师生人格地位平等的民主课堂，问题链教学中教师要根据学情、结合教材，找准学生的关注点和社会的热点，构建问题链共同体，营造良好的教学氛围，建立和谐互助的师生关系。教师既是知识的引领者、学生的指导者，也是与学生共同解决问题的合作者，在愉快和谐的课堂中增强教学实效。

（二）问题链教学法的运用依据

任何一种教学方法的运用既有理论基础，也要立足现实。问题链教学法，是涉及高校思政课建设的理论和实践问题，为进一步推动课程改革、提高课堂效果提供了新的路径和方向。

1. 问题链教学法运用的理论基础

（1）问题教学理论。

苏联教育家马赫穆托夫在著作《问题教学的理论和实践》一书中首次就问题教学理论进行了详细阐述。他认为，问题教学不同于一般的“问话”或“问答”的教学方式，问题教学是由问题情境的创设、问题的提出和问题的解决三部分构成[①]。当前，问题教学已经成为常见的教学模式或教学方法，强调学生在教学中的主体地位，教师发挥着引导、指导的作用，问题的解决应充分发挥学生的主动性和创造性，在破解问题中不断提升和超越自我。问题教学的运用主要包括两个重要环节，一是设置问题情境，激发学生对新知识的渴望和好奇心；二是“留白”艺术，即教师在教学过程中结合教学内容和学生实际设置教学任务或活动，引导学生主动去探究这些空白和未知领域，实现师生互助合作、教学相长。因此，问题教学是指教师为实现一定的教学目标，激发学生最大限度参与课堂体验，设置问题情境提供核心问题点，供学生合作分析、讨论研究并加以解决的教学过程。马赫穆托夫提出“问题链”设计过程包括五个方面，即产生问题情境、分析情境并提出问题、解决问题、实施从而寻得解决原则、检验解

---

① 杜铷．高校思想道德修养与法律基础课程教学模式研究［M］．成都：西南财经大学出版社，2021：363.

法，他侧重于培养学生的创新思维，要求将学生置于教学的主体地位，循序渐进地引导学生思考问题①。

（2）最近发展区理论。

苏联心理学家列夫·谢·维果茨基提出了最近发展区理论，将个体发展水平分为学生实际发展水平和潜在发展水平两类。实际发展水平是指学习者在无人帮助情况下独立解决问题的能力，潜在发展水平是指学习者在教师或同伴帮助下通过合作解决问题的能力，二者之间产生的可能性发展就是最近发展区。教学创造最近发展区，教师若让学生的认知水平和思维能力得到提升，教学内容必须走在学生个体现有知识发展水平之前，落在最近发展区，通过设计符合学生现有认知水平的问题链，通过“跳一跳”可以触及到新的知识发展水平。问题链的设计难度应控制在最近发展区内，若难度过高超出学生潜在发展水平，则会导致学生难以驾驭，降低学生的积极性；若难度过低设计“常识”问题，则会导致学生毫无兴趣，思维得不到锻炼。因此，问题链的设计难度应控制在最近发展区，精心设计、合理安排、层层递进、螺旋上升，让学生在现有发展水平基础上通过学习锻炼，提升思维能力和创新精神，构建新的知识框架，感受新知识发展带来的成就与快乐。

（3）深度学习理论。

深度学习是发自内心的学习，不受外界环境的干扰，强调深入人心的学习，体现在人的精神境界中，这与死记硬背、机械记忆的浅层学习截然相反。深度学习注重在自身理解基础上主动参与学习过程，对新知识进行深度挖掘、精细加工、自我构建，实现新旧知识的融合重组并运用于实践。深度学习理论认为，学生在对教师讲授的相关知识进行学习时，要具有批判思维，敢于质疑和反思，通过深入探究细致的问题，不断提出问题构建新的知识水平，进而开阔视野，培养创新精神。当然，深度学习的实现是师生互动的结果。高校思政课教师要进行深度备课，认真钻研教材，挖掘教材所蕴含的深邃道理和育人元素，设计问题链引导学生开展有针对

① 康枫翔，吉敏丽．问题链教学方式下宪法学课程思政的开展进路［J］．开封文化艺术职业学院学报，2021，41（7）：130－131.

性的深度学习，从而让学生对知识进行意义建构；同时，学生不仅要理解知识点，还要厘清知识体系的逻辑生成与关系，在思辨探究中深化对教学内容的内化理解，进而激发学生的高阶思维，让思政课真正受益终身。

2. 问题链教学法运用的现实依据

（1）顺应时代发展要求。

新时代我国发展面临的新情况、新挑战对高校人才培养提出了新要求、新标准。面对世界多极化、经济全球化、文化多样化、社会信息化的深入发展，国际国内面临的不确定性、不稳定性依然突出，要坚持用习近平新时代中国特色社会主义思想铸魂育人，用社会主义核心价值观引领学生，增强“四个意识”，坚定“四个自信”，做到“两个维护”。高校思政课要成为宣传贯彻马克思主义中国化时代化理论成果的主渠道，成为培养社会主义建设者和接班人的主阵地，最终回答“培养什么人、怎样培养人、为谁培养人”的根本问题。问题链教学法的中心思想与国家对人才培养的要求相契合，通过培养学生的自主学习意识，提升学生综合分析和解决问题的能力，在合作探究中关注社会时政热点、关注国家的发展、关注新时代社会的变化，自觉将个人价值融入社会价值中，在为实现中国式现代化建设中贡献青春才干，砥砺担当使命。

（2）符合学生成长规律。

习近平总书记在学校思政课教师座谈会上指出，青少年阶段是人生的“拔节孕穗期”，最需要精心引导和栽培。高校思政课要落实立德树人的根本任务，每一位教师都要种好学生“拔节孕穗期”的责任田，精心培养和正确引导学生的成长成才。当前，时代环境风云变幻、网络环境复杂多变、舆论舆情纷杂多样、意识形态多元并存，亟须廓清学生思想迷雾、把准价值航向，高校思政课教师必须肩负起引领学生思想政治的重任。青年学生处在人生的关键时期，身心逐渐成熟、思维活跃、好奇心和自我意识强、有一定社会敏锐度，但实践能力相对薄弱、社会阅历较少、容易受外界的影响，对他们问题意识的培养至关重要。运用问题链教学法，可以有效调动学生的主观能动性，增强学生的多样思维能力、反思辩解能力、合作沟通能力，把解决思想问题和解决实际问题结合起来，让学生真正参与课堂、体悟知识、升华能力，真学真信真懂马克思主义理论。

（3）更新课程教学理念。

课堂教学要基于学生的生活经历和成长特点，使学生在思辨中领悟知识的魅力。问题链教学法能在繁多的教学内容中“以简驭繁”，在多样问题或困惑中捕捉主要矛盾、抓住问题关键、创设问题情境，在层层抽丝剥茧中激发学生理论学习的好奇心、求知欲，从而指导生活实践，正确面对现实问题，体现生活化、服务化的教学理念，学以致用、知行合一。坚持问题意识的教学理念，高校思政课以构建活动型、实践型的课程为有力抓手，围绕教学重点和学习难点精心设计问题链，紧扣教学目标，避免教学内容面面俱到的铺陈和罗列，着眼实效性、增强针对性；同时，从解决问题入手导引教学是追求理论的彻底性，以理论的逻辑力量唤醒学生、深化教学、澄清困惑。

（4）借助信息技术支撑。

大数据背景下，信息技术发展迅猛，对教师的“教”提供了便利，师生获取信息的渠道变得多元化。在问题链教学中教师可充分利用数字教育平台，预先获取信息资源进行精心加工，巧妙设计问题情境，如录制微课上传、发布拓展阅读、发起头脑风暴等教学活动，可让学生课前自主预习、课中深度交流、课后巩固提高，实现课程育人时时处处不掉线。当前，利用信息技术各类教学平台为混合式教学模式提供了优质资源和载体，以形象具体的“图、文、声、像”来创造教学情境，通过设计问题链将抽象的教学内容具体化、清晰化、直观性，增加学生的感性认识、调动学习兴趣，为课堂教学注入活力。同时，学生也可借助网络媒体，弥补知识缺陷，不断扩充知识储备，反过来促使教师更广泛的设计问题情境，更贴近学生实际，进一步促进了问题链教学法的运用。

二、高校思政课问题链教学法的特点及作用

高校思政课的建设与发展，必须牢记为党育人、为国育才的神圣使命，全面贯彻党的教育方针、把牢正确政治方向、聚焦高校人才培养、推动育人真正实效。党的十八大以来，党和国家高度重视高校思政课建设，先后召开全国高校思想政治工作会议、全国教育大会、学校思想政治理论

课教师座谈会等，习近平总书记多次发表重要讲话、高度关切，强调“坚持把立德树人作为中心环节，把思想政治工作贯穿教育教学全过程，实现全程育人、全方位育人，努力开创我国高等教育事业发展新局面”①“推动思想政治理论课改革创新，要不断增强思政课的思想性、理论性和亲和力、针对性”②“思政课的本质是讲道理，要注重方式方法，把道理讲深、讲透、讲活，老师要用心教，学生要用心悟”③。习近平总书记的系列重要讲话精神，为新时代高校办好思政课、教师上好思政课、学生学好思政课提供了根本遵循，指明了努力方向。问题链教学法的有效运用，努力让高校思政课活起来，为提高教学实效性、增强课程育人功能，有着重要的实践价值，但也必须遵循一定的原则。

（一）高校思政课问题链教学法的主要特点

习近平总书记强调，推动思政课改革创新要不断增强思政课的思想性、理论性和亲和力、针对性。问题链教学“以学生关注和困惑的问题为起点，紧扣教材中的重难点，在学生关注点和教材重难点的结合点上精心设计问题，以环环相扣、层层递进的问题链引导教学、激活学生、点燃课堂，从而让学生沿着明辨是非、格物致知的思考路径，在不断深入的连续追问中学会思考、确立信仰”。④ 问题链教学法秉持立德树人理念，坚持问题导向，在高校思政课教学中教师根据教学目标将教学内容设置为以逻辑性的问题链为纽带、以培养学生的理性知识和思维能力为主线、以师生互助合作为形式的教学模式，实现学生愿意学、有收获，教师愿意教，有成就的最佳教学生态圈。

问题链教学法注重研究教材与学生相结合，深度推进教材体系向教学体系转化、知识体系向信仰体系转化，其旨在增强高校思政课的思想性、

---

① 习近平．在全国高校思想政治工作会议上强调：把思想政治工作贯穿教育教学全过程，开创我国教育事业发展新局面［N］．光明日报，2016－12－09（1）．

② 习近平．思政课是落实立德树人根本任务的关键课程［J］．求是，2020（17）：4－16．

③ 习近平．在中国人民大学考察时强调：坚持党的领导传承红色基因扎根中国大地 走出一条建设中国特色世界一流大学新路［N］．人民日报，2022－04－26（1）．

④ 冯秀军．用“问题链”打造含金量高、获得感强的思政课［J］．中国高等教育，2017（11）：22－24．

理论性、亲和力和针对性，通过激发学生的思维活力推动思政课教学提质增效。其呈现如下特点：一是深耕教材，读懂学生。问题只有抓得准，道理只有说得透，才能吸引人、说服人。深入研读教材，准确把握教材的重难点，挖掘教学内容背后重大的理论与现实问题，确保教学不走偏、不变形；深度调研学生，通过持续调研分析，精准全面把握学生的理论关注点和思想成长困惑，确保教学不盲目、不走样；结合教学知识点与学生关注点，优化教学内容，形成专题化教学模块，精准供给思政课理论，避免教学中要么照本宣科、无视学生，要么脱离教材、迎合学生的现象。因此，只有深入研究理论和教材才能避免教学“剑走偏锋”，只有全面准确掌握学生的思想和困惑，才能避免教学“目中无人”，确保高校思政课教学紧扣目标要求，实现教材与教学、理论与实践的有机结合。二是问题导引，激活思想。增强问题意识，坚持问题导向，将问题作为教学的起点，精心设计问题链条，以环环相扣的问题点导引教学，突出逻辑追问，激活学生的思维，用严密的逻辑性和透彻的学理性说服学生，确保学生的深度学习和高阶思维。因为教学必须面向学生，必须依据学生的成长规律和认知特点，将那些最终导向教学观念和学有所获的问题作为教学的起点。问题链教学法的关键在于设置问题，要领在于问题成链，问题的选择、设计具有指向性，绝不是随意和随机的，要结合不同学段、不同专业的学生，贴近不同学生的学习和生活实际，结合问题创设恰当情境，用问题吸引学生、打动学生，最终导向教学目标的实现；同时，问题具有递进性，是围绕教学主题细化、分解而成的诸多子问题，是一个内容相关、逻辑递进的问题链条，保证教学连贯有序、形成严密的逻辑闭环，通过师生的合作互动，教师积极指导、学生积极参与，突出和深化教学过程、彰显和渗透逻辑魅力、激活和点燃学生兴趣。三是拓展时空，综合创新。高校思政课教育教学是一项内外联动、上线覆盖的系统工程，需要搭建多维平台、多种载体，拓展教育时空，实现立体化育人格局。关注学生的成长成才，坚持问题导向，要从多方面、多层次、多角度开展教育教学，创设问题情境教学同样需要借助“课堂 + 网络 + 实践”的大思政课平台。通过课堂、网络、实践三个不同的载体，将思政课堂理论教学与网络辅助学习、实践体验感悟有效结合起来，构建多维度、多渠道、全方位的协同教学体系，形成线上与线下、课内与课外、理论与实践的全方位全过程的学习情境，打造魅力课堂群，让学生在浸润式的教学环境中，对所知、所学和所行有深刻系统的认识和感悟，解决学生之所惑，产生对思政课之所信，让学生在破解问题中增长智慧和才干，提升本领和能力。

（二）高校思政课问题链教学法的功能作用

习近平总书记强调，推动形成全党全社会努力办好思政课、教师认真讲好思政课、学生积极学好思政课的良好氛围[①]。实践证明，问题链教学法让高校思政课教师愿意教、学生愿意学，能实现教学良性互动、相得益彰，让思政课“活”起来、教师“强”起来、学生“动”起来。

一是提高学生参与度。习近平总书记指出：“坚持问题导向是马克思主义的鲜明特点。问题是创新的起点，也是创新的动力源。[②]”问题链教学法正是采用任务驱动法，不断提高学生的课堂参与度，鼓励学生发现问题、分析问题、解决问题再反思问题，凸显学生的主体性地位，增强思政课的亲和力。它改变了以往单向度的课堂教学，教师不再唱“独角戏”，而是引导学生唱“大合唱”，形成师生互动、生生互动的教学模式，增强学生的问题意识和逻辑思维，落实思政课要坚持“主导性和主体性相统一”要求和原则。“通过解答问题引导学生穿越理论障碍和思想迷雾，使教学从抽象走向具体、从概念走向事实；让学生由课堂的‘旁观者’变为课堂的‘主人翁’，感受深邃思想、深刻理论的魅力，从而调动学生学习的自觉性和主动性。”[③] 为了提高学生参与度，思政课教师预先挑选与设计问题，组织学生讨论和分享，学生积极参与辩论和思考，课后布置相关实践作业，让学生在实践中发现新问题、提出新观点，提升创新能力，思想得以启发、认识得以深化。

二是增强教学针对性。问题链教学法是教师精巧设疑，以问题为主线，通过不断启发学生思考，建立逻辑性强、针对性强的高效课堂。问题链教学法以问题链逻辑方式深化问题梯度，关键在于设置有效、有用的问

---

① 习近平．思政课是落实立德树人根本任务的关键课程［J］．求是，2020（17）：4－16.

② 习近平．在哲学社会科学工作座谈会上的讲话［M］．北京：人民出版社，2016：14.

③ 何秀超．问题链教学法让思政课活起来［N］．人民日报，2019－05－24（9）.

题，打通教材与现实的关系，把教学内容转化为一个个深入浅出的问题、转化为对社会现实的关注和回应，供学生思考和分析，让高校思政课回归现实、贴近生活，增强课程的时代感和针对性。这也要求思政课教师的提问要综合考量，做到有的放矢、统筹兼顾，在提问与追问、应答与求解中耦合生成。尤其是在设置问题链时，要把教材知识点、学生关注点、教学契合点三者有机结合起来，一环一环引导学生的意识思维向纵深发展，帮助学生架设认知问题的途径和桥梁。如重大纪念日或节日契机，引导学生深入对历史事件的追忆和探讨中；焦点新闻或时政热点，帮助学生树立正确的是非观，培养政治敏锐性，发挥思政课“设置议题”的功能。

三是提升教师教学能力。习近平总书记强调，办好思政课关键在教师。问题链教学法首先要求思政课教师要具备问题教学意识，要发挥教师主观能动性，坚持从学生的实际出发，结合教学内容开展具有针对性的问题情境创设活动，自觉区别于传统的思政课教学模式。高校思政课教师要树立强烈的问题研究意识，具备深厚的理论水平和实践经验，引导学生用发展的眼光看待理论与实践、共性与个性的发展变化。问题链教学法最重要的是考验教师对教学内容转化为教学核心问题并形成问题链的处理和设计能力，要深入研究教材和学生，吃透教材、读懂学生，把学生关心的话题转变为值得探讨的问题，在不断启发中让学生水到渠成得出答案，自动连接思政课，主动体验课堂魅力。同时，问题链教学下生成性问题较多，更考验教师对课堂的把握及观察分析能力，教师要以良好的心态和扎实的理论功底及时回应学生的问题和关切，自觉承担起信仰教育、思想引领和价值导向的职责，为学生扣好人生的第一粒扣子。

三、高校思政课问题链教学法的运用与思考

“问题就是时代的口号，是它表现自己精神状态的最实际的呼声。①”高校思政课是立德树人、铸魂育人的关键课程，需要回答时代之问、释疑

① 马克思，恩格斯．马克思恩格斯选集：第1卷［M］．北京：人民出版社，2012：289－290.

学生之问，需要在不断的回答和释疑中呈现自己的“精神状态”。问题链教学法不仅是一种激发教师主导性和学生主体性充分发挥的教学方法，也是一种实现教学相长、提质增效的教学理念，它照应了在推进新时代高校思政课高质量发展中凸显的话题、难题和问题，也积极回应了大学生在实际生活中面临的困惑、疑惑和迷惑，有效呼应了高校思政课问题意识的导向。高校思政课的本质是讲道理，问题链教学法就是围绕讲好道理，通过创设情境、精巧设疑、任务驱动、深化实践等方式把道理讲深、讲透、讲活，提升思政课的亲和力和针对性，提升学生对思政课的认同感和获得感。

（一）凝练问题，把道理讲深，做到以理服人

“讲深”道理，就是纵深地讲“道理”，不能轻描淡写地讲浅道理，要找准真问题，透过现象讲本质，是由现象到本质的升华与超越，解决好怎么讲准道理的问题。问题链教学法以问题为原点，以专题为载体、以主题为形式，要求围绕真问题、大问题下功夫，有效保证高校思政课的道理不讲偏、不讲浅。

1. 讲深道理要善于找准问题

把道理讲深，首先是讲准，要弄清楚讲什么道理。思政课的本质是讲道理，这阐明了思政课的本质不是宣读文件、讲故事，而是要揭示规律、阐明真理，找准大问题、真问题。所谓大问题，这个“大”彰显的是地位作用大而非空洞说教的大道理。高校思政课是立德树人的关键课程，要通过讲道理引导学生提升政治认同、培养家国情怀、强化道德修养、加强法治意识、增强使命担当，这就要求讲的道理是关乎理想信念、社会责任、历史担当的大道理。所谓真问题，一是具有指向性，二是具有目的性，需要面向社会关注和学生疑惑，是从现象深入到本质，直击真问题而非伪问题。“曾经的生活历程和既有的生活现实通过理论的形式形成一个使学生思考生成的张力场域，并在更广阔和长远的意义上培养学生的问题导向和问题思维。①”这样的问题是一个潜在的作用力，具有特别的指向性，指向

① 张瑞军．“问题链”教学法在“原理”课的应用研究［J］．内蒙古师范大学学报（教育科学版），2021（6）：50－54．

处于“拔节孕穗期”的青年学生。运用问题链教学法讲深道理就是迎着真问题、围绕大问题下功夫，直击时代大课题所引发的学生关心、不懂和困惑的问题，从外到内、由现象到本质讲清在时代发展潮流中揭示的社会历史发展规律，让学生明确新时代应肩负的历史责任与历史担当。当下，中国发展的核心主题就是“中国共产党为什么能”“中国特色社会主义为什么好”“马克思主义为什么行”“中国化时代化的马克思主义为什么行”。在讲这些道理时，要讲真理力量、时代课题、历史责任、理想信念、中国之治、制度优势、党的领导等，不能流于形式只讲故事、回避问题绕道而行，而要引导学生自觉将青春小我融入祖国、人民的大我之中，与时代同呼吸、共发展，用平凡成就非凡。

2. 讲深道理要善于挖掘问题

高校思政课要有料有味、讲深道理，要善于挖掘问题，好的问题是课堂的“料”，也成就了学生享受的“味”。因此，好的问题启发是讲深高校思政课道理的关键。问题是问题链的“元点”，问题是教学的助燃剂，能有效激发学生的内驱力，让学生沿着明辨是非、探求真知的思考路径，在不断追问和反思中提升自我、确立信仰。采集和挖掘高校思政课的问题，把道理讲深，需要做好“四备”工作。一是备时代。高校思政课教师要提高思想自觉和理论自觉，准确把握好思政课的时代语境，紧跟时代、观察时代、把握时代，把时代、社会和发展融入课堂。高校思政课一定要与社会现实联系起来，以社会生活为“课堂”、火热实践为“教材”，课堂才能更加鲜活、更有效率。当前，我们已经实现了第一个百年奋斗目标，正阔步迈上建设社会主义现代化国家的新征程。高校思政课要用好百年党史这部饱经历史和人民检验的生动“教材”，引导青年学生认真总结回顾走过的路，设身处地感受前行路上的使命与责任，情真意切体会每个非凡成就背后的精神与付出。高校思政课教师要善于抓住社会时政热点，因时、因事、因势将时代内容引入课堂，推进思政课融入“两个大局”，把讲道理作为“课之大者”来把握，发挥好社会这一“活”课堂，鉴往知来、观照现实。二是备教材。教材作为教学的遵循和载体，是设计教学内容的立足点，是师生传递信息的平台。教材的编写者按照一定的逻辑体系呈现教学内容，有前有后、有因有果、有深有浅、有出有入。教师若不能准确把握教材体系，就会不辨前后、不明因果、不知深浅、不懂出入，就会在这种不辨、不明、不知、不懂中无题可问、无话可说。要吃透教材，厘清教材的逻辑框架、章节地位、教学重难点；且课前的教学设计要考虑学生的反馈，合理聚焦至问题的延伸和推进当中，确保教学问题不走样、讲授道理相统一。教师要在自学教材的同时，多参加教材培训、集体备课、校际交流、专家解读讲座等，深耕教材、聚焦需求、对症设问，以“问题”为载体、以“链”为纽带，逐步将系统性、抽象性和理论性的教学内容，转变为深刻与生动、理论与价值、思想与魅力交融的问题逻辑体。三是备学生。高校思政课开展问题链教学，要结合学校人才培养目标，更新教育理念、回归教育本真，满足学生发展的现实需要和长远期待；要以“学”为主、以“问”为要，解决学生“学什么、怎么学”的问题。讲道理要弄清楚学生的基本情况，如专业背景、理论基础、关注焦点及相关认知，可通过课前采用集中与个人结合方式调研学生学情，也可课后在社会实践、学生活动、作业分享过程中多关注学生思想行为。一般而言，搜集到的问题有两类，第一类是对教学内容的专业问题，这类问题是“明线”，教师针对学生的疑惑，结合教学重难点，设问导疑、双向合作，积极搭建师生思维碰撞的桥梁，使师生在交流合作中启发和分享，在释疑解惑中内化知识。第二类是针对如何上好思政课这类“暗线”问题，教师要精心巧妙地贯穿在教学设计中，注重学生的思想引导和价值引领，潜移默化的给予回答。四是备自己。只有锤炼好马克思主义理论的“看家本领”，不断加强理论学习，夯实理论功底，教育引导学生“知其然、知其所以然、知其所以必然”。习近平总书记强调，讲思政课要让信仰坚定、学识渊博、理论功底深厚的教师来讲，让学生真心喜爱、终身受益。“让有信仰的人讲信仰。”高校思政课教师首先自己要坚定科学信仰，才能讲好信仰、信念、信心。亲其师，才能信其道。如果说“师”是人格魅力，“道”是真理魅力，那么真理魅力需要人格魅力来衬托和支撑。思政课教师自己是不是真学真信真懂真用直接关系着道理能否讲深讲透讲活。备自己就是教师要在备时代、备教材、备学生的基础上检验是否能够把准吃透，能否用马克思主义理论透彻剖析理论问题与社会现实，做到心中有底，敢讲、会讲、能讲。

3. 讲深道理要善于凝练问题

运用问题链教学法讲深道理需要对挖掘的问题去粗取精、去伪存真，凝练问题，一是结合教材内容完成教学问题的专题建构。讲深道理需要把孤立的问题联系起来，找到他们的共性与个性，根据不同问题的目标指向形成系列教学专题，实现教学问题向教学专题转化。二是紧扣教学目标突出教学主题。讲深道理的专题化教学问题不是随机和随意的，而要紧密结合教学目标突出教学主题。教学主题清晰鲜明，教学问题的甄选才有标准，教学专题才能紧扣教学目标有核心和重点，道理才能更明晰。换言之，运用问题链教学法，教师要通过采集、梳理、整合学生的问题，形成学生学习教学内容的问题矩阵，根据问题的性质和特点进行分类专题探究，运用多种有效方式创设问题情境形成认知链，将教学知识点精心转化为具有针对性、探究性的问题点和能力点。这不仅拓展了教学内容的知识框架，也一定程度上深化了问题悬念的张力。学生在此过程中，可通过小组讨论交流的方式，进行多向合作与优势互补，教师也要鼓励学生多提意见、阐述观点、善于表达，给他们提供展示自己、锻炼胆识的机会，引导学生在合作学习中明辨是非且能多角度、多维度认知问题和思考问题，最终解决问题。

（二）分析问题，把道理讲透，做到以理启人

“讲深”是“讲透”的基础，“讲透”是“讲深”的递进。理论要解渴，需要把道理讲透彻。道理“讲透”是把道理掰开、揉碎讲彻底、讲通透，是多层次、全方位、立体化地讲道理，是高校思政课教学的必然要求。马克思指出，“理论只要说服人，就能掌握群众；而理论只要彻底，就能说服人。”① 高校思政课就是要“用真理的力量感召学生，以深厚的理论功底赢得学生”。问题链教学法关键是要围绕教学核心问题使问题成链，通过层层深入、抽丝剥茧揭示问题的本质，把道理讲透，彰显思政课的理论透彻性和逻辑魅力，深度激发并追问学生的理论认知、内容掌握、行动自觉，进而赢得学生、实现回归学生的教学本真。在实际教学中，既要教师具备扎实的科研功底，也需要精湛的教学技巧。

1. 在于说清问题的“来龙去脉”

运用问题链教学法把思政课的道理讲透，是以深入透彻的学理研究为

① 马克思，恩格斯．马克思恩格斯文集：第1卷［M］．北京：人民出版社，2009：11.

基础的，就好比拿着一把思想的手术刀层层递进的对问题的本质进行逻辑解剖，用透彻的学理分析回应学生的现实关切，解决学生的思想困惑。从“是什么”“为什么”“怎么办”三个层面出发，教育引导学生“知其然、知其所以然、知其所以必然”。当然，以上三个层面不能简单套用，要深入挖掘学生真正感兴趣的、能激发学生思考的问题，要结合教学目标对教学问题进行归纳、整合与分解，要对问题的表达从理论到教学再到知识的话语体系进行转换。同时，教师要善于将这三个层面的问题进行适当转换和拆解。如在“是什么”这一层面可从回答好“不是什么”反向切入，进而澄清模糊乃至错误认识。转换中要善于用大历史观、大系统观，古今映照、中西对比把理论的发展逻辑、比较优势等问题阐释透彻。运用问题链教学法讲透道理时，还要坚持“建设性和批判性相统一”的原则，直击错误思潮和错误观点，敢于“亮剑”发声。习近平总书记指出：“思政课上学生会提一些尖锐敏感的问题，往往涉及深层次理论和实践问题，把这些问题讲清楚讲透彻并不容易。[①]”这就要求问题链的设计“要有立场、有锋芒、有观点，不能含糊不清、态度暧昧、模棱两可。只有旗帜鲜明、透彻明了、准确有力，及时回应学生的思想困惑与现实关切，使学生能够正确辨别、自觉防范与抵制各种错误观点与思潮，才能说道理讲透了。[②]”

2. 在于教师的教育教学能力

办好思政课关键在教师。教师的教学能力和水平是问题链教学有效开展的基础，教师先要“问得出”，继而“问得好”，后需“问的妙”。教师对问题链的拓展任务为“设计—提出—解释—解答”的模式，对学生课堂外的问题探求教师要以“为什么”为逻辑引导，以“怎么学”为有效方法，要求教师将教材内容转化为富有意义的教学逻辑问题。同时，教师在具体授课中不能直接“复制”一般模式，需要因材施教、因人而异，需要结合学生和自身实际进行“二次”再创造。一方面，问题链教学法需要教师对问题进行深入研究，具有大视野、大智慧，沉下心来认真研学党和国家的重大理论创新成果和实践改革成果。教师只有用深厚的科研功底、增

① 习近平．思政课是落实立德树人根本任务的关键课程［J］．求是，2020（17）：4－16．

② 王静．运用问题链教学法讲深、讲透、讲活思政课道理的思考［J］．高校马克思主义理论教育研究，2022（5）：101－108．

强理论底气，才能带领学生穿越层层思想迷雾，抵达事物本质，感悟理论的魅力。另一方面，教师要扎根中国大地，多参与社会实践，在社会大课堂上做科研，以鲜活的实践、生动的现实凝聚成向下扎根、向上生长的强大活力，用科研反哺教学，助推教学能力有效提升，为问题链教学法的实施注入“强心剂”。向上提升教学的理论深度和思想高度，向下增强教学过程的针对性和实效性，从学生出发延展到教材、从问题出发探寻到结论。同时，教师需要在讲台上展现舞台的魅力。教师是教学活动的主导者，课前设问、课中提问、课后追问是主导的体现，对问题的提出需要考虑学生的兴趣场域、教材的结构场域、自身的反思场域，增强问题教学的准确性、针对性和亲和力。

3. 在于充分调动学生的主动性

以往知识传授、固化内容的传统教学主要方式是教会学生“答”，削弱了学生主动思考和“问”的意识。高校思政课要坚持以学生主体价值为根本，通过“知识问题化、内容逻辑化，提升学生的问题意识，引起学生的注意、引发学生的思考，将学生思维的深刻性、批判性、严密性和灵活性调动起来，使其学习状态能动化。①”这样才能充分调动学生的积极性，启发学生主动关注社会现实，带着问题意识主动发现问题，推动学生由获取知识转变为探索知识，有效实现学生的主体意识、主体能力、主体人格的发展与完善，促进师生的情感共鸣与价值认同，增强思政课的生动性。问题链教学法讲透道理，就是要激发学生从被动到主动参与问题链的建构，成为课堂教学的“主角”，积极破解问题，让道理不再晦涩、让问题更加鲜活、让知识成为内化理论。

（三）解决问题，把道理讲活，做到以理感人

讲深道理和讲透道理是两个层次，讲深道理是基础，讲透道理是深化，只有把道理讲活了才能落实讲深、讲透，讲得有滋有味，但如果不能内化认同并外化行为，思政课立德树人的目标就未完成。因此，“讲活”

---

① 罗斯静．“双一流”视域下高校思政课开展问题链式专题教学研究［J］．佳木斯职业学院学报，2020（10）：140－142.

是“道理”的最终归宿，是理论与实践的统一、知行合一的体现，只有讲深讲透和讲活道理，突出实践精神，回答时代之问、释疑学生之问，才能真正推动思政课高质量发展。习近平总书记指出：“上思政课不能拿着文件宣读，没有生命、干巴巴的。[①]”“讲活”道理就是要从抽象到生动、要深入浅出的把道理讲得深刻且生动，不仅语言生动、材料鲜活，还要彰显道理背后的理论魅力、升华问题，从内到外实现内容与形式的统一。问题链教学法主张“微观与宏大”“天边与身边”“抽象与具体”的结合，破解高校思政课“一深刻就不生动、一生动就不深刻”的难题。

1. 微观与宏大的结合

问题链教学法主张从小处着手、大处着眼，善于透过小故事、小环节、小人物讲出大道理，以小见大、见微知著。只有将宏大叙事转化为生动故事，引发学生共情共鸣，道理才能深入人心。高校思政课宏观层面“要毫不动摇、理直气壮、名正言顺、持之以恒地讲深讲透讲活马克思主义真理，全方位、立体化讲出真理的深度、高度、厚度及温度，用精彩的思政课助力学生赢得出彩人生”[②]。同时，高校思政课要主动深刻回答“中国共产党为什么能”“中国特色社会主义为什么好”“中国化时代化的马克思主义为什么行”等一系列重大理论和实践问题，这些问题并不是遥不可及的不可感知，而是往往通过微观的历史事实和生活细节呈现出来，体现在典型案例和模范榜样方面，将道理化为故事、用故事讲述道理，用贴近生活的话语表达信仰，用生动的细节代替干瘪说教。这样就消除了宏大历史与微观现实的隔阂，用案例、人物把深刻的道理投影和呈现出来，以“小切口”解读“大问题”、以“小故事”阐释“大道理”。当然，从微观出发要从小切口带领学生进入大视野，不是要消除宏大历史。马克思主义真理、中国共产党的故事、中国特色社会主义的发展需要经常讲、反复讲、接续讲，同时要从微观故事里领悟大道理，与时俱进、常讲常新。微观故事的选取要有代表性、真实性，避免冗杂的细枝末节掩盖了历史的主

---

① 习近平．“‘大思政课’我们要善用之”（微镜头·习近平总书记两会“下团组”·两会现场观察）［N］．人民日报，2021－03－07（1）．

② 刘五景，欧阳恩良．思政课的道理“讲什么、怎么讲”［N］．中国教育报，2023－06－20（9）．

题；微观故事的讲述要有生动性、透彻性，讲清楚个人的前途命运跟国家民族的前途命运息息相关、个人价值与社会价值相统一，激发学生的责任与担当，实现人生价值的升华。

2. 天边与身边的结合

高校思政课往往被学生误认为离学习生活比较遥远，是关于历史和未来的“天边事”。问题链教学法讲活道理要善于从身边的学习、生活谈起，挖掘本地资源和素材，让教学既“顶天”又“立地”，既有“天边事”又有“身边事”，要让学生感知思政课的道理与自身息息相关，与他们的未来发展紧密相连。讲活道理要以学生为中心，围绕学生、服务学生、调研学生，关注学生需求，把道理讲到他们的痛点上、盲点上、堵点上，让学生感到思政课有滋有味、有趣有料、有声有色，让学生真正喜爱、终身受益。而且，还要从学生的专业背景出发设计课程的“打开方式”，让学生理解思政课与专业课是相互促进、相得益彰的，感受到思政课的道理不是“远在天边”，而是“近在眼前”，意识到思政课道理是打开专业学习、开阔视野、提升境界的有用道理且影响长远。高校思政课运用问题链教学法讲活道理，要善于拉近理论与现实的距离，让理论接地气，把“天边事”与“身边事”联动起来，让学生感受到治国理政的战略智慧可转化为成长成才的思想动力、人生启迪。这就需要不仅讲出理论的高度、深度和厚度，还要结合实践讲出思想的伟力，让“天边”回归“身边”，让马克思讲中国话、让大专家讲家常话、让基本原理变成生动道理、让根本方法变成管用办法，让学生在课堂上“畅饮真理”，更要在习得“道理”后眼中有光、脚下有路。这才是高校思政课立德树人、铸魂育人的最好打开方式。

3. 抽象与具体的结合

高校思政课讲道理旨在让学生掌握马克思主义的观点、立场和方法，不断提高理论把握现实、引领实践的能力。马克思主义理论是科学的真理，要求学生具有较强的理论思维。而学生由于社会阅历、认知结构有限，认知方式更为感性，更喜欢图文声像的展现，思政课对他们来说显得高深抽象。问题链教学法主张从具体的现实谈起，而不是从抽象的概念、范畴谈起，致力于把深刻的理论变为生动的道理。生动的道理来自现实，讲活道理就要善于结合现实，用问题将理论激活，才能让学生爱听、乐学。实践性是马克思主义理论的伟大生命力之所在，它将理论写在生动的大地上，而不是束之高阁的抽象学问。因此，高校思政课要善于结合社会实践“大课堂”，从具体案例中讲活道理，用现实问题引导学生走入理论，领略理论的魅力，产生对理论的亲近感。换言之，高校思政课不是抽象空洞的政治宣传和价值说教，讲活道理必须回应时代、回应现实、回应生活，把抽象的道理故事化、场景化、人物化，用事实数据证明真理的科学性、用生动具体的故事把道理讲活。只有以故事为载体，理论才会更鲜活。中国故事中蕴藏着中国精神、中国梦想、中国特色，通过事实、故事将抽象的理论与生动的实践相结合，将宏大命题转化为引起学生共鸣与认同、可感知的鲜活事，增强思政课的感染力和亲和力，让思政课“有意义”更“有意思”。讲活道理最终是学生在感性认知、思维探索、内化理论之后的能力拓展，是对思政课的道理更深层次的理解、吸收和认同，从而催生新的问题，实现问题链教学法真正的价值导向。教师可归纳学生反思的问题作为课程教学新的疑惑点、自身理解的关注点，启发学生在不断追问、反思中突破现有理论束缚，在不断探索和挖掘中衍生新问题、新知识，从而让感性认知上升为理性认知，激发学生的主体作用、创新能力、综合能力。

当前高校思政课教学必须抓住事物的本质，以更加敏锐的问题意识审视当代马克思主义的实践需要，以更加有效的方法萃取思政课的理论涵养感染学生，增强问题意识、坚持问题导向、遵循问题规律、把握问题脉动，推动理论知识与问题教学同步提高，确保高校思政课与时俱进的生命力。“讲深、讲透、讲活”实质上阐明了高校思政课讲道理的三个层次。讲深是基础，讲透是递进，讲活是道理的归宿。高校思政课作为落实立德树人根本任务的关键课程，要用思政之“盐”，讲出真理之“味”，以真理之“味”滋养灵魂、指引行动。高校要把思政课讲得有深度、有力度、有温度，把握思政课本质，以理服人、以理启人、以理感人，为青年学生擦亮精神底色，夯实人生根基，引导青年学生德智体美劳全面发展，努力成长为堪当民族复兴大任的时代新人。

第二章

CHAPTER 02

高校思政课混合式教学改革

习近平总书记在学校思政课教师座谈会上强调："思政课是落实立德树人根本任务的关键课程。①"在坚持思政课建设"规律性认识和成功经验"的基础上，要不断推进高校思政课改革创新，近年来，随着"互联网+"时代的迅速发展以及网络信息技术在教育领域的广泛应用，混合式教学模式在高校内得到了普遍推广。当前各高校大力推进高校思政课教学方法的改革，推动现代化信息技术走进课堂，思政课作为大学生的必修课程，面临着新时代背景下课堂革命的发展与挑战，线上线下混合式教学已然成为一种重要的教学模式。

第一节 高校思政课混合式教学的学理因由

高校思政课混合式教学模式具有区别于传统教学的独特特征，传统线下教学与线上教学有着各自独特优势，混合式教学模式将二者的优势加以整合，在现代教育背景下融合两者优势的混合式教学模式在高校思政课中具有良好的应用前景。高校思政课混合式教学模式以提高新时代思政课教育教学效果为目标，将"以学生为中心"的教学理念贯穿于教学的全过程，涵盖于课前、课中与课后三个阶段，切实提高高校思政课课堂教学的实效性，教学过程中坚持以问题为导向，将评价体系从终结性评价外延至

① 习近平．思政课是落实立德树人根本任务的关键课程［J］．求是，2020（17）：4－16.

过程性评价与终结性评价相统一的全过程，构建综合性评价体系，提升课程学习的挑战性。

一、高校思政课混合式教学模式的内涵、兴起与发展

（一）高校思政课混合式教学模式的内涵

近年来，随着“互联网＋”时代的到来，网络信息技术逐渐渗透到教育事业之中，混合式教学是指线下教学与线上教学的混合教学，是传统教学与新媒体教学的有机结合，是教育信息化背景下出现的一种新型教学方式。“线上线下混合式教学是新时代高校思政课教学改革创新的重要尝试，线下教学即课堂教学，线上教学即网络教学。①”混合式教学是利用互联网技术与传统教学相融合的教学方式，具有开放性、灵活性、实时性和共享性等特点，可以契合不同教学场景的需要，突破时间性与空间性的限制，实现教学资源的实时共享与教学互动的交互创新，让课堂从传统模式向现代化转型，学生在学习过程中，教师与学生在教学与学习过程中，可划分为线上自主导学、线下专题精讲、线上巩固学习三个模块。

首先，在线上自主导学环节，教师可以提前在线上平台发布课程预习资源，为学生提供多种可供选择的课程资料，通过诸如主题讨论、小组讨论等形式多样的互动环节引导学生完成课前自主导学部分，同时及时关注学生留言、查阅学生的学习情况；学生则根据教师发布的线上资源学习基础知识，积极参与课前活动的同时及时梳理与课程知识脉络相关的问题链，有针对性地带着问题走进线下课堂。其次，在线下专题精讲模块中，教师要合理运用课堂教学设计，做精做优专题式教学，凸出聚焦核心的重难点问题，针对问题链的设计进行精讲并完成答疑与知识小结，及时关注学生的反馈情况，将教材体系转变为教学体系；学生在课堂进行过程中，积极参与线上平台的教学互动，在活动过程中挖掘问题、掌握重难点问

① 孙海英和陈三营．线上线下混合式教学在高校思想政治理论课教学中的运用探析——以《毛泽东思想和中国特色社会主义理论体系概论》课程为例［J］．贵州师范大学学报（社会科学版），2022（5）：13－23．

题，并以小组为单位参与思政课堂相关的实践教学活动，让思政课在实践中践行“大思政课”知行合一的基本要求。最后，在线上巩固学习阶段，教师完善总结并适时指导学生开展实践活动，重点要建立合理的评价考核机制，让学生在课后环节同样拥有高效的学习效率；学生在课后阶段要根据自身学习情况，自主选择对所学知识内容的巩固提升，并及时参与互评自评、线上测验与实践报告分享。

可见，新时代高校思政课教学要融合线上教学与线下教学两种模式，要坚持教师主导性和学生主体性相统一，通过线上线下混合式教学模式改变传统灌输为主的教学模式，提高教学效果的同时养成自主性学习习惯，提高自主性学习的能力，让学生有充分选择与知识消化的机会，为高校思政课教学提供新的教学方法与可供参考的新模式。在混合式教学模式中，教师是整个教学过程中的引导者，在为学生搭建线上学习资源的同时监督课堂效果，以丰富的课堂活动调动学生参与混合式教学的积极性与主动性；学生是课堂的主体，区别于过去被动接受知识的过程，可以突破时间与空间的限制主动学习并运用线上平台资源。教师与学生两者身份的变化为混合式教学的突出特点，坚持问题导向则成为贯穿教育教学全过程的基本原则，与新时代高校思政课改革创新发展的着力点具有高度一致性。

“混合式教学可谓思政课教学领域的一场‘哥白尼式’革命，它拓宽了思政课的教学空间，完善了教学流程。①”传统的高校思政课多以教师为中心，采取“满堂灌”的教学方式以教师讲授为主体，学生多为被动性接受的过程，课堂活动相对单调、枯燥，留给学生发挥的空间相对局限。而混合式教学融合了“思政课+”与“互联网+”的教学理念，突破了思政课教学的空间性与地域性，让学生成为思政课程的主体，契合了在“以学生为主体”的教学理念的基础上满足大学生异质化理论学习的需要，利用网络平台、慕课、微课、视频信息等技术，既能提高课堂教学的趣味性又能有效提升学生的课堂参与度，满足了新时代大学生通过网络媒体参与课堂的要求，克服了传统高校思政课存在的典型问题，利用信息技术与网络

---

① 陶磊和汪萍平．人工智能赋能高校思想政治理论课混合式教学之思［J］．黑龙江高教研究，2022，40（12）：119－126．

平台增强大学生思政课的获得感，同时在为新时代高校思政课赋能的同时提升高校思政课的吸引力。“疫情期间，全国所有普通本科高校全部实施了在线教学，108 万教师开出了 110 万门课程，合计 1719 万门次；参加在线学习的大学生达 2259 万人，合计 35 亿人次。[①]”尤其在新冠疫情爆发后各高校延期开学的背景下，线上教学成为“停课不停学”的基本保证，在线教学日益发展成为一场长期的教学革命，互联网在新媒体技术主导下的在线“云”教学日益成为高校思政课运行的主要方式，掀起了高校思政课教师运用各类新媒体技术推动新时代思政课改革创新的新高潮。

在新媒体背景下，高校思政课教学改革方向侧重为着力推进线下教学与线上教学的信息技术深度融合，混合式教学既融合了传统线下学习“内容为王”的核心授课方式，又结合了线上教学网络化学习即时性的新模式，赢得了教师与学生的双向好评，对推进高校思政课教学质量提高与教学改革具有深远意义，是新时代未来教学技术发展的必然趋势，必将成为高校思政课改革的未来发展方向。在“互联网 +”时代网络的高速发展与运行中，基于混合式教学模式的高校思政课教学有助于实现现代技术手段与高等教育的深度融合，关注学生学习参与效果的同时，利用线上线下学习相结合的方式兼顾学生学习的全过程，发挥高校思政课在铸魂育人与立德树人中的关键性作用。

（二）高校思政课混合式教学模式的兴起过程

混合式教学指的是线上学习与线下学习的混合，最早由美国学者库尼（Cooney）等人在针对学龄前儿童的教育研究中提出，是基于移动通信设备、网络学习环境与课堂讨论相结合的教学情境，通过借助现代教育技术等多种技术手段，对传统教学资源进行优化、整合、呈现和运用，并将传统课堂教学、实践实操教学与网络在线教学进行深度融合的一种教学形态。经过国内外二十余年的发展，混合式教学不仅在高校中得到广泛应用，更在突发情境下实现高校线上教学的应急性变革，它的教学理念是在反思与剖析当前高等教育教学实践中普遍存在的问题基础上不断发展形成的。

---

① 张烁．确保安全开学、正常开学、全面开学［N］．人民日报，2020 - 08 - 28（7）．

“自20世纪80年代以来，现代教学媒体技术异军突起，以投影、录音、广播等为代表的电子教学媒体被广泛应用于高等教育的各个课堂。①”现代媒体的教学技术日益走进各大高校思政课的课堂之中，教师将授课PPT等电子素材的教学材料带到课程之中，通过多样的教学手段丰富课堂内容；随着现代教育技术的不断发展，更多高校教师开始将视频、音频等多媒体相关教学形式引入高校课堂，在教学资料、手机以及在线教学平台的建设中不断探索，促进新媒体技术与高校教学的深度融合与发展。所谓的混合式教学既汲取了传统线下教学的独特优势，又融合了新生的线上教学的创新手段，保留师生面对面线下交流的同时，通过灵活的网络教学为学生提供更加丰富全面的在线学习资源，可以将学习过程贯穿于课前、课中与课后三个阶段，突破了过去线下教学的单一教学模式，取而代之的是学生为主体的超越时间与空间的灵活性，学生既可以提前在网络平台预习课程内容，也可以在课程进行中积极参与课堂小组讨论、抢答等活动，课后同样可以根据知识学习状况自主选择复习的线上教学资源，这种混合式教学模式的发展与高校思政课教学改革的发展方向具有高度一致性，其兴起过程也与高校思政课的高质量发展同向同行。

2012年教育部印发的《教育信息化十年发展规划（2011－2020年）》中强调“要把教育信息化摆在支撑引领教育现代化的战略地位”“信息技术与教育教学相融合”的基本发展思路，并提出积极推出“互联网+”教育发展，加快教育现代化与教育强国建设。2013年美国学者阿曼多·福克斯（Armando Fox）基于MOOC开发出一种更为精致、范围更小的在线开放课程（small private online course），为实现优化教学的目标将线上教学与线下课堂学习结合起来，充分运用好高校网络平台及线上媒体等工具，将“以学生为中心”的理念融入到课堂的全过程，高校思政课MOOC的兴起催生了“混合式”教学模式的发展，将现代信息技术与新时代高校思政课程进行了融合与发展。“2014年由复旦大学牵头建设的全国首门高校思政课在线课程‘思想道德修养与法律基础’在智慧树播出，开启了我国高校

① 傅江浩，赵浦帆．高校思政课教学媒体技术融合改革创新［J］．湖北社会科学，2019（12）：180－184．

思政课在线开放课程的先河，为高校思政课‘混合式’教学模式建立奠定了基础。[①]”这门课程除传统的线下教学模式外，采取线上教学与线下学习相结合的方式进行，线上环节中以该学校多位教师讲授课程为主，结合相关线上互动资源与基本素材，在丰富线上教学活动的趣味性的同时建设多校共享的在线思政课程，为未来高校在线思政课程的建设奠定了一定基础。2015 年清华大学四门思想政治理论课全部上线，先后推出了四门思政课 MOOC（慕课），清华大学依托“互联网 +”教育的模式，丰富了高校思政课的教学手段，推动了混合式教学模式在高校思政课教学中的实践与运用。

2018 年教育部印发的《新时代高校思想政治理论课教学工作基本要求》中指出：“要深入研究网络教学的内容设计和功能发挥，不断创新网络教学形式，推动传统教学方式与现代信息技术有机融合。”由此可见，高校思政课混合式教学建设方兴未艾，在实践过程中注重线上教学和线下教学环节的有机衔接，并将混合式教学深入推进到思政课堂，是切实提高高校思政课课堂教学质量的重要策略与发展方向。新冠疫情发生后，“停课不停学”的教学背景引发了我国教育教学新技术革命的到来，线上教学为抗击疫情、保证教学的顺利进行提供了充分的保障条件。结合全国建设“线上 + 线下”教学模式发展的契机，高校思政课混合式教学模式日益凸显出其重要意义。

当前，高校思政课教学改革要与时代发展相契合，以“互联网 +”思维充分利用线上平台与资源建设混合式高校思政课教学模式，为未来高校思政课打造使学生终身受益的“金课”奠定了坚实基础。在互联网技术与教育现代化相互融合的今天，各高校要把握发展时机，同样要将“线上 + 线下”的混合式教学模式与高校思政课建设融合起来，迎接新一轮“课堂革命”的接续到来。

（三）高校思政课混合式教学模式的发展方向

随着国家精品课程以及慕课的在线课程建设的推进，各高校纷纷开展

---

① 李军刚．高校思想政治课“混合式”教学模式探索［J］．理论导刊，2019（11）：120－125．

线上线下混合式的思政课教学改革，在线课程平台日益多元化，开课高校也由重点院校日益扩展为一般院校，各高校越来越重视精品课程及线上线下混合式一流课程等建设工作。在教学改革日益发展的今天，高校思政课承担着为党育人、为国育才的关键作用，是关乎教育发展与全社会发展的关键性问题，而混合式教学成为了未来高校思政课教学发展的新趋势，要以混合式教学模式的优势解决高校思政课教学中长期存在的基本问题，在此基础上将混合式教学融入高校思政课的具体路径进行深入分析，进而探索出一条在源头上适合高校思政课混合式教学模式的发展方向。

大力推进线上教学的课程建设。线上教学是传统课堂教学的延伸，随着互联网时代的高速发展，线上教学手段越来越多地运用到了高校课堂之中，国内各高校逐渐建立自己独立的 MOOC 平台，成为教学过程中必不可少的一部分，体现在教学过程的各个环节。在课前环节，教师可以以线上视频的形式讲解基本知识和基础理论，各高校重点建设线上精品课程，以视频、音频等丰富的形式提高思政课的趣味性。随着国家及各省市一流课程的陆续建设，各高校陆续围绕在线开放课程建设与应用、信息化教学设计与实践、教学信息化技术应用等专题，组织开展线上教学专题培训，为打造线上一流课程积极做好各方面的准备工作。在课中环节，线上教学同样发挥至关重要的作用，教师利用新媒体技术开展课程教学，既可以采用互联网技术开展直播教学，又可以通过多媒体技术开展多元化的线上互动，有针对性地回应学生在评论区留言的问题，网络教学凸显了新时代思政课教学的及时性互动特征，改变教师一言堂的传统模式，学生在互动学习中激发学习兴趣。在课后环节，线上教学平台同样发挥重要作用，学生既可以通过在线学习平台消化课程学习内容，反复学习重难点知识，并主动参与课后讨论与实践活动，旨在锻炼学生将知识内化为价值。习近平总书记强调："要运用新媒体新技术使工作活起来，推动思想政治工作传统优势同信息技术高度融合，增强时代感和吸引力。[①]" 伴随"互联网 + 教育"模式的起步发展，未来高校思政课要持续做好线上课程设计与线上资

① 习近平．在全国高校思想政治工作会议上强调：把思想政治工作贯穿教育教学全过程，开创我国教育事业发展新局面［N］．光明日报，2016 - 12 - 09（1）．

源平台建设，改变传统教学内容呈现方式的同时要推进线上课程的导学与督学效用，向更优质的线上精品课不断发展。

充分发挥线下课堂授课的核心作用。虽然“互联网 + 教学”的模式日益发展，但是未来线上教育并不是完全取代线下教育，面对面授课仍然是教学活动中的关键环节。除发挥传统高校思政课堂的授课作用外，未来教学的发展模式更倾向于利用线下教学时间重点讲好重难点问题与高精尖学术问题，利用线上时间开展师生互动与生生互动，打造学习共同体，共筑高效课堂。学生的主体作用在线下教学环节中日益凸显，未来的高校思政课发展方向将更加聚焦于学生群体的主体作用，“学生中心”即“教学设计主要取决于学什么，教学过程主要取决于怎么学，教学评价主要取决于学得怎么样”①。在线下教学，教师要充分利用雨课堂、学习通等教学工具与学生达成实时互动，契合当代大学生在课堂中彰显个性作用的基本诉求，教师将课堂的时间充分留给学生参与课堂互动与讨论。在互动讨论设计环节，教师需要精心设计有效开展线下课堂的互动讨论活动，在高校思政课的教学课堂中要选取学生最关注、最容易产生疑问的现实问题，让学生们在讨论中学有所思、学有所获。

促进思政课线上教学与线下研讨的衔接融合。随着网络科技的不断发展与信息化教学手段的日益更新，传统教学模式逐渐演变为关注线上与线下的双重教学，为培养高质量人才，各高校在不断改革创新教学方式与方法，其中尝试开展线上线下混合式教学已成为教育模式探索中的热点与未来发展趋势。线上线下教学融合主要指将传统的线下授课与网络平台的线上教学结合在一起开展教学活动，随着新媒体技术的日益发展，教师要实现“线上教学”与“线下授课”的同步建设，“线上 + 线下”的混合式教学模式更是成为学界的热点研究方向。开展混合式教学，关键在于处理好线上教学与线下研讨二者的关系，尤其是要注意知识点的重复性问题，要以最高效的形式做好高校思政课的讲授工作，重点要保证线上教学环节与线下教学环节的有效衔接。高校思政课运用混合式教学模式是思政课发展

① 李志义，朱泓，刘志军，等. 用成果导向教育理念引导高等工程教育教学改革［J］. 高等工程教育研究，2014（2）：29 - 34 + 70.

的必然走向，必须要将“线上”与“线下”两部分有机结合，更好地发挥教师授课的主导作用与学生参与的主体作用，积极探索传统课堂教学与网络课堂的有机融合，增强高校思政课的教学实效。

二、高校思政课混合式教学模式的基本特征

（一）“以学生为中心”突出学生的主人翁地位

高校思政课作为德育教育的“主渠道”和“主阵地”，思政教师肩负着“为党育人、为国育才”的重要使命，思政课教学的主要关切点就是“人”，思政课教师要成为培养时代新人的“大先生”，要紧紧围绕“培养什么人、怎样培养人、为谁培养人”这一关键性问题进行回答，这就更加要求高校思政课教学过程中从“教师主导”转变为“教师引导与学生主体作用的相统一”。习近平总书记在全国高校思想政治工作会议上指出：“我国高等教育发展方向要同我国发展的现实目标和未来方向紧密联系在一起，为人民服务，为中国共产党治国理政服务，为巩固和发展中国特色社会主义制度服务，为改革开放和社会主义现代化建设服务。[①]”所以，高校思政课要以学生的各专业人才培养方案为依据，致力于将学生培养成为堪当民族复兴重任的时代新人，这就要求教师在课程设计及课程教学中下功夫，让思政课“活”起来，学生能真正参与进来，牢牢把握思政课是立德树人关键课程的定位。

坚持“以学习为中心”的教学理念已经在大多数教师的观念中建立，但是在思政课的教学实践中，学生主体作用的自主发挥还存在一系列关键性问题，需要以切实举措让学生在高校思政课混合式教学中自主确立主体地位，激发学生的主体意识与主人翁观念。第一，教师要自觉由知识的灌输者演变为教学过程的引导者。传统的高校思政课课堂教学多为教师讲授为主，思政课堂易出现枯燥乏味等问题，学生的主体作用在一定程度上被忽略，导致学生往往没有足够重视课堂学习，出现课堂易走神、期末再复习的现象；第二，教师要在课程设计中留给学生更多的发

---

① 习近平．习近平谈治国理政：第2卷［M］．北京：外文出版社，2017：376－377.

言时间与机会。在高校思政课教学活动中，师生互动与生生互动要同时在课堂中发挥最大效用，教师在课堂中要充分预留学生提问与交流的时间，让学生在课堂中积极思考思政热点时事，更好地培养学生创新性、批判性思维；第三，高校思政课混合式教学模式要充分运用好现代信息技术。教师可以将“互联网＋教育”理念融入到课程教学的各个环节，课前可以根据课程内容布置课前讨论，课中要根据教学需要开展适宜的投票、抢答、选人及主题讨论等多项教学实时性互动活动，课后在教学平台中布置小组讨论与课后习题，及时关注学生反馈的问题与留言情况。第四，将课堂还给学生，让学生参与教学的全过程。教师可以让学生参与课前的新闻播报、课中的小组发言及课后实践的多个环节，使学生在思政课中自主学习、主动探索。

总之，学生在思政课中的主人翁地位需要教师与学生共同构建，在混合式教学中学生要由“要我学”转变为“我要学”，要通过多种途径与方式有效提升学生的主体性，增强高校思政课教学的实效性，进一步提高高校思政课的教学质量与教学效果，促进高校思政课中教师主导与学生主体相统一，致力于打造成新时代“学生为主体”的高校思政课混合式教学金课。

（二）“以问题为导向”打造高水平高校思政课程

习近平总书记在中国人民大学考察时强调：“思政课的本质是讲道理，要注重方式方法，把道理讲深、讲透、讲活，老师要用心教，学生要用心悟，达到沟通心灵、启智润心、激扬斗志。①”坚持问题导向是马克思主义的鲜明品格，思政课讲的道理聚焦于马克思主义基本原理，马克思主义是科学的世界观与方法论，是认识世界、改造世界的强大思想武器，在高校思政课教学过程中，教师要基于教材解答难题，以问题为导向打造高水平思政课，在高校思政课教学中要强化问题意识已经成为当前进行教学改革的共识与发展方向。

---

① 习近平在中国人民大学考察时强调 坚持党的领导传承红色基因扎根中国大地 走出一条建设中国特色世界一流大学新路［N］．人民日报，2022－04－26（1）．

强化“问题意识”不仅要贯穿于整个教学过程，也要教师与学生双方的共同努力。第一，站稳政治立场，有理有节地讲解学生关注的核心问题。教师在思政课教学中要敢于回应学生关注的热点问题，结合新时代党的创新理论与重大方针政策，讲清楚学生的困惑，加强理想信念与政治教育，让学生在学习中能更好地坚定“四个自信”，旗帜鲜明地自觉抵制历史虚无主义思潮等错误观点，引导大学生树立正确的世界观、人生观与价值观，坚定人生信念。第二，突出问题意识，开展以问题为核心的专题式教学。传统的思政课教学中往往存在知识点分散、问题意识不明确等问题，高校思政课专题式教学是落实教材体系向教学体系转化的重要举措，目前各高校开展契合学生学情的专题式教学，这对思政教师而言需要教师团队“花时间”“下功夫”，专题式教学需要教师团队精心打磨教学内容，每个专题设置的问题既要求体现章节的教学重难点，又要契合学生的关注点，是新时代高校思政课教学中面临的新挑战。第三，设置具有现实导向的问题互动。高校思政课混合式教学中各环节均与问题互动息息相关，教师在课堂中设置的问题前期要经过精心调研，要随着时代发展常更常新而不能一劳永逸，选取与课程相关的大学生感兴趣的思政议题，利用在线网络教学工具，通过小组讨论以辩论、案例等多种形式呈现在课堂之中，学生从被动的接受者转变为主动的参与者。第四，采用过程性评价与结果性评价相统一的评价机制。新时代高校思政课混合式教学的评价机制，要改变传统课堂多以期末考试分数为唯一的评判标准，在教学改革过程中越来越多的高校将过程性评价提升到与期末考试结果性评价相同的地位，平时成绩的比重在最终成绩的占比中逐渐提高，学生在学习过程中日益意识到课程过程性学习的重要意义，带着“问题意识”参与到课堂之中，这种多元化的评价机制有利于提升学生的综合素质，并将书本中学习的知识与现实社会生活中的问题紧密结合，全程投入到教学活动之中，在与教师、同学的互动中学习思政知识，激发学理论、悟真理的兴趣。

总之，问题式学习有助于提升学生的学习自主性，在问题探究中主动探求高校思政课的真谛，把思政教材中的理论转化成现实问题呈现出来，教师从学生的实际要求出发，力求让思政课成为“接地气”且入脑入心的关键课程。

（三）“线上＋线下”构建全方位混合式教学模式

新时代高校思政课混合式教学依托于互联网教学学习平台，在教学的实际过程中采取“线上＋线下”的教学模式，线上教学与线下教学虽不在同一时空进行，但两者具有相同的地位，已经成为思政课教学改革的未来发展趋势，需要授课教师科学合理地利用线上资源与线下课堂将课程贯通起来，汲取传统线下教学与现代线上教学的优势，让“互联网＋教育”的混合式教学模式发挥最大的效用。互联网技术发展方兴未艾，高校思政课教学要因时而进、因势而导，积极探索线上教学与线下教学的融合路径，“先进的技术不仅提供了多样化教学资源呈现方式，使教学内容与学生个体需求呈现整体性、同步性、互动性，而且更有利于知识更新、价值引导与思想引领。[①]”

高校推进混合式教学与高等教育发展融合是未来发展的大势所趋，也是高校思政课发展的必然走向。第一，技术赋能思政课线上教学。开展线上教学有益于化解传统思政课教学困境，线上教学可以涵盖思政课教学的课前、课中与课后的多个教学环节，应用范围十分广泛。在各高校建立的在线思政课程平台中，教师要将互联网与思政课教学内容进行有机结合，提前做好高质量线上共享课程资源的建设，根据课程教学目标的需要设置学生感兴趣、易参与的问题，不能仅以线上考核成绩作为调动学生参与的唯一动力，要让学生自愿、真心地走入思政课堂，主动参与课程相关的线上互动。第二，创新传统教学手段。在线下教学环节，要重点做好对线上课堂的补充和完善，改变传统课堂教学中教师为主体的特征。“思政课教学方法作为供给主体，在思想政治教育过程中所采用的思想方法和工作方法，或者说，是教育者和受教育者为了达到一定的教育目的所采用的手段和方法[②]”这给思政课教师提出更高的要求，在实际教学中要以问题链、专题化模式进行面对面交流，留给学生充裕的

① 王萍霞．“互联网＋”时代高校思想政治理论课混合式教学模式探析［J］．广西社会科学，2017（4）：211－214．

② 郑永廷．思想政治教育方法论［M］．北京：高等教育出版社，2010：3．

参与课中研讨、提出疑问并相互交流的时间。第三，充分运用小组合作学习的方式。在教学实施过程中要强调学生之间的合作与交流，培养学生深度分析、大胆质疑、勇于创新的精神和能力，营造学生群体间互相帮助的学习氛围，让思政课堂“活”起来，以学习小组的建设形式，激发小组成员创造性解决创新性思维问题，引导学生关切与生活息息相关的社会议题，要给学生以小组成员合作为主体的课堂交流时间，有利于培养学生自主学习能力与激发学生的内在学习动机。第四，落实思政课实践教学环节。思政课教学不能只重视理论讲授，还要关注学生实践活动的开展，加强思政课实践教学与专业育人的协同性，为落实铸魂育人、立德树人的根本任务做好准备工作。为此，高校思政课要大力加强实践教学环节，建立并完善实践教学保障机制，结合所在区域和城市的历史文化资源，打造具有本土化特色的实践教学基地，培育特色项目，引导大学生在课堂之余走出校门，学习并体悟课本之外的“鲜活思政课”。第五，处理好线上教学与线下授课的关系。两个教学环节中各取所长，避免重复性学习的同时增强互补性，为学生提供更多可供学习的资源，通过“线上—线下—线上”的闭环教学过程打造“线上 + 线下”全方位混合式的高校思政课教学新模式。

（四）“课前 + 课中 + 课后”秉承全程育人的教学理念

教育部印发的《新时代高校思想政治理论课教学工作基本要求》立足规范全流程，抓住思政课教学课前、课中、课后等关键环节，要求高校思政课在教学过程的每个环节中都要为培养担当民族复兴大任的时代新人服务，混合式教学模式绝不是孤立性体现于某一教学环节中，而是存在于思政课堂的课前、课中与课后的每一环节，将混合式教学理念融入思政课全程育人的过程之中。

第一，课前准备阶段，聚焦于线上自主导学。教学设计和准备阶段，线上课程内容的建设是保证思政课混合式教学高质量完成的前提与基础。首先，教师要结合授课内容进行线上教学平台资源的建设工作，针对教学专题内容线上发布对应的导学视频与文字资料，指定学生提前进行线上学习，完成教师布置的课前学习任务；其次，引导学生自主完成基础知识梳理及学习工作，在线讨论并完成教师布置的习题，带着问题意识走进线下的课堂教学。

第二，课中授课阶段，完善问题导向式专题教学模式。首先，做好小组交流分享活动，根据课前设置好的问题，小组成员进行充分研讨与交流，教师提前预留好充分的时间，每个小组可以选派代表进行发言，教师在这个环节主要发挥引导者角色，保证课堂教学顺利开展，学生要在课堂小组交流中发挥“学生主体”的作用，在研讨交流的基础上形成高质量的发言观点；其次，教师要在课前做好教学设计准备，基于教材内容打造问题链的专题教学模块，每个专题的问题链条要以解决核心重难点问题而服务，教师要引导学生完成课前自主学习，避免线上学习内容与线下授课内容的重复性，同时在教师讲解与学生充分交流后，教师要系统回答学生提出的疑问并进行课堂小结，确保课堂知识讲授的完整性；学生作为思政课教学的主体，要提高主体意识与站位，积极参与课堂上的教学互动研讨与小组交流活动，在关切社会现实问题中厚植爱国情怀、坚定报国之志，在潜移默化中提高明辨是非的能力与思考问题能力；同时，实践教学是高校思政课教学的重要组成部分，思政课要充分挖掘与所属课程相关的思想政治教育元素，坚持理论联系实际，引导大学生坚定“四个自信”，在实践育人过程中体悟家国情怀。

第三，课后整理阶段，回归线上巩固学习。学生和教师对课堂讨论内容要进行补充与回顾，实现知识内化吸收与素质能力拓展提高，发挥思政课立德树人的关键作用，打造有温度、有高度、有深度且有情怀的思政课程。首先，教师要善于回顾总结，反思线上准备及线下教学是否达到该专题教学的基本目标，整理好难点问题并利用线上教学平台继续开展指导实践及评价考核；其次，学生在课后阶段要回到线上教学平台，以线上测验为准绳考察自身的学习情况，并以小组为单位展开实践分享，在分享中感悟思政课的真谛，提升思政课线上教学实效性，在实践中深刻感受马克思主义理论的真理性和现实力量。

总之，高校思政课要秉持“课前+课中+课后”全程育人的教学理念，将“线上+线下”混合式教学模式融入到思政课教学的全过程，构建“大思政”格局推进全员全程全方位育人。

（五）“教师+学生”建立全员育人的教育机制

高校思政课是落实立德树人根本任务的关键课程，直接关乎培养社会主义建设者与接班人的重大问题，推进思政课混合式教学的发展是一项长期而系统性的工程，需要发挥教师与学生双方的共同作用，高校思政课的教学工作不等同于简单的“教”+“学”，要正确认识思政课中教师主导与学生主体的统一，在思政课混合式教学的实际运行中，需要学生参与线上学习与线下授课的双重环节。

第一，着力贯彻教师主导作用，坚持正确的政治导向。习近平总书记强调：“办好思想政治理论课关键在教师，关键在发挥教师的积极性、主动性、创造性。”首先，讲好思政课要运用好课堂教学的主渠道，教师要结合教材体系梳理专题化重点知识内容，在课堂研讨、经典著作阅读与交流中感悟马克思主义理论的真理力量；其次，讲好思政课要利用好社会实践的大课堂，教师要带领青年学生用脚步丈量祖国大地、坚定理想信念，思政课要把课堂教学与实践教学有机结合，高校要为学生打造校内外示范性实践教学基地，将思政小课堂与社会大课堂有机结合，帮助学生在实践中以鲜活的实践素材加强理论武装；最后，思政课混合式教学建设需要教师精心构建线上平台。随着互联网教学技术的日益兴起，教师要及时搭建网络教学在线平台，将网络教学延伸至教学的全过程，结合学校实际和授课学生需求开展个性化线上教学，及时关注并解答学生的困惑，为培养创新型人才提供优质线上平台资源。

第二，推进学生全程参与思政课程，夯实学生的主体地位。思政课本质是做人的工作，教师用心教的同时学生也要用心体悟，广大青年学生要自觉参与到思政课程中来，带着积极的心态与活跃的思维走进思政课的课前、课中及课后每个环节。习近平总书记在全国高校思想政治工作会议上强调：“做好高校思想政治工作，要因事而化、因时而进、因势而新。要遵循思想政治工作规律，遵循教书育人规律，遵循学生成长规律，不断提高工作能力和水平。①”高校思政课线上线下混合式教学要彰显学生的主体

① 习近平．习近平谈治国理政：第2卷［M］．北京：外文出版社，2017：378.

作用，处理好线上自主学习与线下专题精讲的衔接关系，积极探索适用于学生成才发展的混合式教学路径。首先，学生要善用线上教学平台，自觉做好线上学习的准备与复习工作，线上教学为学生提供了知识获取的便捷途径，突破了传统时间和空间的界限，让网络教学成为学生学习不可分割的一部分，学生要转变观念并增强自主学习意识，意识到网络教学绝不是教师的“独角戏”；其次，由于线上教学教师可以随时为学生答疑解惑、提供更多优质的教学资源，学生要利用网络平台积极参与课堂互动与留言，增强价值认同感的同时提高自主学习的能力，积极引导学生进行探究式与个性化学习。

总之，高校思政课在线上线下混合式教学模式的构建与实践中，师生协同才能促进思政课在教学改革中见到实效，从“教师主导”转变为“教师主导与学生主体相统一”。坚持教师主导性与学生主体性相统一是推动高校思政课教学改革与创新的题中之义与根本遵循。

三、高校思政课混合式教学的学理支撑及优势探析

（一）高校思政课混合式教学的学理支持

习近平总书记在全国高校思想政治工作会议上强调：“要运用新媒体技术使工作活起来，推动思想政治工作传统优势同信息技术高度融合，增强时代感和吸引力。①”在“互联网+”的时代发展背景中线上教学模式应运而生，与传统的线下教育相互补充，而混合式教学学习概念就是将传统线下教学的优势与新兴的线上互动优势结合起来，有利于提升思政课教学的趣味性和有效度，与高校思政课教学改革的内涵与发展方向具有高度一致性，为当下传统的思政课线下教学注入了新的活力，这种教学形式强调学生中心与问题导向，高校思政课混合式教学模式的提出具有深厚的理论依据及学理支撑。

一是OBE教育理念。“成果导向教育（Outcome-Based Education，OBE）

① 习近平．把思想政治工作贯穿教育教学全过程 开创我国高等教育事业发展新局面［N］．人民日报，2016-12-09（1）．

理念是由美国学者威廉姆·斯帕蒂（William G. Spady）提出的，其核心观点与高校思政课立德树人的根本任务高度一致，同时也是高校思政课改革的未来发展方向，OBE 教育理念与思政课教学具有一致性。[①]” OBE 教育理念在融合了学生中心、成果导向与持续改进的理念，与高校思政课混合式教学理念不谋而合，坚持“以学生为中心”的人才培养理念、聚焦成果导向，并根据教学效果做好持续跟踪与反馈，为提高教学效果、推进教学优化改革起到重要作用，是新媒体技术日新月异发展背景中的一种积极探索。OBE 教育理念注重知识的应用性，注重培养学生正确认识问题、分析问题与解决问题的能力，思政育人主张在学习中育人和提高道德素养，在潜移默化中完成育人的根本任务，注重能力培养和人的全面发展，可见 OBE 理念与思政课育人理念具有高度契合性，运用 OBE 理念与思政课融合体现了高校思政课教学系统内部的优化趋向，二者都是为培养时代新人做好准备工作，可以提升思政课立德树人的实际效果。目前 OBE 理念与高校“互联网＋思政课”教学模式的融合模式尚未发展成熟，仍需为探究二者的有机融合做充分的准备与研究工作。

二是自主学习理论。自主学习理论是自主学习研究专家齐默曼（Zimmerman）提出的，综述在包括维列鲁学派、社会学习理论和认知建构主义学派的观点基础上，提出了对自主学习确切的界定：“当学生在元认知、动机和行为三个方面都是一个积极的参与者时，其学习就是自主的，并从学习动机、学习方法、学习时间、学习的行为表现、学习的物质环境和学习的社会性等六个方面对自主学习的实质做出了解释”。[②] 随着教育技术的发展，高校思政课教学向“线上＋线下”的混合式教学模式进行转变，在线上教学的学习环节中则需要学生发挥良好的自主学习能力，自学线上教学平台的教学资源以及完成教师布置的习题研讨；同样，在思政课线下教学中要以“自主、合作、探究”为活动主线，学生需要自觉参与到讨论交流的课程中来，在互动交流中让思政课程真正“活”起来。换言之，线上

① 杨维伟．基于 OBE 理念的“互联网＋”思政课教育研究：评《互联网＋视域下思政课教学理论与实践发展研究》[J]．科技管理研究，2021，41（8）：222.

② 陈惠惠．自主学习理论对我国成人移动学习的启示［J］．成人教育，2016，36（5）：12－14.

线下混合式教学所倡导的课前在线自主预习、课中的合作探讨与课后的交流总结，都与自主学习理论的内涵具有高度一致性，高校思政课混合式教学模式的探索离不开自主学习理论的支撑与引导，也对大学生提升自主学习能力、优化学习方式具有重要意义，将思政课打造成学生真心喜爱、终身受益的优质课程。

三是建构主义学习理论。建构主义学习理论是在世界上有较大影响力的教育理论，最早由瑞士心理学家让·皮亚杰在研究儿童认知发展特点的过程中提出，由维果斯基、布鲁纳等人加以完善，核心理论是认为学习不是教师填鸭式的灌输与学生的机械式记忆，而是学习者把接触到的信息融入到自身已有认知的过程，从而促进自身发展，教师要通过情景创建的形式引导学生自主探究，从而加深对知识理解的过程。高校思政课教学的改革过程中，尤其重视引导学生“会自己学、会做中学、会思中学”，教学过程中重视学生成长的特点及规律，结合学生特点开展对应的线上与线下活动，是高校思政课混合式教学发展的未来方向，与建构主义学习理论中的因材施教具有共通之处。高校思政课线上线下混合式教学中存在大量的与学生互动的活动设置，如在选取讨论议题时要选择符合社会发展规律的、学生关切的话题，通过讨论交流促进学生在思辨中树立正确的世界观、人生观与价值观；同时，教师在授课时要结合各专业的培养目标进行教学设计，设置与学生专业发展相联系的讨论题目，任何专业的教学活动不能一成不变，要让学生在思政课程中真正有所收获、掌握本领；并且，思政课教学改革要充分重视实践教学环节，为学生提供课堂与书本外可以实践的教学基地，从而使学生在知识积累的层面上探究深层次的理解与收获，为实现思政课程育人的教学效果贡献力量。

（二）高校思政课开展混合式教学的可行性分析

随着互联网时代与移动学习时代的到来，新媒体技术与教学改革实现了快速融合，高校思政课也在积极探索适应时代发展的教学模式，“从 2015 年教育部发布《普通高校思政理论课建设体系创新计划》到 2019 年中共中央 国务院印发的《关于深化新时代学习思想政治理论课改革创新的若干意见》，以及教育部印发的《新时代高校思政课创优行动工作方案》，极大鼓舞了一线思政教师运用教改促进媒体融合的热情与实践进程”。[①] 高校思政课混合式教学模式是在互联网技术发展的背景下兴起与发展的，是时代发展背景中的新兴产物，在高校思政课中运用“线上＋线下”的混合式教学更符合思政课程发展的实际需要，在一线教学中具有极强的可操作性与可行性。

一是当前我国高校思政课课程改革的迫切需要。传统的线下教学已经无法满足学生对高校思政课程的学习需求，“线上＋线下”的混合式教学模式为高校思政课带来了新的思路与方法，围绕“互联网＋”与线上线下相融合的教学思维进行课程改革。传统的高校思政课教学存在一些固有问题，一方面，部分教师观念陈旧，知识层面与教学手段没有与时俱进，存在灌输式、填鸭式讲解的课堂现象，高校思政课教师肩负着崇高的历史使命与重大的时代责任，要成为培养时代新人的“大先生”，理直气壮讲好思政课的前提要求是做一名新时代合格且与时俱进的思政课教师，必须牢牢把握正确的政治方向，用马克思主义理论与最新的教学理念武装头脑，要让思政课通俗易懂且更加“接地气”；另一方面，学生的课堂主体意识不强，没有适应新的学习模式，仍然停留在传统的“教师讲、学生听”的传统观念中，线上教学平台由于存在操作繁琐、知识易重复的问题，需要教师围绕课程的教学目标进行有针对性的专题式教学，重点探索将所有思政课程由教材体系转变为教学体系的课程改革，并设置恰当合理的互动问题，让学生主动走入课前、课中与课后全环节的线上交流与研讨活动等。为克服传统思政课教学存在的诸多困难，围绕高校思政课程的改革势在必行，教师要真正由“教会”转变为“会教”，学生真正由“学会”转变为“会学”，这需要在线上线下混合式教学改革的实践中，围绕课程特点结合学校校情学情进行持续探索。

二是我国“互联网＋教育”的模式日益发展。线上线下混合式教学是新时代高校思政课教学改革创新的重要尝试，新时代高校思政课混合式教学模式的兴起与发展与现代信息技术的发展息息相关，混合式教学模式与

---

① 傅江浩，赵浦帆．高校思政课教学媒体技术融合改革创新［J］．湖北社会科学，2019（12）：180－184．

高校思政课教改融合得益于我国互联网新媒体技术的发展，尤其是大数据技术、各类新媒体应用与各类在线教学方式的出现，不同高校与教师可以根据学生的情况进行差异性选择，在线教学日益成为一种重要的教学模式融入课堂革命。一方面，在线下日常教学中，教师可以借助线上教学软件高效率完成签到、小组研讨、主体讨论等教学活动，大大提高了线下教学的互动效率，为各门思政课程的线下教学提供了大量知识交流与充分讨论的时间；另一方面，教师可以借助互联网的新媒体教学手段，教学团队共同完善线上平台的课程资源（包括教学视频、问题链精讲、专题测验、拓展阅读等），赋予学生超越时空及空间的便利学习机会，可以针对重难点内容进行反复理解与消化，提供学生参与师生互动与生生互动的机会，同时线上学习数据可以为教师期末考核打分提供量化依据，为思政课考核由终结性评价转向过程性评价与终结性评价相统一提供现实依据，有助于实现现代信息技术与高等教育的深度融合，为高校思政课完成立德树人根本任务提供服务。

三是当代大学生适应线上教学学习的现实学情。高校作为培养中国特色社会主义建设者的主阵地，传统的单一枯燥理论传授模式已不再适用于思政课教学，线上线下混合式教学模式更加契合大学生的成长规律与目标要求，突破了传统教学中“教师讲—学生听”的教师模式，新媒体教学技术的应用增强了教学的趣味性与课堂的互动性。当代大学生的思维方式、交往互动及心理意识等都深受网络影响，可以熟练运用网络获取各类教育资源和信息，更是追求自主意识与表达的一代，作为网络原住民“00 后”大学生为高校思政课混合式教学提供了合适的受教育者，使得多元化教学活动与“线上＋线下”的教学模式成为可能。一方面，大学生可以更加快捷便利地获取线上教学的课程资源，利用零碎的时间观看学习更优质的慕课教学资源，一定程度上吸引学生参与思政课程学习，颠覆传统教学观念的同时完成师生角色互换，有利于帮助学生预习、巩固所学知识并激发学生的学习兴趣；另一方面，大学生可以有更多参与课程互动的机会，传统的课堂教学中每个学生参与课堂小组研讨的时间有限，学生在课堂中的主体地位意识不强，而混合式教学在线上与线下每个环节都充分留给了学生参与师生互动与生生互动的时间，可以通过电子设备及时性参与课堂活动，留给每个学生充分表达自我的机会。总之，基于以上方面综合考量，高校思政课教学改革中混合式教学的探索具有可行性，有助于切实提升思政课的教学质量与教学效果。

（三）高校思政课推进混合式教学的优势探析

“所谓混合式教学是传统教室里的课堂学习和在线学习的有机结合，它将传统教学方法与在线教学的优势结合起来，强调在适当的时间应用适当的学习技巧，以实现最佳学习目标。[①]”在“互联网+”背景中，高校思政课在高等教育中承担立德树人的根本任务，承担着为党育人、为国育才的重要使命，各高校积极推动互联网技术与思政课教学的融合发展，积极运用互联网与传统课堂相结合的混合教学模式，混合式教学同样成为高校思政课教学改革的重要发展方向，实践证明线上“云”教学与线下课堂相结合的混合式教学适应学生学习特点与时代发展要求，该模式相较于传统的线下教师模式而言在实际操作中具有诸多方面优势。

一是打破时间与空间的限制。线上线下混合式教学模式由于时间及空间的灵活性，赢得教师与学生的广泛欢迎，“思想政治理论课要坚持在改进中加强、在创新中提高，及时更新教学内容、丰富教学手段，不断改善课堂教学状况”。[②] 利用网络媒体与线下教学进行混合式教学的模式一经提出后，日益成为高校思政课教学改革的大势所趋，教师在课前可以搭建好线上教学平台并上传与课程相关的课程资源等，学生可以利用碎片化时间在课前完成预习与梳理问题的工作，带着问题走进线下教学的课堂中，打破了传统中线下教学是唯一师生互动场所的固有模式，学生可以通过教学平台与教师、组内成员进行跨时间、空间性的交流研讨，大大提高了学生在思政课学习中的学习效率和学习效果。

二是实现“线上+线下”的融合。自“互联网+教育”的教学模式兴起与发展以来，线上教学手段开始与思政课的教学改革不谋而合，线上教

---

① 李方圆．基于MOOC的混合式教学传播模式探析［J］．教育现代化，2019，6（A4）：229－231．

② 习近平．在全国高校思想政治工作会议上强调：把思想政治工作贯穿教育教学全过程，开创我国教育事业发展新局面［N］．光明日报，2016－12－09（1）．

学不代表对线下课堂的完全替代，混合式教学的真正内涵便是要实现“线上学习”与“线下课堂”的无缝衔接，充分汲取两种教学手段各自的优势，取长补短、相互衔接的同时也要注重课程的重复性现象，在混合式教学模式与思政课的融合发展过程中，一方面，促进了思政课教师教学能力的提高与课程改革的创新思考；另一方面，带给青年学生利用网络平台参与学习的新兴学习模式，将思政课的教学平台拓展到网络、课堂与实践教学基地等多个平台，丰富思政课教学趣味性的同时，“学生能在真正意义中实现在接近于真实情境中去理解知识的实质和真谛，凝聚更多操作和实践能力”。①

三是增强学习的全过程互动。传统的思政课教学中由于课程时间、班级学生人数以及教学手段的诸多方面限制，课中环节没有充分时间开展多样的教学活动，例如传统的课堂“签到”环节教师要比对学生名单进行逐一点名，可能会影响课程讲授时间，以至于教师会尽可能以讲授为主、开展教学活动为辅，随着雨课堂、超星学习通等教学软件及平台建设的出现，以技术手段大大缩减了教学互动中不必要的时间消耗，教师可以结合“互联网 +”相关的媒体技术进行课程教学设计，将课堂互动的时间留给学生充分研讨与交流，践行“以学生为中心”的教学理念，最大程度在课堂中进行师生互动与生生交流；同样，线上线下混合式教学模式下的思政课堂也可以在课前、课后环节加以充分应用，以实现互联网技术与教学过程的全过程互动。

四是发挥平台、团队与资源的协同优势。在高校思政课线上线下混合式教学模式的探索中，各高校在平台上为学生提供了优质的 MOOC 资源，为学生精心选取了与课程内容相契合的视频、文章及图片等教学资源，立足教材内容开展并设计专题式的思政教学，为学生更好地学习思政课程的重难点内容提供了诸多资源素材，并为学生的问题进行及时回复，实现了师生交流互动的有效性与及时性，有利于学生掌握理论知识及提升解决现实问题的能力；同时，线上线下混合式教学离不开教师团队的作用，在录

① 张博，张世昌．高校思政课混合式教学整体性的三个协同［J］．思想政治教育研究，2020，36（6）：98－101．

制线上教学视频、打磨问题链专题教学配套资源、搭建线上教学平台等方面，都需要团队教师的共同努力，将有效资源发挥最大效用地建设优质线上教学资源。由此可见，线上线下混合式教学模式的探索与实践有利于发挥多方面资源协同构建的共同作用，有效解决传统教学模式中平台、资源及团队方面存在的诸多问题。

五是促进理论知识与实践教学的贯通。“中宣部、教育部印发的《普通高校思想政治理论课建设体系创新计划》和教育部印发的《高等学校思想政治理论课建设标准》都对高校思政课实践教学提出了明确要求。①”正所谓实践出真知，思想政治教育要取得实效的关键是做好理论教学与实践教学的统一，尤其是需要学生能亲自参与体验教材提到的示范性实践教学基地，在亲身参与和小组活动中将实践教学的知识与课堂中所学到的理论知识相融通。在线上线下混合式思政课教学的过程中，实践环节是必不可少的关键一环，学生可以在课中、课后以小组为单位参加实践教学活动，高校要结合所在城市的历史文化资源，选取与课程教学互联互通的爱国主义教育实践基地，确保每位学生都有走出校门参与实践活动的机会，从培养单一型、理论性人才向复合型、实践性、应用型人才转变。

总之，高校思政课线上线下混合式教学探索的过程中，要在深入挖掘其优势的基础上与时俱进探索适应时代发展需要的混合式教学模式，在新时代高校思政课混合式教学探索的道路中需要高校、教师与学生的共同努力，促进高校思政课教学的实效在探索中入脑、入心，充分彰显高校思政课立德树人、培根铸魂的重要意义，以助推学生自由而全面的发展。

第二节 高校思政课混合式教学的现实困境

习近平总书记在党的二十大报告中指出：“教育、科技、人才是全面

① 王岳喜，张云芳．职业院校思政课混合式教学模式特征分析及实施路径［J］．中国职业技术教育，2020（1）：46－50．

建设社会主义现代化国家的基础性、战略性支撑。"[①] 当前，在高校思政课线上线下混合式教学的探索过程中，不少高校思政课混合式教学改革取得了一定成效，混合式教学模式作为教学改革探索中的未来发展方向，但也存在一些不容忽视的关键性问题，诸如教学形式易混合难融合、教学内容容易重复难递进、教学过程易脱节难衔接等[②]，一定程度上制约了高校思政课混合式教学效用的发挥与运行。

一、混合式教学模式的建构困难

（一）混合式教学理念覆盖面不全

混合式教学（blended learning）是伴随着互联网和教育技术的发展在全球兴起的一种教学理念和教学模式，"互联网+"与高等教育在快速融合发展，在此背景中混合式教学理念与高校思政课改革相融合的模式在日益兴起与发展，但是混合式教学理念在各高校的教学改革中并未全面覆盖，"在教学实践中，由于技术工具过多且相互不兼容，操作烦琐且要求留痕，反而给师生带来了极大困扰和过多压力[③]"。在高校思政课教学中，混合式教学理念的推广仍然在发展与探究的道路中，存在诸多现实问题，"线上+线下"教学模式虽然已经在各高校教学改革中陆续推广，且部分高校以此为依据成功立项国家级、省级或校级"线上线下混合式一流课程"，但就思政课在全国范围的总量而言覆盖面仍然存在广度与深度待完善的问题。

一是部分教师在思政课教学中仍然沿用传统式教学模式，即单一的线下面对面授课式思政课教学，突出特点是注重说教、教学内容单一且形式枯燥，部分思政教师的教学观念没有随着时代及技术的发展常更常新，接受混合式教学模式存在一系列现实问题；二是部分教师没有意识到教学对

---

① 习近平．高举中国特色社会主义伟大旗帜 为全面建设社会主义现代化国家而团结奋斗：在中国共产党第二十次全国代表大会上的报告［N］．人民日报，2022-10-26（1）．

② 赵耀，王建新．新时代高校思想政治理论课"双线教学"的价值意蕴、问题研判与优化策略［J］．思想教育研究，2021（1）：105-110．

③ 刘洋．混合式教学的困境与优化［J］．教学与管理，2020（18）：104-106．

象年龄段的变化差异，当代大学生其思想意识、价值观念与行动方式都与过去教学中的学生存在较大差异，这就为教师提出了与时俱进的现实要求，亟须通过教学理念的更新做好思政课教学的创新与改革；三是学生群体对混合式教学模式的认识不够深入，部分学生在学习时存在流于形式、完成任务的现实问题，没有意识到线上教学与线下课堂是一个统一的整体，对于自身学习提供了更多资源、形式方面的创新性选择，更没有理解混合式教学模式的内涵，这就需要思政课教师在授课伊始为学生系统介绍线上线下混合式教学探索与应用形式，让学生真正由“要我学”转变为主动性的“我要学”；四是线上线下混合式教学模式中实践教学浮于形式，与传统“满堂灌”式的课堂不同，这种线上线下混合式教学模式不仅覆盖了课前、课中、课后环节，并融线上与线下教学为一体，将教学场所由课堂演化为“课堂+网络+实践”，实现了师生实时互动，而线上线下混合式教学模式需要在教学的全过程进行实践育人改革，实践教学需要高校真正打造与思政课程相关的教育实践平台，高校要加大对思政课实践教学基地建设工作的资金保障与物质支持，在改进与实践探索中培育特色育人项目。由此可见，线上线下混合式教学模式的内涵在各高校实践中存在全方面推进的现实问题，需要结合各高校特点进行教学改革，以实现思政课混合式教学的实质性变革。

（二）教学互动机制尚不完善

高校思政课线上线下混合式教学以问题导向、学生中心为主要特点，思政课的内在功能是引导大学生思辨能力与德育观念的有效提升，促进学生在互动交流的课堂中提升自我认知世界的能力与树立共产主义远大理想，而混合式教学强调线上教育与线下教学的多维度、全方位融合，需要教师与学生进行双向互动，共同围绕课程目标高效完成教学活动，但是在互动活动的实际操作中仍然存在一系列现实问题，影响混合式教学的实际效果。

一是互动性内容具有单方面倾向，在教学设计中教师往往占据主导地位，根据课程内容及教学重难点设计教学互动题目，但在实际互动的操作过程中，学生参与互动的主体意识往往还没有彰显，往往是以完成教师布置任务为目标导向参与课程互动，缺乏互动交流中的“主人翁”意识，“坚持以人民为中心发展教育，是办好我国教育事业的价值追求”。[①] 思政课教学要回应好“培养什么人，为谁培养人”这一总目标，教学过程要遵循学生成长的特点和规律，教师设计的课程交流互动活动要以学生发展、提升自主学习能力为主要目标，学生更要为课堂活动的设计建言献策，在“学”中与教师进行充分反馈并与同学做好互动研讨，在积极参与中提升自身的获得感、参与感。

二是互动内容还不够“接地气”，“最近发展区”是心理学家维果斯基提出的理论，核心内容是有关学生的发展分别为学生的现有水平以及可能发展的水平，而两者之间的差异便是“最近发展区”的核心释义，教学内容应着眼于学生的“最近发展区”，高校思政课教师在设计小组交流及研讨的问题时要结合学生特点，既不能选取过于深奥且富有较强理论性的题目，也不能选取学生现有水平已经能独立解决的问题，互动交流主题应围绕能激发个体学习能力的、学生关注的现实问题，教师要注重过程教学与启发式引导，从而激发学生的内驱力与学习能力。

三是互动的范围面还不够全面，混合式教学需要涉及“线上”与“线下”两个维度与“课前”“课中”“课后”三个教学环节，而在思政课教学实际开展的互动来看，由于教学场所及教学时长多方面的限制条件，各高校多以教师布置线上主题讨论为主要形式，往往忽略线下教学中学生小组交流与讨论的实际过程，这就导致教师不能实际参与学生交流互动的全过程，难以及时对学生探究中发现的问题答疑解惑。同时，高校思政课线上线下混合式教学探索中互动的范围还不全面，很多高校还没有将互动内容贯穿于教学的全过程，有效思政课堂的教学模式应实现课前课中课后一体化，在实现师生双边互动的基础上切实提升思政课教学实效。

（三）资源运用的协同度亟待增强

混合式教学能够突破时间与空间的双重限制，通过“线上+线下”的

---

① 教育部课题组．深入学习习近平关于教育的重要论述［M］．北京：人民出版社，2019：6.

教学模式开展教学活动，高校思政课教学改革是一项长期开展的“跨空间”教学变革。部分高校陆续进行“线上线下混合式一流课程”的申报与建设工作，但在实际工作的开展和进行中存在诸多资源运用方面的问题，在教学供给质量建设与协同配合方面有待提升。

一是慕课平台的资源建设存在流于形式的问题，部分高校采用第三方提供的慕课平台完成线上资源建设，在慕课的专题搭建、资源质量方面具有单一性、同质性特征，课程建设与专题内容处理方面没有兼容本校学生及各专业学生的差异化问题，存在忽视学生的个性化需求的错误属性，部分高校以立项“线上一流课程”及“线上线下混合式一流课程”为成果导向，在建设资源方面存在操之过急、把关不严的突出问题，亟须教师团队在思政课混合式教学模式的探索中结合本校学生的学情与专业特色把握好线上教学资源的质量关，为建设质量过关的混合式思政课程做好个性化平台建设的探索。

二是线上资源为线下教学服务的协同性尚不明显，在构建线上平台资源的过程中存在“线上资源数量越多越好”“数量大于质量”的错误倾向和观念，混合式教学理念要关注学生的所需、所思、所想，教学资源平台建设不是简单的罗列和堆砌工作，需要教师在课程建设的过程中，选取典型性、适配性强的视频、图片、新闻等搭建平台资源，教学资源要真正为课程目标的达成、教学重难点服务，否则可能会因为资源过多导致学生出现疲于完成任务、学习热情不高、课业压力过大等问题，需要教师在构建线上资源时做好充分的调研与整理工作，围绕线上教学的逻辑性、重难点与适配度等关键性指标为依据，致力于建设质量过硬、学生真心受益的思政课线上平台。

三是线上教学资源的时效性问题，高校思政课教学要把“为党育人、为国育才”作为教学目标的主方向，做好高校思想政治工作更需要因时而进、因势而新，线上线下混合式教学离不开理论前沿性的重要特征，在思政课教材更新的同时部分高校的线上资源平台的确存在没有及时更新的状况，混合式教学探索中线上平台资源建设绝不是一劳永逸的工作，需要教师及时更新教学案例、视频素材与各种相关资料，促使线上思政课的建设做到紧跟时代脉搏、因材施教，需要进一步突出“习近平新时代中国特色社会主义思想概论”“毛泽东思想和中国特色社会主义理论体系概论”“形势与政策”等课程线上教学资源的理论性与时代性，确保为培养创新型与复合型人才提供强力支撑。

（四）过程性评价机制有待健全

“网络教学平台为混合式教学提供了重要的支持，教学资源的传达、储存、传播和分析需要依托相应的课程网络或平台，集教学资源展示、师生网络互动、知识建构、单元学习考核、教学评估等于一体。①”在“互联网+”与教育的深入融合中，信息技术的发展为高校思政课教学提供了新的改革发展方向，也为高校思政课学习的过程性评价提供了有效载体，习近平总书记在学校思想政治理论课教师座谈会上指出：“思政课建设中的一些问题亟待解决，有的地方和学校对思政课重要性认识还不够到位，体制机制还有待完善，评价和支持体系有待健全”。② 在高校思政课线上线下混合式教学的探索与发展中，终结性评价仍然占据主要地位，部分高校思政课过程性评价机制仍不完善，存在诸多问题。

一是思政课考核仍然重成绩、轻过程测评。过程性评价、诊断性评价和终结性评价难以落到实处，尤其是部分高校在思政课终结性评价仍以分数为标准，混合式教学中的线上教学环节没有合理地纳入到课程评价的考核体系中，导致学生没有对课前、课中的线上互动、资源学习等环节达到高度重视，目前在教学过程中多数高校沿用以试卷作为测量学生学习效果的方式，且在短期里难以形成较大层面变革，学生是否参与线上与线下的课程互动对成绩影响小，这就导致学生参与教学的积极性和主动性不高，教学需要及时关注思政课教学评价体系的科学性与合理性，通过针对性的指导与明确合理的考核机制才能调动学生积极参与思政课程的全过程互动。

二是过程性评价具有单一化的特点，“传统教学模式下，由于缺乏有效的评价平台或评价工具，学习过程评价很难做到评价项目的多元化、评

① 王萍霞.“互联网+”时代高校思想政治理论课混合式教学模式探析［J］. 广西社会科学，2017（4）：211-214.

② 习近平. 思政课是落实立德树人根本任务的关键课程［J］. 求是，2020（17）：4-16.

价方法的多样化、数据整理的精细化以及评价效果的客观性，大多情况下都以简单的考勤或形式化的作业而取而代之”。[①] 在思政课线上线下混合式教学模式陆续推广后，信息化技术教学给予教师多样化过程性评价的可能，但是部分高校仍按照传统式教学的基本活动进行考核，学生在课前与课中参与的活动内容仍然具有单一化倾向，没有全面利用好现代信息教学平台智能化的优势与多样的课程互动活动。

三是过程性活动与“以学生为中心”的导向存在差距，部分高校在教学改革中虽然引入了过程性考核评价体系，但是在实际落实方案的制定、实施及推广方面没有以促进学生成长发展为准绳，如线上教学平台中的任务点、主题讨论、习题选取方面多从“教师主体”角度出发，没有侧重于学生需求、立德树人的维度进行价值考量，在一定程度上给学生造成了一定的课业压力，仅以完成教师布置的线上学习任务为导向进行学习，教师在制定过程性活动与考核评价方案时应充分考量学生专业特点、学习目标的需要，为保证学生过程评价的科学性与合理性，教师要结合学生学情科学设置过程评价基本观测点。

二、教师主导地位有待深耕发展

（一）教师主导作用的隐性缺失

“混合式学习由于‘在线学习’环节的加入，极大地改变了传统学习模式,[②]” 线上线下混合式教学改革需要师生、管理者和平台开发者多方主体共同参与，办好思政课关键在教师，教师在混合式教学的构建中应发挥主导性作用，线上线下混合式教学坚持“以学生为中心”的教学理念，但是并不代表完全取代教师自身的主导作用，而在高校一线思政课混合式教学改革中，“教师主导性与学生主体性相统一”的教学理念并未完全付诸实践，存在教师主导作用隐性缺失的一系列相关问题。

---

① 李博豪，王海涛．高校思想政治理论课学习过程评价及其优化［J］．学校党建与思想教育，2019（23）：58－60.

② 邓喜道，张彦程．提升高校思想政治理论课混合式学习有效性的路径探析［J］．学校党建与思想教育，2019（14）：40－42.

一是缺少教师的全过程监督，混合式教学离不开线上教学平台中学生自主学习的环节，部分学生在完成线上资源平台的任务点时存在“挂机播放”而实际并未认真体悟学习，学生疲于完成教师设置的任务而不关注知识点的现象偶有发生，同样在课堂进行过程中教师留给学生充分研讨时间的同时存在没有严格把关的现象，“把课堂留给学生”的同时需要教师课前进行充分的课程问题设计与课中互动时及时答疑、掌握课程动态发展状况，通过问题导向式专题教学激发学生自主学习的积极性。在教学结束后教师的监督作用落实不严，体现在部分教师对实践教学缺位指导的课程现象，高校思政课的社会实践是线下课堂的外延，教师需要在整个实践教学过程中发挥监督作用。

二是教师对线上教学的重视程度不够，传统的思政课教学多以灌输式为主，部分思政课教师仍然停留在“以教师为中心”的教学理念中，对于新兴的互联网技术与教学的融合处于观望态度，随着“线上＋线下”混合式教学的兴起与发展，多数思政课教师能积极参与课程的改革与建设中，但是对于线上教学的建设的重要性认识还不够深入，存在流于形式建设线上教学平台的现象，对线上平台的搭建、资源建设和学习项目设置缺乏问题导向，尤以完全复制教材章节内容为线上课程建设为突出表现，没有开展基于重点与难点理论知识脉络的专题化教学研究，突出表现是没有将教材体系转化为教学体系。

三是教师的线上线下混合式教学素养仍需进一步培训深化，随着线上线下混合式教学模式在高校思政课中的推进，各高校教师陆续开始探讨线上线下混合式教学设计，教师对教学新模式的认知仍存在滞后性现象，对线上线下混合式教学的内容、运用方法与改进措施仍需进行学习，部分教师在日常教学、参与教学竞赛时还不能恰当融入“线上＋线下”混合式教学方式，对于线上线下混合式教学模式的研究还不深入、无法灵活运用，亟须高校结合课程建设及发展需要给予教师更多参与课程培训的机会，助力提升教师的线上线下混合式教学素养，帮助思政课教师在关注“如何教”“如何促进学”等相关教学技能中不断提升。

（二）专题化教学水平有待提升

《关于加强和改进新形势下高校思想政治工作的意见》指出：运用大

学生喜欢的表达方式开展思想政治教育。为高校思政课教学专题化教学创新发展奠定了坚实基础，高校思政课教师在“线上+线下”混合式教学的探索过程中，部分高校开展了围绕重难点知识的专题化教学建设，但实际上存在一些专题化教学改革面临的现实问题，推动高校思政课要坚持“统一性和多样性相统一”①。亟须教师结合新时代思政课混合式教学的特点进行专题化教学的进一步探索。

一是问题意识导向欠缺，部分教师通常基于教材逻辑体系的目录进行讲授，没有进行章节知识重构，“在教材体系向教学体系的转化过程中，有的高校只注重课程的政治性、思想性和理论性，而忽视了对教学内容的重组和创新，机械性地将教材内容搬到现实教学平台，缺乏生动鲜活的传播手段和话语转换”。② 没有凝练出基于问题导向的个性化教学、专题化教学，导致学生往往只学习到与书本知识内容高度同源的理论知识、案例内容，而没有进行知识的归纳与整理，可能会影响高校思政课的授课质量与教学效果，并且来自不同专业背景的学生具有不同层次的教学基础，教师讲授时的案例与小组研讨题目没有结合专业的背景与教学目标进行有机结合，高校思政课应发挥与专业课协同育人的重要效果。

二是专题化教学中知识覆盖面存在不够完善的问题，打造专题化的线上线下混合式思政课程，教师势必会对教学内容进行重新加工与整理，然而在选取专题教学的重难点情况方面，部分高校的课程会出现“头重脚轻”的现实状况，如《中国近现代史纲要》课程，通过讲述近代以来影响中国发展进程的重大历史事件，帮助学生认识近现代中国社会发展和革命、建设、改革的历史进程及其内在规律性；引导学生在了解国史、国情的基础上，深刻领会历史和人民怎样选择了马克思主义、选择了中国共产党、选择了社会主义道路、选择了改革开放；深刻领会中国共产党为什么能、马克思主义为什么行、中国特色社会主义为什么好，更加坚定地在中国共产党坚强领导下为实现中华民族伟大复兴而不懈奋斗。部分高校混合式教学存在“重历史，轻现实”“重近代，轻现代”的理论知识逻辑讲授

---

① 习近平．习近平谈治国理政：第3卷［M］．北京：外文出版社，2020：331.

② 王卫国，曾令辉．新媒体环境下高校思想政治理论课混合式教学模式的优化［J］．学校党建与思想教育，2019（21）：60－62.

不全等典型问题，部分教师没有完全根据教学大纲与教学日历进行讲授，可能出现部分重难点问题在专题化教学中的遗漏现象，这就需要教师在专题化教学开展前做好精心设计。

三是专题化教学中教师的分工尚不明晰。虽然在高校思政课线上线下混合式教学的探索中，部分高校陆续推出了课程专题化教学模式，但对授课教师的分工设计与专题模块结合不够，教学目标和教学任务不够清晰，教师开展专题化教学的内容存在重复或遗漏，导致教学缺乏全面性和连贯性。同时，教师之间缺乏有效的沟通机制，没有及时交流分享教学资源和授课经验，不利于专题化教学的有序开展，也不利于教学效果的提升。

（三）忽视了学生的个性化需求

“约翰斯顿（Johnston）和阿尔德里奇（Aldridge）认为，学生个体因素是影响学习投入的重要因素。①”学生个体的自我效能感会影响学习的态度与混合式课程的效果，部分教师在思政课授课的线上与线下环节中往往还是以“教师中心”作为出发点，导致思政课程存在“教”与“学”方面的需求匹配存在明显差异，“高校思政课是大学生思想政治教育的主渠道，是大学思想政治教育治理体系和治理能力现代化的关键着力点。②”囿于多种方面因素的作用影响，导致思政课教师在课前、课中及课后的各个教学环节所设计的问题设计与教学设计存在没有回应学生真实关切的现实状况，教师忽视了“以学生为中心”理念下学生的个性化需求。

一是大班教学无法照顾每一位学生，部分高校由于思政课教学的学生人数基数大、教室数量有限等问题，部分高校仍以大班授课形式进行思政课线下环节授课，由于思政课线下授课学时、每节课的课堂教学时间有限，往往会影响课堂互动的覆盖面效果与线下活动开展的实际效果，新媒体新技术与思政课教学融合的情况良莠不齐，存在泛娱乐化、活动过程形式化的突出导向与具体问题，反而忽视了学生掌握知识的能力与个性化

① Johnston K. L., Aldridge B. G. Examining a mathematical mode of mastery learning in a classroom setting [J]. Journal of Research in Science Teaching, 1985 (6): 543 – 554.

② 代浩云，王瑜. 高校思政课线上线下混合式教学常态化应用大数据探微 [J]. 中学政治教学参考，2021 (16): 56 – 59.

差异需求。

二是混合式教学互动的问题设置无法引起学生共鸣，“00后”大学生作为与互联网新媒体技术共同成长的一代，虽然对于线上教学互动手段比较容易接受，但是部分教师的习题库、视频素材、案例分析设计等教学资料在准备阶段没有做到因时而新、因势而导，可能会出现互动内容与学生关切的学理问题不匹配、视频素材过于陈旧以及案例缺乏时效性等相关问题，学生可能因此主观学习兴趣被削弱、学习积极性不高，需要教师在课前环节备课准备时能充分回应时代与学生的关切，与时俱进推进高校思政课混合式教学的改革创新。

三是高校思政课混合式教学的场所具有单一性，以线上网络平台与线下教学课堂为主要代表，缺少“自主学习—教师引导—社会实践”环节中的学生参与思政课教学实践的环节，部分教师没有关注到学生渴望在参与社会实践中提升理论素养与专业化知识的个性化需求，部分高校在“小组研学活动”存在流于形式、走马观花、实践平台有限、资源不足等现实问题，仅以文字版本的实践报告作为实践教学的考核评价指标，部分教师还没有意识到思政课程中实践教学与理论学习具有同等高度的重要意义。教师要通过关注学生的个性化需求提升思政课教学质量，引导学生厚植爱国情怀，增强“四个自信”，把爱国情、强国志、报国行自觉融入坚持和发展中国特色社会主义事业、建设社会主义现代化强国与实现中华民族的伟大复兴的奋斗之中。

（四）师资集群效应与团队效应欠佳

“随着高等教育信息化进程的推进，‘互联网+教育’的形式得以在高校广泛推广。[①]”思政课教学改革的价值取向与混合式教学的内涵具有高度统一性，教育部出台的《高等学校课程思政建设指导纲要》，指出要不断发挥教学团队等相关教学组织对于有效开展思政课程的建设，不断通过教学团队建设来强化教师思政课教育教学水平。但是思政课教师的信息化素

① 马婧，韩锡斌，程建钢．促进学习投入的混合教学活动设计研究［J］．清华大学教育研究，2018，39（3）：67－75＋92．

养存在参差不齐的现象，部分教师信息化素养不高，实施混合式教学模式的积极性和主动性不强，仅靠一人或几人的力量难以建设优质的混合式思政课教学体系，加强课程团队建设是混合式教学模式实施的前提和基础，目前思政课混合式教学中教师团队与师资力量构成存在诸多问题亟须解决。

一是主讲教师团队的组建工作有待深化，“教育部党组关于《‘新时代高校思想政治理论课创优行动’工作方案》明确指出，鼓励有条件的高校基于优质在线开放课程应用的线上线下混合式教学模式讲授思政课，激发思政课课堂活力”。[①] 当前各高校探索思政课混合教学的探索多集中在小部分范围，且存在一门课程多位教师建设多个在线网络教学平台的状况，距离制作优质精良的线上慕课存在一定的现实差距，并且各高校混合式教学团队的教师多来源于本校讲授本门课程的思政课教师，很少以跨系、院、校等方式进行组建，团队成员具有相对单一化特点，不利于“大思政”格局的构建与发展。

二是部分思政课教师网络知识素养有待提升，教师团队中年纪差异较大，不同年龄段的教师对网络技术与思政课融合的技术理解、运用能力存在差异，教师团队中混合式教学手段的运用率还不达标，往往只是部分教师参与到混合式教学的探索实践中，缺乏团队建设的集群效应，教学团队的学科背景与年龄构成还没有全面进行细致考量，而高校思政课具有独特的课程属性与历史使命，需要教师以更高标准要求自己，学习并掌握网络信息化技术与思政课教学相融合的教学理念。

三是教学团队中的分工情况有待完善，部分高校在思政课推行混合式教学改革的过程中虽然组建了以课程组作为单位的教学团队，但是团队的建设、分工情况仍存在一定的现实问题，部分教师没有根据各自的专业背景与研究方向参与到混合式教学建设中，因“线上＋线下”的混合式教学模式处在探索阶段，课程负责人对于教学团队成员融合在平台建设、维护、使用方面的分工处理尚不完善，同时部分高校仅以教师为参与混合式

---

① 王岳喜，张云芳．职业院校思政课混合式教学模式特征分析及实施路径［J］．中国职业技术教育，2020（1）：46－50．

教学的唯一主体成员，缺乏选取合适的“学生助教”作为思政课程线上运行的协作、收取作业及组织小组研讨的重要环节，为形成良好的“师生互动”与“生生互动”奠定坚实基础。

三、学生主体作用彰显不足

（一）学生主体意识欠缺的现实困境

教师主导性与学生主体性相统一是思政课建设不断深入推进所取得的规律性认识，是目前各高校思政课混合式教学开展的重要发展方向。由于“学生为中心”理念是一个教学模式改革的核心理念，思政课教师在教学过程中运用存在问题的同时，学生群体仍然面临着主体意识欠缺的现实困境，只有学生主体意识积极转变后才能进一步引导学生主动参与到思政课混合式教学的实践中来，从而达到育人的效果与目的。

一是受传统课堂教学观念的影响，部分学校还没有树立“学生中心”的观念，仍然停留在教师在课堂中唱独角戏的教学局面，大学生是担当中华民族伟大复兴历史使命的青年一代，虽然学生具有强烈的表达意识与课堂参与意愿，限制于传统教学中机械被动接受知识的特点，学生参与线上课程与线下课堂的互动意识还不够深入，往往是以完成教师要求作为参与互动的出发点，学生在思政课课程的学习中往往缺乏主体意识与问题意识，教师在课程讲授时更关注课程的“深度”，却在一定程度上忽视了思政课教学中的“温度”。

二是思政课教学的内容理论性强、内容相对单一性，部分学生在课堂学习过程中容易走神、不重视的现象，教师没有根据学生的听课状况与实际效果进行灵活性转变，存在照本宣科、理论化教学为主的问题，根据课前制定的线上线下混合式教案开展教学活动，学生在学习理论知识的过程中还不能活学活用、把握思政课课程内容的时代价值，所以参与互动的积极性与主动性存在弱化现象，课中混合式教学手段多以教师发放主题研讨、组织小组讨论为代表，由于教学学时不足、参与课程的学生人数较多等问题，很多学生无法发挥自身在课堂中的主体作用，无法保证学生群体的全员参与。

三是部分学生没有系统形成对高校思政课重要性的认知理解，可能出现“重专业课、轻思政课”的错误倾向，高校思政课以公共课的身份出现，而大学生在混合式教学改革的背景中面临的课业负担较重、没有理解透彻学好思政课的重要意义，导致出现部分学生利用思政课课程的时间学习其他专业科目或者存在走神的现象，“究其原因，主要是因为学生普遍认为学习思政课对于将来的升学和就业没有直接的帮助[①]”。高校专业课与思政课是协同育人、共同促进发展的，都在为促进专业建设与思政建设同向同行发展做出努力，思政课程与课程思政的发展同向同行，具有高度一致性与统一性，但是目前高校思政课程的线下课堂互动内容与手段安排还不尽完善，没有让学生在“以学生为中心”的理念下“忙”起来，这是未来思政课混合式教学改革中需要关注的一个重要内容，关系到思政课立德树人根本任务完成的根本问题。

（二）学生缺乏学习动力，学习的时间和精力投入不足

近年来，随着互联网技术的迅速发展与其在教育领域的广泛应用，线上线下混合式教学与思政课教学改革开始交织融合，教师在致力于多措并举进行高校思政课教学改革的同时，也应该关注到学生在混合式教学的学习中存在内驱动力不足的现象，“高校思政课‘教’与‘学’失调，课堂常常呈现这样的画面：教师在讲台上讲得头头是道、筋疲力尽，学生坐在下面则是枯燥乏味、昏昏欲睡”。[②] 从学生主体参与思政课堂的角度出发来分析混合式教学开展的实际困境尤为重要，只有正视学生在线上与线下思政课学习中出现的问题才能找到混合式教学改革的前进方向与具体路径。

一是学生对思政课的情感认同不够深入，思政课是高校思想政治与德育教育的主要阵地，同时也是传播马克思主义的主渠道，担负着青年大学生理想信念教育的重任，目前多数高校思政课建设距离习近平总书记要求

---

① 邓喜道，张彦程．提升高校思想政治理论课混合式学习有效性的路径探析［J］．学校党建与思想教育，2019（14）：40－42.

② 吴争春，于天真，狄神武．高校思政课混合式教学之“道”“术”“效”［J］．思想政治教育研究，2020，36（3）：63－67.

的“把思政课建设成为学生真心喜爱、终身受益的课程”① 的要求还具有一定差距，由于高校思政课的课程内容具有理论性强、与初高中课本知识的部分重复等特点，部分学生对思政课的学习还不具备主动性学习、探究理论及历史背后故事的情感认同，可能导致教学过程学生的参与度会受到影响，导致混合教学开展的实际效果受到影响。

二是线上教学平台由于缺少教师“面对面”督促的约束而使学习流于形式，部分学生发现一些教学平台完成规定任务即可获得学习时长，导致学生对于教师精心挑选上传的课程资源并没有全程高质量观看，因陷入线上教学资源内容和线下教学相同的误区存在“刷视频”“刷时长”的突出问题，反而忽略了对教师精心准备的课前教学资源的学习的同时造成部分线上平台知识点的遗漏，侧面反映了思政课混合式教学改革中学生评价指标方面缺乏对全过程互动参与的量化评价，可能存在“认真看视频”与“刷视频学习”的同学线上教学分数相同的不当机制，没有做好“线上 + 线下”教学设计和充分调动学生学习的积极性的前期准备。

三是相较于传统教学模式，学生在学习思政课的投入时长有所提升，“用还是不用新媒体、新技术首先是观念问题、态度问题，而不仅只是一个单纯的技术问题、手段问题。不用新媒体、新技术是落后于时代、背离新技术，至少离开了新媒体、新技术，就缺少了一种展示教学内容现代化手段和方式②。”在此背景下，思政课教学也在从单一的线下教学向线上线下混合式教学模式转变，在面临互联网与混合式教学改革的背景中，大学的多门课程均由线下课程向“线上 + 线下”相融合的教学模式加以转型，无形中为学生增添了较重的学习任务，大学生存在来自多门学科、同一学科多维度的课业压力，对学生合理安排课前、课后的学习时长增加了较大挑战。

（三）学生不适应线上线下相结合的学习模式

随着“互联网 + ”时代的迅速发展，各高校在思政课改革中陆续推出

① 习近平．思政课是落实立德树人根本任务的关键课程［J］．求是，2020（17）：4 – 16.

② 顾钰民．新时代思想政治理论课传统优势同信息技术高度融合研究［J］．思想理论教育导刊，2018（9）：75 – 78.

了“线下”课堂教学与“线上”网络教学相融合的教学新模式，而网络线上教学平台是近几年兴起与陆续发展的教学手段，教师在学习与运用方面处于实践探索阶段，在探索中基于实际的思政课程教学理念实践的基础上找到问题与可供改革的重要方向，学生在新兴教学模式的实践过程中难免会出现困惑与疑问，还存在不适应线上线下相结合学习模式的固有问题，针对这些问题教师应在混合式教学改革中予以高度重视。

一是部分学生由于初高中学习过程中没有接触过线上教学手段，还不能熟练使用线上教学平台，部分学生在线上教学的参与度与适应度仍处于初级阶段，这种状况尤其以“大一”学生为主，思维方式与学习习惯还没有从高中的传统授课方式中发生转变，对思政课教学平台中教师上传的学习资源、问题测验与交流研讨等功能了解不够深入，还不能熟练运用电脑端与移动手机端的教学资源进行自学、知识整合与巩固，可能出现由于课业压力大导致的对线上教学手段的抵触情绪，在课堂中还没有转变意识、树立“主人翁”意识，参与线上及线下环节的互动频次较低、积极性有待提高。

二是部分学生还没有适应线下教室师生面对面学习与线上教学活动并用的教学模式，传统的中学课堂教学多以师生线下互动为主，即“教师提问—学生作答—教师总结”的互动交流，但是由于课程教学内容与课堂时长的限制，互动的广度与深度受到制约，虽然混合式教学手段依托新媒体教学技术作为课程互动载体，大大加快了课堂师生互动与生生互动的频次，但是部分学生仍然不适应于线上平台互动的操作，可能由于网络速度、学习软件的问题对课程积分和分数存在影响，有的学生由于手机网络的限制导致参与抢答活动受到限制，可能会出现多次参加活动的学生高度重复的现象，导致教师在线下教学环节中对于是否使用、如何使用互联网及新媒体技术陷入两难选择。

三是线上教学手段由于具有灵活多样的特点，学生可以不受时间与空间的限制进行自学与复习，在增强学习便利性的同时对于自主性学习性较差的学生而言缺乏约束力，部分学生可能无法适应网络教学与线下教学结合的学习模式，使得学生学习的效果大打折扣，仍然需要交互学习的参与式学习氛围，可见单独的线上教学中很难让学生切身体会到思政课教学的理论知识与重难点问题，线下教学仍然具有不可替代性，同时还有部分学生没有办法将线上教学与线下教学的内容相互联系起来，在自觉性、自律性不足的情况下可能会存在遗漏、忽视思政课课程的主要观点与核心内容，部分学生对于全面理解高校思政课的“主体性”观念的学习理解还不够深入。

（四）课前、课中和课后“学生中心”的过程性缺失

高校思政课贯穿于高校立德树人的始终，线上线下混合式教学改革目标的实现不是一蹴而就的，更不是一劳永逸的，“在线教学加速了‘以学生为中心’成果导向教育理念的理解与实践。①”在思政课混合式教学模式的探究过程中，“课前—课中—课后”应贯通高校思政课教学的全过程，学生对于“以学生为中心”教学理念的核心内涵理解并不透彻，没有意识到“学生主体”意识应涉及课前、课中、课后三个教学环节与线上、线下两种教学方式的全过程，学生对混合式教学理念的理解不够透彻，存在认为“学生中心”理论只体现在某一个或几个教学过程的误区。

一是课前教学阶段，部分学生在学习慕课、教学视频等学习资源时以完成教师布置的学习任务为成果导向，而没有做到在学习慕课视频时带着问题意识进行观看，课前知识整理、归纳问题的环节尚不明晰，学生在课前线上自主导学阶段，面对线上平台教师提前搭建的教学资源的学习意识不足，往往只停留在浏览、观看层面，认为线上的资源与教材、考试无关，没有引起对“线上”与“线下”学习统一性的正确认识，同样，在教师课前于网络平台发布的交流讨论题目，可能出现参与率低、与教学目标效果不相匹配的现象，学生投入的时间与精力不足，尤其没有形成“我要学”为主体的学习理念，使得在课前阶段“以学生为中心”的教学理念偶有缺失。

二是课中线下授课阶段，部分学生没有达到积极参与课程中小组研讨、师生交流，获得感与归属感欠缺，还停留在“要我学”“要我参与”

---

① 张妍．高校思想政治理论课在线教学模式研究［J］．黑龙江高教研究，2021，39（12）：99－103.

的意识层面，受到传统教学观念的影响，学生的主体地位在课堂教学中存在隐性缺失的现象，大多数学生能在教师讲授阶段做到认真听、认真悟，可以随着教学讲解的理论知识与案例内容进行主动性思考，但是当教师将课堂还给学生进行小组研讨交流时，只有少部分同学能结合课前准备阶段自学的内容在小组内起到积极引领的作用，多数学生在小组讨论时以“倾听者”的角色出现，小组内没有做好角色的分工与细致交流，可能导致形成线下互动时真正有收获的学生覆盖面较小的困境，需要教师针对问题进行细化改革与深入思考。

三是课后教学阶段，学生基于传统教学观念的影响，往往认为课程在线下教学环节进行后已经结束，没有认真对待课后知识归纳、知识测验与参与实践的教学环节，由于高校思政课线上线下混合式教学带给了学生角色身份的转变，虽然投入了大量时间与精力，但由于考核机制的问题还有诸多方面没有落到实处，可能由于缺失教师的监督作用，没有高效完成课后阶段的线上学习与线下实践的环节与任务，部分高校由于对线下思政课教学环节的考量仅限于小组实践报告的提交，少部分学生由于对自身参与思政课实践活动的重要性认识不充分，在思政课实践教学存在“划水”现象，形成了基于思政课混合式教学中团队意识构建、学生的课后参与缺失等问题的现实挑战。

四、“线上课程”与“线下平台”缺乏有效衔接

（一）教学设计不完善，教学资源难以混融互通

随着新媒体技术与高等教学教育理念的融合，高校思政课教学改革面临着新的发展方向，即混合式教学模式的兴起与发展，“高校思政课混合式教学是将线上教学与线下教学相互衔接，将信息技术与课堂教学深度融合，旨在优化教学效果、培育创新人才的教学组织形式①”。由于混合式教学的一个突出特点就是“线上”与“线下”手段的融合使用，且混合式教

① 陶磊，汪萍平．人工智能赋能高校思想政治理论课混合式教学之思［J］．黑龙江高教研究，2022，40（12）：119－126.

学理念及模式是新兴的教学手段，在高校思政课教学运用发展的过程中不可避免地出现一些教学中的核心问题，影响打造高质量混合式教学“金课”的重要方向，由于“线上学习”与“线下教学”存在脱节、重复性的问题偶有发生，两部分教学资源的建设各自发展、难以混融互通，需要对出现在教学过程中的问题引起重视。

一是线上教学平台的互动与相应教学资源的选取与线下教学中的互动存在一定的脱节现象，教学团队在建设线上线下混合式教学过程中没有处理好两者之间的关系问题，可能出现一部分教师负责线上建设、另一部分教师负责线下教学设计的选取，由于信息互动过程的不匹配与滞后性，可能出现学生通过“自主学习—线下教学—课后回顾”三个阶段后，发现每个环节彼此间存在脱节的现象，部分线上的教学资源与案例没有起到为线下教学时效性提高起到的补充性作用，反而一定程度上对于学生构建完整的知识结构、逻辑能力具有负面影响作用。

二是资源的重复性问题，在思政课混合式教学模式的开展中，部分高校线上平台搭建时选取的教学视频、学习资料、案例分析与线下阶段教师讲授的内容高度重复，没有做好线上与线下教学资源的比对与统筹工作，学生往往要投入线上、线下双倍的时间学习思政课程的相关资源，同样也给教师的工作增添了较多重复的任务量，可能会出现适得其反、线下听课效果受到削弱、引起学生对课程学习反感的不当效果，距离对于将思政课打造成学生真心喜爱的课程目标存在较大差距。

三是教学资源的选取、甄别较为粗糙，教学设计环节有待加强，在混合式教学课程实施过程中，线上教学与线下教学的设计应该是一体化且相互关联的，但囿于传统教学模式的深入影响，教师在教学设计的准备环节仅在过去传统课堂设计的基础上增添了线上教学设计环节，由于线上教学资源建设的工作量较大，大多数教师又是第一次接触线上线下混合式思政课教学的新模式，因此在教学资源的选取、甄别、运用方面存在相应问题，没有把线上平台的建设与线下互动的具体内容进行统筹建设，教学设计需要向更加精细化、具体化、一体化的方向发展，充分衔接线上教学资源与线下课堂互动相关内容，为打造更加优质化的“线上＋线下”混合式高校思政课的方向服务。

（二）教师在线上线下教学衔接的关键作用不突出

“智慧课堂是指以建构主义理论为依据，利用大数据、云计算、物联网以及移动互联网等新一代信息技术打造的、实现课前、课中、课后全过程应用的智能、高效的课堂。①”在高校思政课混合式教学模式的应用过程中，学生面临“线上”与“线下”两个教学场所，“大学生是学习的主体，是网络世界的原住民，处于‘网络化生存之中’②。”由于教学模式的探讨及线上平台的建设尚处在起步及探索阶段，存在线上和线下重复学习相同内容的形态，无形中可能加重了学生的学习负担、增加了课业压力，也导致学生对思政课产生厌倦、逆反等消极情绪，最终影响高校思政课教学质量的提升，而教师在线上与线下两个环节衔接时发挥的关键作用仍不突出，可能会出现突出仅“以学生为中心”、淡化教师引导关键作用等问题。

一是部分教师的责任感与使命感仍需强化与提高，思政课教师不仅政治要强，而且情怀要深，部分教师忽视了思政课教学时效性的特点，线上教学资源与课堂教学案例的选取可能出现滞后性、单一性的特点，对于学生学好理论知识的同时正确把握好正确的政治方向而言存在欠缺性引导作用，思政课教师的理论知识及教学素材要做到常更常新，不能仅给学生讲解教材的理论知识内容，要结合时代与社会发展进行有效填充与补充，让学生在学理知识层面与应用发展层面都能深耕有所收获，需要教师发挥引导作用的坚实基础，强化自身理论知识学习与理论素养，真正做到“让有信仰的人讲信仰”。

二是教师没有处理好线上与线下环节考核的具体细化，学生在面临新兴的线上与线下两个教学环节的思政课程时可能会面临无所适从的状况，部分教师没有为学生详细介绍线上线下混合式教学模式中考核体系与具体方法，导致学生可能出现学习的目标导向性不强、内驱动力不足、积极性不高等突出问题，使得学生对线上与线下两个教学环节的重要性没有形成

---

① 孙曙辉，刘邦奇．智慧课堂［M］．北京：北京师范大学出版社，2016：43－44．

② 谢启秦，唐云红．高校思政课混合式教学：学理因由、实践模式与推进思路［J］．煤炭高等教育，2021，39（5）：112－117．

系统性认知，参加混合式教学的动力与目标导向均没有达到最大效果，需要教师在每学期课程伊始时期重点为学生介绍清楚混合式教学模式的具体内涵、运行方式与期末考核方法等，以提高学生自主参与线上教学与线下课堂学习的积极性与主动性。

三是教师在线上与线下两个阶段中专题化教学的处理有待提高，教师是将教材体系转化为教学体系、混合式教学理念的具体实施者与主要负责人，高校思政课教师在促进“线上”与“线下”两个教学阶段形成教学合理的引导作用非常关键，但是仍然存在线上与线下专题化教学不统一的现象，部分高校在“互联网+教学”理念的影响下开始进行了线上教学平台的改革创新，进行了结合课程内容与体系化的专题化教学，但在线上建设专题化教学的同时仍然存在线下教学停留在教材体系授课的脱节现象，这导致学生在学习内容上容易发生结构式混乱、课程内容理解存在误差、线上线下教学无法对应的困境，难以体现出混合式教学线上与线下教学发挥协同作用的有机整体性。

（三）线上线下教学衔接没有突出“以学生为中心”

“线上线下教学衔接的科学性和有效性，决定了两种教学方式之间是发生‘乘法效应’，还是‘加法效应’，或者‘减法效应’，这也是制约高校思政课线上线下混合式教学模式改革成效的关键环节。[①]”学生在高校思政课混合式教学改革中起到至关重要的作用，教学改革的实质便是为学生提供更加优质全面的思政课程，但是在高校思政课混合式建设的推进过程中，教师作为主要引导者与实际操作者，可能会在处理线上与线下教学资源时忽视了“以学生为中心”的教学理念，一定程度制约了课程改革的实际效果。

一是高校思政课混合式教学模式的推行中，教学团队通常提前搭建好了线上教学资源，没有根据学生学习情况及时调整教学策略的过程，混合式教学中线上教学平台的建设是新兴的教学手段和重点发展方向，教师在

---

① 梁红秀．高校思政课线上线下教学衔接研究［J］．学校党建与思想教育，2020（18）：49－51．

资源搭建与建设时秉持“学生中心”选取对应资源与设计相应的活动，但是由于平台搭建工作需要在课程开课前搭建完毕并作为学生学习情况的考核数据，导致线上教学平台的资源一般不会在教学中更换，缺乏灵活性调整的过程，对于观测学生学习情况而言较为刻板化，没有做到与线下课堂教学的内容进行灵活适配与实时更新，在线上资源与线下教学中没有起到较好的衔接作用。

二是教学没有处理好线上交流互动与线下课堂研讨的关系，高校思政课混合式教学是由“线上”与“线下”两部分共同构建的思政课程完整体系，教师设置的每一个活动都要做到真正为学生服务，时刻以学生的学习需要为导向，在混合式教学的构建与发展中尤为重视互动性的突出作用，但是对于互动案例的选取与问题的设置方面重视度还不够，不能仅以教材中容易找到答案的题目为导向，需要重点关注题目的思辨性与对学生能力提高的价值意蕴与导向作用，无论是线上还是线下，课前、课中或者课后环节，思政课教师都要将互动教学手段贯穿于思政课混合式教学改革的全过程，当前思政课教学中虽然日益凸显“问题化导向”，但是部分思政课教师还没有处理好不同教学环节互动问题的关联情况。

三是当前高校思政课混合式教学改革的探索中，存在重形式而忽略“学生需要”的价值导向，在互联网信息技术与高等教育的教学改革相互融通的技术发展下，多数高校的马克思主义学院开始日益探索“线上+线下”混合式教学模式，为充分发挥“线上”和“线下”两种教学方式的学习，部分高校过于关注学习形式的开展而忽略了混合式教学改革下学生学习的效果，即出现线上资源过于冗杂、学生学习时间过多、知识的系统性不强等突出问题，反而忽视了学生感受与诉求，可能出现学生疲于观看线上教学资源、完成线上课程任务而忽视了知识的内化过程，线上教学与线下教学的衔接问题意义重大，关乎高校思政课混合式教学改革的成功与否。

（四）“线上”与“线下”教学中实践环节衔接不充分

《全面推进“大思政课”建设的工作方案》提出要充分调动全社会力量和资源，建设“大课堂”、搭建“大平台”、建好“大师资”，破解当前思政课建设中的重难点，让思政课活起来、实起来、强起来，提出了实践教学与思政课融合发展的关键作用，混合式教学作为高校思政课改革的发展方向，部分高校在大力推行实践教学的同时，没有将实践教学与理论教学相互融通，存在两者之间彼此脱节的现实问题，实践教学没有为课堂的理论教学起到“实践出真知”的现实作用，虽然实践教学环节体现在课前、课中、课后多个教学阶段，但是在线上教学与线下教学的方式中，实践教学还没有发挥最大效用，仍然存在实践环节脱节、衔接不充分等突出问题。

一是混合式教学环节中实践教学往往只存在于课后环节，课前与课中环节较少，没有实现高校思政课教学中实践环节的全覆盖，在思政课教学改革的进行过程中，高校思政课实践教学存在着学生参与难、教学组织难、效果反馈难、长期运行难等共性问题，随着混合式教学模式的兴起与推进，实践环节作为混合式教学核心要求的指标之一，越来越多的高校开始注重实践教学的构建与发展，然而目前多数高校开展的实践教学活动形式较为单一，仅停留在教师在结束课程线下授课后布置的小组实践活动，学生在教师设置好的实践类型与主题中可以进行选择，但是就实践环节的开展情况而言多发生在课后教学阶段，仍然存在实施困难、教师难以监管、评价指标单一的问题。

二是实践教学多在“线下”教学平台出现，“线上”环节的实践教学存在缺位现象，作为高校思政课混合式教学的改革探索方向，“线上 + 线下”是重要的特点与发展方向之一，教师在贯通“课堂 + 实践”、解决课堂教学供给与学生理论需求不平衡的矛盾的同时，实践教学通常仅在课后的实践环节中推行，反而没有关注到互联网技术的发展对高校学生参与思政课的突破时间与地域的特点，目前多数红色资源与思政课教学实践基地开展网上参观与讲解活动，关注到“线上”实践教学的教师较少，没有做到“线上”与“线下”相互融通的大思政课实践格局。“线上”实践教学对学生突破时间、空间的限制，拓宽思政课实践教学的渠道与途径具有不可替代性作用。

三是部分高校思政课开展实践教学活动存在落实不实情况，成果导向与实际效果产出不明显的问题，在各高校开展思政课混合式教学探索过程中，部分高校制订的实践活动方案还不成熟，难以支撑各专业学生的人才培养计划，在依托区域红色文化资源对教学内容进行整合的部分存在弱化趋势，尤其在深耕教材与研究学生需要方面还存在个性化研究不足的问题，没有提炼出契合每门思政课与学生专业发展需要的适配性实践教学主题，实践教学环节的开展在部分高校仍然存在流于形式的突出问题，仅以学生提交文字材料作为考核评定标准，学生对思政课实践教学的重要认识还不够深入，有待进一步深化。

第三节 高校思政课混合式教学的推进思路

面对高校思政课混合式教学存在的困境与问题，亟须找到适合高校思政课混合式教学的推进思路与对应策略，在混合式教学模式的探索过程中，针对高校思政课混合式教学中存在的具体困境一一破解，逐步探索出适合于提升高校思政课混合式教学的路径与模式，充分发挥思政课作为铸魂育人主渠道的作用，全面推进高校思政课混合式教学的改革与创新发展，不断优化和创新高校思政课混合式教学模式，守正创新打造新时代学生真心喜爱、终身受益的思政“金课”。

一、推进混合式教学模式优化与建构发展

（一）促进混合式教学理念的“入脑”“入心”

随着“互联网＋教学”与混合式教学理念的兴起与发展，高校思政课教学改革与混合式教学模式陆续发展，但是由于混合式模式与高校思政课教学的融合属于近年来新兴的理念，具有混合式教学理念在实际教学中覆盖面不广的特征，针对目前高校思政课教学混合式教学改革中存在的问题状况，需要通过行之有效的举措促使混合式教学理念在高校思政课混合式教学过程中入脑、入心、入行，推进“线上＋线下”融合的混合式教学理念在高校思政课教学改革发展中落到实处。

一是高校思政课教师要主动学习互联网知识与新媒体技术，紧跟“互

联网+教学”思维与混合式教学理念的发展方向，做到传统式课堂线下教学与创新型线上教学模式相结合，将思政课堂打造成互动性强、教学活动多样的新式教学课堂，突破解决传统式思政课教学存在的固化模式，教师要能熟练使用新媒体技术并搭建好线上教学平台的资源建设与线下交流互动的问题设置活动，打破传统课堂中“灌输性”思维，以促进学生全面发展为导向。

二是思政课教师在开展教学活动时要充分考虑授课学生的认知水平与思考方式，教学手段、教学案例与互动方式要常更常新，紧跟时代发展培育新时代“00后”大学生的发展特点，结合混合式教学模式的内涵进行思政课教学改革探索，教师要在充分尊重学生差异性特点的基础上开展混合式教学，“教师要以新媒体承载的精炼性和丰富性内容满足学生泛在学习需要，也要坚持寓教于乐，将科学、权威的教学内容隐性植入丰富多彩和生动活泼的虚拟环境中”①。

三是强化学生对混合式教学理念的学习与深入了解，教师可以在课中第一次授课时详细介绍“线上+线下”混合式思政课教学模式的学习方式与突出特点，引导学生始终坚持问题导向、“学生主体性”与主动参与意识的基础上走进课堂，充分认识到混合式教学模式的重要意义与核心价值，引导学生关注线上教学平台的视频、资料与问题设置，同时积极参与线下课程互动与思政课程的小组实践活动，让学生在课前、课中、课后三个教学环节全过程体会混合式教学模式的独特魅力。

四是深耕混合式教学内涵，将思政课混合式教学模式落到实处，“线上线下混合式教学是一种利用互联网去嫁接改造传统教学方式，把传统教学和互联网教学结合起来的新型教学模式，具有开放、灵活、实时、在线等特点。②”各高校要深入开展针对思政课教学的教学混合式理念培训学习工作，力促“高校—教师—学生”三位一体合力打造思政课混合式教学

---

① 王卫国，曾令辉．新媒体环境下高校思想政治理论课混合式教学模式的优化［J］．学校党建与思想教育，2019（21）：60－62.

② 孙海英，陈三营．线上线下混合式教学在高校思想政治理论课教学中的运用探析——以《毛泽东思想和中国特色社会主义理论体系概论》课程为例［J］．贵州师范大学学报（社会科学版），2022（5）：13－23.

"金课"，在多主体的协同努力与共同作用下推动新兴发展的混合式教学理念进一步深耕发展与持续推行。

（二）建立长效的教学互动体制机制

互动性是高校思政课混合式教学探索发展的关键内容，在各高校推行思政课"线上+线下"的混合式教学模式实践中，师生互动、生生互动在教学过程的运行方面存在多方面问题，各高校与思政课教师应针对出现的问题、提出对应的改进路径与方法，为打造线上线下混合式一流课程奠定坚实基础，致力于构建多方协调、长效发展的教学互动体制机制。

一是需要教师设计互动内容时要充分考虑学生主体的价值需求，混合式教学中需要教师摒弃传统式、灌输式教学理念，教学互动的设计、开展方向要时刻做到"以学生需要"为成果导向，选取学生真心喜爱和感兴趣的教学资源与议题开展线上互动交流与线下小组研讨，可以选取搜集学生感兴趣的议题作为主题讨论的内容，提高学生课堂参与积极性的同时，又能充分调动大学生的主体思维意识与观念，教师在教学设计环节要坚持"以学生为中心"的教学理念，不能从教师的思维方式进行考量，要深入研究适用于不同专业学生的个性教学互动内容，优质的教学互动内容要真正为学生理解学理性知识内容、提升个人发展能力方面起到贡献作用。

二是思政课教师选取教学互动内容时要以教材为蓝本、以学生认知水平为基础，选取适应学生学习作答、趣味性强、学理性与实践性相统一的问题，在难度方面教师要严格把控，难度既不能过难或过于容易，要在问题互动交流中提升学生表达能力与学习能力，让学生处于"踮起脚可以够到"的状态之中，吸引更多的学生全面参与到思政课混合式教学的全过程，针对思政课教学具有理论性较强的特点，教师更要深入挖掘互动过程的内在价值，通过"线上+线下"两个平台建立良好的师生互动与生生互动模式，将混合式教学中的核心概念贯彻其中，为构建思政课混合式教学"金课"发挥重要价值。

三是教师在推进混合式教学互动环节的同时，要兼顾"线上"与"线下"两个环节的有效互动，在"线上"平台教师可以在课前、课中或者课后布置与课程相关的探讨性问题，学生可以在线上教学平台留言、各抒己见，同时，教师不能忽视线下教学课程中学生参与课堂讨论的环节，不能以“线上交流”环节代替“线下面对面”的互动探讨，学生参与互动的全过程会以数据及分数的形式记录下来，并作为课程过程性考核成绩评判的重要指标，充分调动学生主动参与到思政课堂的交流研讨之中，教师要为构建“线上 + 线下”与“课前 + 课中 + 课后”的互动体系积极思考，探索出一条畅通发展的全方位互动体制机制，为高校思政课混合式教学中“互动理念”的深入发展贡献深层力量。

（三）推动资源深入性协同共享

高校思政课混合式是融合了“线上”与“线下”双向教学模式，新媒体技术的发展以及其与高等教育的深入融合，使得线上资源的建设工作尤为重要，“‘粉笔 + 黑板’的传统课堂逐渐变为‘PPT + 电子信息’的新课堂”①，由于各高校开展线上线下混合式教学的思政课教学改革工作尚处于初步探索阶段，针对思政课教学改革中存在的资源运用与协同方面的诸多问题，高校要注重线上教学资源与线下课堂教学活动协同运行的相关工作，以实际可行的措施加以改进，为推进混合式教学模式的进一步深化做好线上资源保障工作。

一要严格把关线上教学资源的质量情况，部分高校选取其他院校高质量的 MOOC 资源作为本校混合式教学中的线上资源建设部分，虽然质量高且相对而言资源丰富，但是教师应以本校学生的特点作为选取资源的出发点，做到选取真正为学生服务的优质线上资源，杜绝建设线上平台中粗略化、形式化的导向，需要学校与教师层层把关，在教学资源的选取上时刻秉持“优中选优”的原则，随着教学开展出现的问题不断调整线上资源的选取与建设工作，以持续性和长远性为原则，稳步推进高校思政课混合式教学模式中的线上平台建设工作。

二要加大力度协调线上资源与线下教学的适配性，教学团队在搭建教学平台与资源选取时要摒弃“数量堆砌导向”，选取与该门思政课程专题

① 程美东．让真理和思想的光辉照亮思想政治理论课课堂：基于 2017 年教育部思想政治理论课听课的一点思考［J］．思想教育研究，2017（7）：60 – 62.

化教学中最适配的视频、文字与其他教学资源，教师要重视资源的选取、适配度与筛选工作，保证学生在最短时间内学到最优质的线上教学资源，最大限度降低学生参与线上教学平台的重复性时间，同样，教师在线上教学的设计环节时要坚持问题导向，做好线上教学资源与互动问题为线下教学的铺垫与服务工作，资源的选取要与思政课程的重难点内容相匹配，切实提升课程线上平台的质量。

三要注重思政课线上教学资源的时效性更新问题，高校思政课教师要把握思政课教学的“事、时、势”，思政课教材更新的同时教师也要注意线上教学资源的及时更新，选取具有时代性的视频、音频及课程互动题目等，坚持高校思想政治工作中的“因时而新”与“因势而新”导向，思政课教师要紧跟时代发展脉搏、学好理论知识的同时做好线上教学平台的建设工作，注重思政课程教学资源建设具有时效性特点，高校要配齐专门负责线上教学平台建设工作的教师团队，时刻保持知识的前沿性与教学案例的鲜活性，最大限度调动学生参与课堂互动的积极性，切实提高思政课混合式教学模式运行下人才培养的能力和教学水平，为“线上”与“线下”协同建设发展奠定基础。

（四）深化过程性考核评价与教学干预

高校思政课是大学生思想政治教育的主渠道，教学质量直接影响大学生思想政治教育的实际产出与具体效果，思政课对于学生的考核与评价方式由于受到传统教学方式的影响，存在以终结性评价为主的单一化倾向，不利于学生学习“获得感”的提升与发挥教学全过程的监督作用，“在思想政治教育有效性问题的研究中，我们必须在对思想政治教育结果静态分析的基础上深入到导致这一结果形成的动态的思想政治教育活动过程中①”。在高校思政课混合式教学探索的发展过程中，由于线上教学方式与线下教学方式的有机结合，给予了过程性评价与教学干预更多的可能，各高校需要结合本校发展的现实需要，以实际举措深化思政课教学过程性

---

① 沈壮海．论思想政治教育有效性问题研究的理论框架［J］．教学与研究，2001（4）：75－78.

考核的评价机制。

一要完善高校思政课考核评价机制，建立终结性评价与过程性评价有机结合的评价方式，高校思政课考核评价方式是否符合新时代教与学双侧需要，将直接关系到高校培养什么样的人、如何培养人以及为谁培养人这个根本问题。高校思政课教师要从优化考核评价方式出发，不能仅以期末考试成绩来评价学生思政课程的学习效果，完善过程性考核的具体考察指标与平时成绩的主要评判方式，让学生能够积极主动参与到课堂互动学习中来，教师可以根据现实需要设定课堂互动、随堂测验、思维导图等考核形式作为过程性考核的观测点，将期末考试与过程性考核相结合，充分发挥“线上”与“线下”两个平台的作用，形成多元化考核体系。

二要依托信息化教学与在线教学的优势，丰富过程性考核活动内容，“借助信息化教学平台的智能化和便捷化功能，学习过程评价的项目设置可以定量，也可以定性，完全可以依据课程教学需要设定必要的评价项目①”。教师要充分挖掘线上教学平台的优势，开展丰富多样的教学互动的同时平台可以充分记录学生学习的数据，可以为学生过程性评价提供更为科学的判断依据，学生与此同时，可以在学习平台中回顾自己的学习记录，通过量化的积分与排名提升自身参与课程线上活动的积极性，对于教师群体与学生群体而言是一个互利共赢的双向过程。

三要强化过程性学习中的“学生中心”理念，教师在进行高校思政课混合式教学改革的同时，要关注学生的需求与学习体验，“评价理念上，坚持发展性评价理念，以促进学生的全面发展和成长成才为目的，坚持评价的经常性、长期性和辩证性，以发展的眼光看待学生的成长，让评价成为促进学生发展的动力源泉②”。在课堂参与方面，教师要以学生为出发点，设计学生真心喜爱的主题讨论、小组活动以及问题交流等活动，线上平台选取的学习资源在结合课程重难点内容考量的基础上，应以促进大学生成长为根本导向，结合学生不同专业的学习背景打造个性化在线学习平台，优化过程性评价中的教学互动内容及质量。

---

① 李博豪，王海涛．高校思想政治理论课学习过程评价及其优化［J］．学校党建与思想教育，2019（23）：58－60．

② 陆启越．高校思政课过程性评价模型与体系建构［J］．江苏高教，2021（10）：74－80．

二、强化思政课教师的引导作用

（一）促进教师主导作用深化与显性发展

思政课是落实立德树人根本任务的关键课程，办好思政课的关键在教师，关键在发挥教师的积极性、主动性和创造性，同样在高校思政课混合式教学改革的发展过程中，思政教师的作用不容忽视，在把握“学生中心论”的同时，各高校要积极注重教师在构建“线上”与“线下”混合式教学课程中发挥的独特作用，引导教师在新的教学模式的探索中发挥主导作用，将“教师主导”与“学生主体”有机结合，形成良性的课程互动机制，彰显教师主导地位的显性作用。

一是加强教师对学生线上学习环节的全过程监督，学生在学习网络教学平台中的学习资源及习题研讨时，部分学生由于自主学习意识淡薄仅以完成任务为导向，需要教师运用信息技术手段加强学生学习过程的监督与监测作用，教师要在教学设计环节做好线上资源与线下课堂的衔接作用，以问题导向为课程的出发点，打造“线上”“线下”一体、“课前”“课中”“课后”贯通的全方位覆盖教学体系，尤其是要注意线上环节与线下实践环节中教师的监督引导作用，以保证混合式教学的质量与课程效果，确保混合式教学中教师监管作用发挥的完整性。

二是教师要在学习中提升教师教学素养，从“以教师为中心”向“以学生为中心”的教学观念不断转化，随着互联网信息技术与高等教育的深入融合，其对思政课教学具有重大意义和价值导向，需要教师加强对线上教学方式的深入学习，灵活运用“线上＋线下”的混合式教学模式，主动顺应新媒体新技术的发展与时代要求，提升教育引导学生的主导作用，同时还要强化学理性知识学习，做好线上教学平台资源的专题化建设，以教师团队为主体致力于将教材体系转化为教学体系，线上平台章节搭建时要注重选取所授课程的重点与难点内容，教师将教材内容凝练成问题导向的专题化教学体系，以切实提升学生的“获得感”与学习效果。

三是教师要积极主动参加思政课混合式教学的相关培训，自觉学习最新的教学理念与相关知识，教师要在参加教学竞赛中将培训中学习到的混合式教学方式活学活用，真正形成以学促教、以赛促教的良性循环，既能助推青年教师的成长速度又能更新教师教学的最新教学理念，教师要把混合式教学理念的内涵与应用方式学清楚，进而再转化为在思政课程中教师发挥的主导作用，把握思政课堂“线上”“线下”两个平台与“课前”“课中”“课后”三个阶段，确保思政课程与混合式教学的高度融合与深度发展，服务于立德树人的根本任务，促进大学生自身发展、成人成才。

（二）提升教师学术素养与专题化教学能力

《现代汉语词典》对“素养”一词的解释是“平日的修养”[①]，是后天习得养成的修养和教养，是经过后天学习、训练、感悟、自省、积累得来的，包含一定的理论水平、思想水平和知识水平。教师的专业素养是教师整体质量的集中反映，包含与时代精神相契合的教育理念、多层复合型知识结构、其他方面的综合能力。而教师的学术素养，特指教师在特定情境中，关于教学方面的知识、态度、情感、能力和创造力等综合表现。高校思政课教学不仅要求“教师专业知识积累深厚，理论素养扎实，还要知晓其他有关学科专业知识，同时还须即时认识当代马克思主义的最新思想理论。[②]”随着时代不断发展变化，高校思政课教师要立足时代，必须不断加强学习，强化学术修炼，提升学术素养。

一方面，要认真研读马克思主义经典著作，提升马克思主义素养，夯实理论基石。做到对马克思主义理论真学、真懂、真信、真用，才能融会贯通、深入浅出地讲好马克思主义，讲好党的理论和政策，才能引导学生在马克思主义指导下坚定理想信念，树立科学信仰，确立正确的世界观、人生观和价值观。认真贯彻落实习近平新时代中国特色社会主义思想，用这一思想的世界观、方法论认识和对待当前的新形势、新问题、新任务，自觉融入思政课教学，为课程教学注入强大的思想力量，做到学思用贯通、知信行统一，引导学生积极投身于社会主义现代化强国建设的伟大

---

① 中国社会科学院语言研究所词典编辑室编．现代汉语词典［M］．7版．北京：商务印书馆，2016：1248.

② 武东生．注重对思想政治理论课课程及其教学的科学研究［J］．思想理论教育导刊，2017（9）：61－63.

实践中。

另一方面，要钻研思政课理论知识和专业知识，准确把握教学内容，采用多样化教学手段开展课堂教学，还要广泛学习与学生管理、心理健康有关的管理学、心理学等知识，解决学生遇到的实际问题，做学生的良师益友。高校思政课教师还要提升科研水平，要打破思政学科壁垒，建立“大思政课”思维，充分运用中华优秀传统文化，融合各学科门类，学会运用科学思维和哲学思维精进写作技巧、注重科研积累、提高科研能力。总之，高校思政课教师要具备宽阔的知识视野，面对传统“一桶水”和“一杯水”的理论，思政课教师要善于从整体上驾驭知识体系，把握全局，不拘泥于知识的一隅一角，提升统合知识的能力，更加注重思维方式方法的传授。

专题化教学是高校思政课以较少课时完成较多授课内容的最佳选择、是实现思政课教师资源优化组合的有效路径、是克服思政课内容重复枯燥和提升学生能力培养的理想方案，是增强思政课铸魂育人实效性的重要路径。高校思政课混合式教学模式采用专题化进行，使思政课教学呈现多元化、多样化的发展特征，可以有效激发学生参与课堂的积极性，推动学生全面发展，也有助于思政课教师提升教学能力和水平。

一是落实集体备课制度，提升课堂有效性。高校马克思主义学院应建立专门的集体备课制度，按要求定期开展集体备课，集思广益、群策群力，集体攻关探讨确立教学专题。根据不同教师的思维特点和知识结构，分配相应备课任务，紧扣教学目标和教学大纲，围绕重难点突破教材框架顺序，审定并确立专题系列主题，共同探讨专题模块的目标、内容、素材及方法，加强教师彼此了解，提升默契程度，使专题化教学得到更好的落实和发展。

二是坚持问题导向，合理设计专题。高校思政课教师首先要有问题意识，既要深入调研了解社会热点焦点问题，也要及时关注学生的思想动态及学情变化，找准学生的实际困惑疑虑，捕捉学生所思所想、真实诉求；还要围绕课程目标和教学重难点，对采集的问题信息进行逻辑归类和探究分析，凝练概括出师生关注度高、与现实生活联系紧密、与教学内容关联密切的核心问题清单，形成参考性研究报告，合理设计系列教学专题。在专题模块化教学中，要与时俱进地根据教学内容、学生学情和社会热点变化，及时调整、补充和完善专题内容，设计多层次且内在关联的问题串联前后知识点，形成问题化的逻辑结构链条，沿着答疑解惑的认知路径逐步引导和点拨学生主动思考并求解，形成正确的价值认知，实现思政课知识传授与价值塑造的融合功能。

三是利用新媒体，创建双主体课堂。高校思政课专题化教学，因求而供，从学出发，思政课教师要依据“问题—分析—解决”的思路引导学生循序渐进地理解，激发学生自主学习和探究问题的情感体验。高校思政课混合式教学模式离不开信息化技术的支持和有益补充，思政课教师要构建课前、课中、课后的教学闭环结构，如课前利用学习通、雨课堂等智慧教学平台推送问题、布置任务，为课中专题精讲和深度学习做好呼应和铺垫；课中从问题出发，针对性开展精讲，采用多种教学方式与学生开展互动交流，引导学生深入体验课堂魅力；课后充分利用网络教学平台沟通交流、答疑解惑、讨论反馈、实践分享等，及时了解学生的知识掌握情况、思想动态变化并及时纠偏疏导。同时，还要创建线上精品课程教学资源库，打造思政网络学习群，及时推送和上传相关的教学资源、视频阅读、课件微课等，进一步巩固和深化学习成果。在这种模式下开展专题化教学，高校思政课教师要不断学习与提升理论知识、信息化素养，充分尊重与体现学生的主体地位，根据教学专题最大限度使用新媒体开展积极有效的学习与互动，打造鲜活、高效的思政课堂，增强学生对思政课的亲近感、获得感，唤醒学生的主体意识，提升学习效能。

（三）充分重视学生个性化需要

“教育的终极目标，是通过培育人的主体性、启迪人的精神独立，实现人的个性成长与全面发展。高等教育的核心价值是在学生全面发展的基础上，培养富有创造性、具有独立自主精神的人。①”在信息化快速发展、数字化顺应转型的大背景下，世界和社会在变，教育也要应时而变——尊重个体价值，追求人的自由而全面发展。高等教育将经历从规模化、大众

① 计卫舸．大学教育要个性化［N］．光明日报，2013－12－04（16）．

化教育走向分散化、个性化的发展改革，期望一种以知识和人才为基础，以创新和多元为驱动，表现出全面协调可持续发展的知识经济形态。信息技术的发展对教育产生革命性影响，特别是期望学生通过不断学习、终身学习，发掘自己的优势潜能，形成个性特征。充分尊重学生的个性化需求，要做到以学生为中心，承认学生的个性差异、满足学生的个性需求、挖掘学生的发展潜能、实现学生的全面发展，既融合了学生的全面发展与个性化需求，也契合了当前高等教育的本质内涵，是提升人才培养质量、推动高等教育内涵式发展的有效突破口。

高校思政课混合式教学的诞生正有助于教学以学生为中心，坚持教师主导性和学生主体性相统一，激发学生的积极性、发挥学生的创造性思维、转变学生的学习范式，从而潜移默化提升思政课获得感。高校思政课混合式教学模式要发挥传统课堂教学和网络教学模式的双重优势，既要发挥教师引导、启发、监督教学过程的主导作用，又要充分体现学生作为主体的主动性、积极性与创造性。

一是优化教学授课班级，采用“小班化”教学模式。“小班化”教学以个性化教育为理念，目的就是让每一名学生受到更多关注，也有利于教师对学生进行个别指导。高校思政课可将多种教学方法融合到“小班化”教学中，如：交互式学习，让学生通过自主学习产生对知识的疑虑，积极提出问题、展开讨论、学会分析、自我评价，然后在教师指导下培养自学能力，按照“扶—引—放”的思路引导学生从领会学习、主动学习到学会学习，启发他们的主动性、创造性。合作式学习，教学班组建不同合作学习小组，让每位学生按需求参加不同小组，实施过程包括提出学习任务、启发独立思考、创设情境开展讨论、巡回观察及时调整、围绕要求相互评价，让思政课教师实现由监管到引导的角色转变，由单纯关注学习任务到重视小组成员发展的目标转变，考核更注重师生互评，此方法进一步激发学生的竞争意识、团队意识，让学生意识到自己才是完成学习任务的主体。体验式学习，思政课教师可通过故事讲授、案例探析、观看视频，让学生在“研究”“思索”“想象”中领悟知识，并逐步形成个性化理解，唤起学生的求知热情。综上，高校思政课改变传统的大班合班教学模式，优化班级人数，采用“小班化”教学，更有利于思政课教师关注每位学生的个性需求和全面发展，更有利于师生建立融洽的关系，提升教学效果。

二是优化混合式教学策略，激发学生的主体作用。优化混合式教学策略，要通过在线学习与线下传统课堂的改造，增强师生互动，加强形成性评价，让学生实现“做中学”和“学中做”。借助学习通、雨课堂等线上教学平台，快捷实现大数据时代的智慧教学，让课前、课中、课后的每一个环节赋予学生全新的体验，如推送学生一个短视频，让学生课前观看、课堂分享，促进学生带着“头脑”来上课，实现师生多元实时互动、实现数据驱动的教与学、实现教学全周期数据分析，让教师知道学生的学习是如何在课堂外、课堂内发生，让“互动”增加思政课生机和活力。这样的课堂教学，让学习不再是回答“是”或“不是”，而是课上课下的交流碰撞；学生不再只是对教材答案、听老师讲知识，而是课上与同伴交流思想、辩论，各抒己见，课下查阅文献，找论据支持自己的观点，学生们都得到了成长。充分借助网络教学平台开展混合式教学，让教学模式更科学、让课堂教学更有效，真正让学生变成课堂的中心，让教师以学生为中心开展教学。同时，结合学生的特点特长、专业背景、未来职业等方面制订个性化的实践教学方案，将思政教育与专业实训融合，设计不同的实践项目，让思政理论与专业技能融合，使实践教学不仅给学生传递思想和技能，更重要的是让学生产生思想、外化行动，潜移默化地让思政课发挥价值导向、规范行为、陶冶情操、锻炼能力的作用。

（四）发挥师资集群效应与团队效应

当前高度关注的高校思政课混合式教学模式的改革，促使思政课教师的角色和功能发生变化，推动团队结构进一步优化。思政课教师既是课堂教学的设计者、组织者和引导者，也是网络教学的开发者、指导者和监督者。思政课混合式教学工作复杂多样，面对教学资源搜集、线上线下教学设计、微课视频拍摄、线上答疑解惑、线上考核评价等工作，教师单独无法完成，需要依靠教师团队的力量。发挥教师团队每位成员的优势、分工合作、团队作战，提高教学成效。

一是遵循教学规律，重构教学内容，增强思政课教师混合式教学设计与研究能力。根据思政课教学规律和混合式教学特点，思政课教师要对教学组织模式、呈现方式、线上线下教学资源、教学步骤和方法、线上教学平台搭建等进行系统设计和研究。这就要求思政课教师要提高认知能力、课程整合能力、教学设计能力，教学目标既要符合教学规律又要契合学生特点，尤其对教学内容的重构既要传授理论知识、激发学生兴趣，又要实现教书育人目标、塑造正确价值观。教学设计善于结合学生的专业特点和碎片化学习习惯，教师分工进行问答互动和闯关模式的教学设计，既可在线上关注学生的学习数据并及时公布学习情况，也可在线下课堂关注学生的情感需求，真诚鼓励并帮助学生建立学习信心和兴趣。

二是优化教学资源，全面提高思政课教师信息化教学和资源建设能力。当今互联网与高校思政课深度融合，面对“网络常住民”的学生群体，混合式教学模式下高校思政课教师必须要学会在教学资源挖掘、教学内容呈现、教学活动实施、教学情境创设、教学质量评价等方面主动利用信息技术，不断提升信息化素养和网络化素养。当然这不是教师“单打独斗”就能完成的，需要团队协作、优化分工，围绕教学知识点和学生兴趣点，充分挖掘、选择、提炼网络资源，形成逻辑化、形象化、动态化的教学资源，丰富线上教学内容，与时俱进不断更新教学资源，增强教学内容的生动性、可读性和吸引力。教育部《新时代高校思想政治理论课教学工作基本要求》中明确提出，思政课教师“要深入研究网络教学的内容设计和功能发挥，不断创新网络教学形式，推动传统教学方式与现代信息技术有机融合”①。思政课教师可通过在线学习、专题讲座等各种培训，提升信息化教学水平，更好驾驭混合式教学模式，实现信息技术与思政课教学的融合，增强思政课的时代感和吸引力。

三是围绕教学内容，形成“课堂＋实践＋网络”的教学空间，提升思政课教师教学实施与创新能力。组建思政课教师团队，围绕教学内容，从课堂、实践和网络三个教学空间，开展教学研究和设计，形成线上线下的教学闭环。如思政课教师引导学生密切关注时事热点，结合专业特点设计多样化的实践教学项目，分别在课堂上和平台上进行展示交流，促进线上

① 教育部．关于印发《新时代高校思想政治理论课教学工作基本要求》的通知［EB/OL］．(2018-04-13)［2024-02-28］．http://www.moe.gov.cn/srcsite/A13/moe_772/201804/t20180424_334099.html.

线下师生的互动互助，增强学生对学习共同体的归属感、成就感。高校思政课混合式教学模式的改革是一项系统工程，高校思政课教师的关键引导作用进一步彰显，提升其教学设计与研究能力、信息化教学和资源建设能力、教学实施与创新能力，将有效推动思政课创新性、高质量发展。

三、坚持“以学生为中心”，激发学生主体作用

（一）激发学生学习动力，强化学生主体意识

“学生主体”，是与教师主导相对应的一个概念。教学应教学生“学”，要为学生的“学”服务，教师主导和学生主体应该统一在学生的“学”上。“在教学中，学，是在教之下的学；教，是为学而教。换句话说，学这个主体是教主导下的主体；教这个主导，是对主体的学的主导。①”那么，教学所追求的目标、内容和结果，都要落实到学生的“学”上面，否则，一切都是空的。基于“建构主义”的混合式教学理念，强调要发挥学生个体的主体性，帮助学生主动、积极、创造性地学习。学生用讨论、学习、研究的方法主动建构知识内容和价值判断，培养在分析问题和解决问题中的创新创造思维能力，凸显学生的主体性在教学中的获得感。在高校思政课混合式教学中，要激发学生学习动力，主动参与学习、及时反馈学习困惑、自主引发思考，在教师引导下形成正确的认知结构和价值判断。

一是充分发挥混合式教学模式的优势。混合式教学模式在具体教学实践中具有灵活性、多元性等特点，打破时空限制，为学生提供充足的自我学习与思考机会，使学生在吸收课堂教学知识的同时掌握更多、更全面、更新颖的知识，打造高效课堂。同时，增强师生的互动交流，也可针对学生个性特点，培养良好的学习习惯，调动学生参与的积极性和互动性。如平时比较腼腆的学生，在网络教学过程中，更愿意将自己对某些问题的想法以文字、图片、视频、语音等形式呈现出来。当然，基于思政课的意识形态属性，思政课教师要及时对学生不当的观点和看法进行及时纠偏、正确引导。

---

① 王策三．教学论稿［M］．北京：人民教育出版社，2002：379.

二是“以学生为中心”设计混合式教学。首先，混合式教学的设计理念要把握立德树人的人才培养目标，根据教书育人规律、学生成长规律、思想政治工作规律，以学生的思想实际为出发点、以学生的能力培养为中心、以学生的职业素养为落脚点，突出理论教学与实践教学的有机结合，用“问题导向、任务驱动”的方法组织线上线下教学活动，让学生在完成学习任务过程中自我思考、主动判断、反馈评价，实现思想、能力和素质的不断提升。尤其在教学实施活动中要以培养学生的能力为本位，以情感认同为宗旨，突出价值性和知识性相统一，坚持教师主导与学生主体的关系，根据教学内容和学生特点采用理论讲授、任务驱动、同伴互学、案例教学、情境演绎等多样化教学方法，有效提升学生的课堂参与性与主动性。其次，创新实践教学模式，守好思政教育责任田，通过开展“云课堂”时事热点评析活动，创新线上实践教学形式，保障在线学习效果，距离虽远隔“云端”，却注重学生的心理和情感体验，帮助学生理解信念、道德、责任、使命、担当的深刻含义。

（二）强化“以学生为中心”的课前、课中、课后全过程覆盖

当下，高校大学生“作为互联网一代和独生子女一代，受到外部享乐主义、消费主义、实用主义和功利主义的影响，对传统的思想政治教育内容和方法缺乏热情”①，这使得高校思政课教学面临新挑战，在批判这些错误思潮的同时要调整传统教学内容和形式，信息化时代新媒体的广泛应用开启了一个全新突破口，为高校思政课创新教学模式，提升课堂吸引力和实效性带来重要启发和难得机会。

一是课前要从“教师中心化”转变为“学生中心化”。有的放矢地精心备课是上好高校思政课的首要前提，但当下却大都面临“学生空场”问题，除了知晓学生成绩单上的班级、学号和姓名外，对授课对象的基本情况不甚了解。这种情况下，思政课教师不管是备课阶段还是开展课前设计，都难以顾及每一位学生在知识储备、兴趣需求和接受能力等方面的个

① 十谈编写组．加强和改进新形势下高校思想政治工作十谈［M］．北京：人民出版社，2017：91．

性差异，基本上是“以我为中心”对现有课件、教案进行局部调整，容易犯经验主义错误，很难做到因材施教。而借助于网络教学平台，思政课教师可通过线上问卷调查等方式对学生进行课前调研，初步了解学生的认知水平、理论素养、兴趣爱好和个性需求，推动课前阶段从“教师中心化”转变为“学生中心化”。对于大学一年级新生而言，思政课教师借助技术手段，了解学生对进入大学前思政理论知识的掌握程度及知识涉猎面，根据采集学生中小学阶段学习的“知识图谱”，充分把握他们的知识储备，有的放矢地根据教学内容展开有针对性的完善和调整，设计出既面向全体，又兼顾个性的混合式教学实施方案。对于大学二年级及以上高年级学生而言，思政课教师除了采集“知识图谱”外，还可以获取他们大学一年级学习思政课形成的“学习者画像”，即通过“对学习行为数据、调查问卷数据以及脑电实验数据进行数据整理与数据挖掘，得到学习者的学习动机和能力画像、学习风格偏好画像，以及知识点兴趣画像”①。由此，思政课教师则可以较全面把握学生学习思政理论的知识储备、学习偏好和认知误区等学情数据，做好精准定位、制定个性化教学策略、精准供给教学内容，从而大幅度缩短师生教学磨合期。

二是课中要从“单向灌输化”转变为“双向互动化”。精彩纷呈地开展授课是提高思政课教学实效的关键，但当下却大都面临着“受众缺席”问题，当然不是指的思政课教师水平不高导致学生缺席的情况，而是特指教师与学生缺乏有效互动导致教师一个人唱“独角戏”。思政课教师线下面授时，囿于班级人数多、教学内容多、教学时间有限、学生互动意愿较弱等情况，较少开展行之有效的课堂互动，出现教师“单向灌输化”的局面，难以及时接收学生的信息反馈。这就要求思政课教师在课堂上要多关注、多识别学生的隐性学习状态，如面部表情、眼神动态、肢体动作等，快速响应、实时分析每一位学生的当前状态，及时调整教学策略和教学方法，构建师生“双向互动化”的教学环境。对大多数学生感到有疑惑的地方再次展开详述，直至彻底讲清教学难点；对大多数学生希望与教师开展

① 陈海建．开放式教学下的学习者画像及个性化教学探讨［J］．开放教育研究，2017（3）：105－112．

互动的问题组织分小组讨论、分享、交流，活跃课堂氛围，提升学生参与教学的成就感；对于大多数学生不感兴趣的话题要及时调整教学方式，课后及时开展教学反思，力争下次课堂改变现状。“双向互动化”的教学环境不仅推动高校思政课课堂生动、有效、有意义，也提升了学生参与课堂的积极性和体验感，自然也提高了思政课教学质量。

三是课后从“交流中断化”转变为“交流持续化”。持续不断的课后交流是上好思政课的有效补充，但当下却大都面临“师生失联”问题，课堂教学活动结束后很难再留下来进一步交流。究其原因在于思政课大班教学，学生人数较多，思政课教师在“一对多”的情况下很难有充足时间和精力解答学生的每一个问题，即便回答也显得滞后缓慢，加之教师课程安排等原因，教师下课后会急于赶下一节课，久而久之造成师生在课后出现“交流中断化”的局面。而混合式教学模式下，高校思政课教师可以通过“智能学习助手，根据学生的学习需求、学习路径和检索痕迹，按需推送学习资源和学习支持，过滤无关的信息，减轻认知负荷，使学生可以随时、随地、随需进行高质量的学习”①，这样，思政课教师就可以利用学习平台根据学生的课堂学习情况，有针对性开展学习资源的推送，做到查缺补漏，巩固学习效果，有效提高学生在课后主动学习的积极性。而且，这种方式也契合当前学生的阅读习惯，推送的学习资料与自身学习密切相关，避免重复交叉的内容，更容易调动他们自学的主动性，也愿意在平台和教师互动，推动了课后阶段高效且持续的互动。

四、优化混合式教学模式，提升教学实效

（一）坚守思政课教学的根本任务，突出思政课教师的关键作用

一是坚守思政课教学的根本任务。习近平总书记在全国高校思想政治工作会议上指出：“加强和改进新形势下高校思想政治工作，必须坚持把

① 曹培杰．智慧教育：人工智能时代的教育变革［J］．教育研究，2018（8）：121－128．

立德树人作为中心环节。[①]”可见，新形势下高校思政工作面临新的挑战，高校思政课要保持高度敏锐的政治立场，悉心研究理论前沿和社会现实问题，及时反映在课堂教学中，及时解答学生的思想困惑，坚持落实好立德树人这一根本任务。当前混合式教学模式中的网络教学平台虽然能帮助传播“知识”，但做不到真正“育人”，因为无法触及学生的思想和灵魂，也无法引导学生树立正确的世界观、人生观，也无法帮助学生树立中国特色社会主义共同理想。而思政课教学目标是要落实到培养人的问题上，帮助学生掌握马克思主义的世界观和方法论，做到真学、真懂、真信、真用马克思主义，进而武装头脑、指引人生、担当使命、奉献祖国、实现价值。同时，塑造大学生的价值观是高校思政课“立德树人”的应有之义，正如习近平总书记指出：“青年的价值取向决定了未来整个社会的价值取向，而青年又处在价值观形成和确立的时期，抓住这一时期的价值观养成十分重要。这就像穿衣服扣扣子一样，如果第一粒扣子扣错了，剩余的扣子都会扣错。人生的扣子从一开始就要扣好。[②]”可见，培养大学生的价值观至关重要，不仅影响个人发展前途还对国家和社会的未来发展起着举足轻重的作用。大学生处于人生的拔节孕穗期，尤其要重视价值观的塑造，避免他们受错误思想的影响形成扭曲甚至错误的价值观。为此，高校思政课责无旁贷地肩负起培养大学生价值观的重大使命，引导他们在人生的关键时期形成正确的价值观，让人生多出彩、对社会多作贡献，营造积极向上的社会氛围。混合式教学中使用的网络教学工具或平台，只是由设计者开发的一种辅助工具，本身不具有价值判断能力，无法了解学生实际的思想、心理状态，也不可能培育学生的价值观。这样看来，高校思政课发挥着无可替代的价值引领和塑造功能，它可以有效提升学生的思想道德修养，帮助他们形成正确的是非观，促使他们践行社会主义核心价值观，培养自己的大德、公德、私德。

二是突出思政课教师的关键作用。习近平总书记在学校思政课教师座谈会上强调：“办好思政课关键在教师，关键在发挥教师的积极性、主动

① 习近平．在全国高校思想政治工作会议上强调：把思想政治工作贯穿教育教学全过程，开创我国教育事业发展新局面［N］．光明日报，2016-12-09（1）．

② 习近平．习近平谈治国理政：第1卷［M］．北京：外文出版社，2014：172．

性、创造性。[①]”表明思政课教师责任重大、使命光荣，只有充分发挥自身的积极性、主动性和创造性，才能承担起思政育人这项重大任务。高校思政课教师的这一关键地位和作用，不会随着外在环境的变化而变化，尽管网络信息平台可以更便捷组织教学，但人文关怀始终成为它的短板，而这恰恰是思政课教师的强项和优势，他们依然会在教学中占据主导性地位，人工智能、网络平台等仍然属于教学过程的“辅助者”，只能被动按照指令完成任务，不具备任何主动性和创造力，无法取代思政课教师的“育人”功能。因此，在高校思政课混合式教学模式改革中，思政课教师的主导地位不能缺失，他们要用马克思主义的观点方法、科学的思维方式引导学生的能力培养，适时和学生展开情感和心灵沟通，引导学生正确面对所遇到的各种压力和问题，这些都是思政课教师独特的育人优势。

（二）深化混合式教学改革，持续推动创新教学模式

推动思政课守正创新，增强“思想性、理论性和亲和力、针对性”，是新时代高校思政课改革创新的重要时代课题。面对新时代信息化技术发展对传统思政课教学带来的冲击，混合式教学模式无疑是提升高校思政课教学实效性、增强学生获得感的有效路径。

一是开展总体设计。理论分析“以学生为中心”的教育理念融入高校思政课混合式教学模式的可行性和必要性，研究设计建构思路：建构理念——实现多个教学空间的优势互补；建构目标——有效应对新时代的教学供需结构矛盾；建构路径——着力打造有机互动的“三位一体”教学体系。针对“学”“导”“行”三个环节，改革课堂教学——深化教学内容、创新教学形式、完善教学评价；创新实践教学——整合实践教学资源、丰富实践教学形式、加强实践教学管理；建设网络教学——优化教学平台、录制精品课程、强化在线管理。通过理论成果和实践效果、定性评价和定量评价相结合的方式，检验思政课混合式教学模式运行的实际效果，提出调整、改进的措施；根据教学实践运行后专家、教督、教师、学生等的反馈建议或意见，进一步优化研究设计、改进教学方法、完善教学

① 习近平．思政课是落实立德树人根本任务的关键课程［J］．求是，2020（17）：8－12.

评价，在反复“实践—总结—再实践”的动态改革过程中，持续完善教学设计。

二是优化教学策略。高校思政课教学目标的实现及持续作用，有赖于课堂教学、实践教学、网络教学“三位一体”教学体系协同育人的有效发挥，并在不断改进中实现教学系统的动态优化。高校思政课混合式教学模式实践中，可变单一的理论宣讲为立体化的教学体系，实现全方位、全过程课程育人。思政课混合式教学改革实践，坚持问题导向，以教师为主导、学生为主体，结合课程特点和学生实际，在教学实践中形成“两维一体”的教学模式，延伸教学时间、拓展教学空间。时间上，遵循学生“知、情、意、行”的认知规律，强调构建“课前—课中—课后”的教学闭环；空间上，遵循学生“学—思—践—悟—化”的成长规律，强调构建“课堂—校园—社会”的实践载体，建立“理实一体化”育人长效机制。同时，融合案例讨论法、PBL 教学法、小组讨论法、视频演示、情景演绎、教师示范、角色扮演、同伴互学等多种教学方法。

三是组织教学实施。首先，资源整合与设计。以“线上导学 + 线下巩固”方式，整合教学资源，链接教学内容。线上导学，引入学习强国、中国大学慕课、重庆在线精品课程等平台收集理论资料、观看教学展示。教师设置 2 个视频为任务点，以线下交流学习、完成观后感想、课堂展示汇报等方式检验课前学习效果。线下巩固，以线上导学为基础，结合教材内容，采用案例分析、小组讨论、情景再现等方法，将设置的问题循循善诱进行讲解，逐个突破并回应学生的理论关切点、现实聚焦点。其次，教学过程实施。课前开展交流分享，学生分享线上预习内容，教师点评并设问导入新课；教师设计问题导入，引出主题讲解，以现实为媒介感知联系历史，引导学生展开探究式学习，深刻理解教学问题，进一步梳理教学内容逻辑框架；教师讲授核心问题，通过小组研讨、代表分享、教师点评，结合学生线上所学，播放视频片段，运用启发式，引导学生深入探究教材核心理论，培养学生全面分析问题的能力；教师发起主题讨论，借助雨课堂、学习通等发布事先设置好的材料分析，让学生积极参与头脑风暴；创设教学情景，通过“情景再现、角色扮演”，渲染课堂魅力，让学生从感知历史中去展望未来，引导学生增强“四个自信”；教师带领学生回顾知识要点，深刻理解教学内容，提炼其时代价值，鼓舞学生认真学好思政课，传承红色基因，做民族复兴时代新人。最后，课后巩固提高。课后要求学生回顾整理学习内容，学生完善学习笔记与心得，在规定时间内完成在线专题测试，教师了解掌握学生学习情况，进而反思并改进教学策略；同时根据教学内容需要，组织开展实践教学，化知为行、巩固所学、强化践行。如以某主题制作 PPT 或录制视频，上传至雨课堂、学习通，通过学生互评、教师评分得出实践成绩。

（三）开展多元化评价，促进教学反馈推广

高校思政课混合式教学构建了多维度、全方位的教学体系，设置多元化过程性考核方式，既有线上的签到、学习、讨论、学习强国积分等考核，又有线下课堂互动、实践活动等考查，采用教师评价与学生互评相结合的方法，体现过程性与终结性考核，实现定性与定量评价；同时，通过督导听课、同行互评、学生评教等方式反馈教学效果，为教学改进提供依据。通过混合式教学改革，转变教学理念，结合教学内容和学生实际，教学设计凸显思想性、理论性、应用性、实效性，让理论知识点与学生关注点匹配教学契合点，充分挖掘对学生能力的培养、价值观的塑造有重要价值的育人元素，增强针对性、突出创新性。在问题导向视域下，设计环环相扣的问题链、把握“以学生为中心”体现学生主体性，重构学习空间、形成线上线下混合教学，以学生的“学习成果”为导向、体现教学实效性。具体教学实践注重重构教学内容，实现多维增效，实现以“高度、深度、广度、温度”奠基的“内容为王”的有效课堂，以理服人、以情动人，将思政课的“基本原理”变为“生动道理”。

一是体现混合式教学模式改革成效。基于问题链，围绕“理实一体化”育人模式，实现线上线下结合、评学评教结合、学思践悟结合。紧密结合高校大学生特点和学校专业建设实际，重构学习空间、评学评教结合，引导学生探究答案、自觉践行、内化精神，实现教师主导性和学生主体性的统一。尤其在教学内容方面，因时而进精心设计内容，形成专题化、问题链模块。在遵循教学内容基本框架、基本精神的基础上，融入最新的理论和案例、结合学生的专业背景、挖掘学生的专业思政元素等，创

新教学内容。同时，注重贯穿“一体化”建设理念，将高校思政课与中学阶段、大学阶段的相关课程有效衔接，注重内容的协调与统一。注重在“大思政课”视域下将学生生活、专业特色、红岩文化、时代要素四要素有机融入教学内容，同时紧密结合、贯通各教学要点，设计主题鲜明、内容新颖、各具特色的课内外实践活动，深度激活学生“用心悟”的主体作用，增强实践教学的鲜活性、吸引力、针对性、实效性。

二是推动混合式教学模式的应用。高校思政课通过混合式教学改革，构建问题链教学体系，设计“设问—思考—理论联系实际—回答—反馈—再思考”的六环节过程链，改变传统“灌输式”教学，适应学生个性化学习需求。实现线上平台和线下课堂有效衔接，通过课前线上读资源、观视频，让学生开展课前自学；通过课中教学问题聚焦、专题精讲，让学生巩固教学内容；通过课后描画思维导图、专题测验，让学生升华学习内容，开展实践教学。不断优化课堂教学、网络教学、实践教学“三位一体”教学体系，提升课程效能和教学质量，促进“教与学”“知与行”的辩证统一。

第三章

CHAPTER 03

PBL 教学法的高校思政课应用前景

习近平总书记在中国人民大学考察时强调："思政课的本质是讲道理，要注重方式方法，把道理讲深、讲透、讲活，老师要用心教，学生要用心悟，达到沟通心灵、启智润心、激扬斗志。[①]"作为落实立德树人根本任务的关键课程，思政课承担着引人以大道、启人以大智、育人以大德的历史重任，发挥着不可替代的重要作用。牢牢把握思政课"铸魂育人"主基调，努力实现"为党育人、为国育才"的目标，须因事而化、因时而进、因势而新推进思政课改革创新，要全方位把握思政课教学情况，以 PBL 教学法为依托，将其融入思政课教学的各个环节，坚持问题导向，引导学生发现问题、分析问题、解决问题，形成以学生为主体的思政课程教学新模式。

PBL 教学法最早起源于 20 世纪 50 年代的医学教育，是一种以建构主义理论和人本主义理论等为指导、以学生为中心的教学法，强调以问题为导向，通过引导学生从实际问题出发，自主探究和解决问题并从中获得知识和技能，旨在培养学生的批判性思维、自主学习、合作能力和解决实际问题的能力。提升高校思政课教学的针对性和实效性要坚持"主导性和主体性相统一"[②]，需要充分运用 PBL 教学法，积极探索其服务于思政课育人目标实现的教学路径。

---

① 习近平．坚持党的领导传承红色基因扎根中国大地 走出一条建设中国特色世界一流大学新路［N］．人民日报，2022－04－26（1）．

② 习近平．习近平谈治国理政：第 3 卷［M］．北京：外文出版社，2020：331．

第一节 PBL 教学法概述

一、PBL 教学法的概念与特点

（一）PBL 教学法的概念

PBL 教学法，全称为“problem - based learning”，由美国教授霍华德·巴罗斯（Howard S. Barrows）首次提出，是一种以问题为基础、学生为中心、教师为指导的一种新型教学模式，倡导在解决问题中学习、学习中解决问题，也是近年来国际上较流行的一种教学方式。PBL 教学法最早主要应用于医学院校中，后来因其利于培养学生解决实际问题的能力而被广泛重视和应用，逐渐从医学领域扩展到心理、教育、工程等多学科的教学中。与传统的教学方式不同，PBL 教学法强调学生主动式地自觉学习，而不是被动式地接受学习，在学生解决问题的过程中，教师不再充当传统的教学主体角色，而是由过去的“传授”给学生知识转变为“引导”学生获取知识；PBL 教学法主张问题是学习的起点和核心，将学习与任务或问题挂钩，应用 PBL 教学法教师要先明确分析并解决问题需要的相关知识以及解决问题后所能实现的目标，根据问题难易程度实施教学活动，把学生置身于教师创设的问题情境中，学生需要通过小组合作的方式进行自主探究共同解决复杂的或实际的问题获取隐藏于问题背后的知识，以促进他们解决问题能力、自主学习能力和终身学习能力的发展与提升。

（二）PBL 教学法的特点

一是强调以学生为中心。PBL 教学法强调以学生为中心，学生在学习过程中是问题的解决者，是学习的主体，区别于传统的教学模式，学生对于知识的获取不再是简单依靠教师传授，而主要是依靠自己，从问题的发现、探究到最终解决都是由学生自己完成，通过查询资料、参与小组讨论以及自我反思积极主动地建构知识以形成合理的知识框架达到学习效果。在这个过程中，课堂的自主权归于学生，PBL 教学法则充分发挥了学生的主体地位，充分调动学生学习的主动性和积极性让学生能够带着对问题的好奇和疑惑独立思考、自主探究，对教师的依赖性则大大减小，从而培养学生的自学能力和善于思考的能力。除了强调学生的主体性外，PBL 教学法也很注重团队分工和协调合作，学生也会通过小组合作讨论的方式寻求问题的解决，这种方式加强了学生与学生、学生与教师之间的沟通交流，学生也不再是传统教学中只重视和教师交流的个体，而是明白知识的习得仅靠自己和教师是远远不够的，想要获得全面而丰富的知识需要与他人协作学习，共同分析问题、交流经验，形成一个学习共同体。此外，强调学生的主体地位并不是忽视教师的主导作用，而是对教师的主导作用提出了更高的要求，教师在教学过程中就不再是单纯的知识传授者、唯一的知识库，而是知识建构的促进者，教师在给学生确定好要解决的问题后，应跳出“学习”的这个小圈子，发挥“宏观调控”作用，把课堂放手还给学生，在适当时机对学生在学习过程中的各个环节进行引导、支持和把握，进而帮助学生实现主动建构知识的目的。

二是问题基于真实情境。情境，即在一定时间内各种情况的相对的或结合的境况。情境教学指的是教师在教学过程中有目的性地引入或者创设出具体的场景或氛围，其目的在于能更加有效地帮助学生更好地理解所学知识，身临其境去感受所学内容，从而提高学生掌握相关课堂知识以及提高学生相应技能的一种教学方式。PBL 教学法是基于真实情境的问题的解决过程，教师在教学中，通过创设一种接近或吻合解决现实世界存在的问题的情境，激发学生的学习积极性和主动性，取代以往教学过程中传统灌输式的、消极被动接受知识的方式，让学生充分发挥自主性，在解决实际问题的过程中能够逐步提升分析问题、解决问题进而获取知识的能力。创设情境、提出问题看似简单，实则对于教师而言是一件极具挑战的任务。教师在 PBL 教学中所设置的问题必须接近真实情境或者现实世界，而因课堂时间和空间的限制有时是难以实现的，加上传统教育模式中存在课程脱离社会实际的弊端，就可能导致所创设的问题情境要么过于简单和抽象，无法激起学生的求知欲望；要么问题难度过大使得学生产生厌学情绪，这就使得问题失去了原本的意义，因为 PBL 教学要求精心设计情境问题。此外，在 PBL 中学习是基于散乱的复杂的问题的，这些问题必须对学习者具有一定的挑战性，能够有效培养学生解决问题的能力和创新能力，因此，教师应根据教学内容合理设计出适合学生自主学习研究的情境问题体系，这也是 PBL 教学的关键环节之一，同时情境问题的设计既要符合教学内容，又要贴近社会实际，才能够激发学生的探究兴趣，起到“引导学生以个人或团队形式持续、真实地在各种复杂多样的真实情境和开放任务中不断实践、讨论、质疑和反思①”的作用。

三是学科知识的综合性。学科知识的综合性是 PBL 教学法的一个典型特征。正如前面所言，PBL 教学中复杂但真实的驱动性问题来源于现实生活，就说明了问题往往是多学科交叉融合的。尽管问题是教师围绕某一学科或者某一知识点进行设计的，但是学生无法单纯地依靠单一的知识进行问题的解决，需要学生通过整合运用多学科的知识与方法进行分析以达到解决问题的目的，这就是 PBL 教学法的“跨学科”性。PBL 教学法的“跨学科”性充分利用了问题的综合性，利用复杂困难的问题，让多个学科能够参与其中，一方面，PBL 教学模式能够全面考查学生的综合能力，培养学生利用多学科知识来解决实际问题的技能，锻炼学生的创新思维能力和综合实践能力；另一方面，有利于改变以往传统教学中知识面狭窄、人为割裂各学科知识以及不利于学生综合解决实际问题的状况，加深学科知识之间的融合运用，构建更加完整的知识体系进而提高课堂教学的实效性。

四是注重过程的探究性。问题的解决过程实际上就是学生学习探究的过程。PBL 教学法是以问题为导向的教学方法，问题既是 PBL 的核心，也是学习的起点，贯穿于教学的整个过程。恰当的问题情境能够有效激发学生的探究兴趣和热情，使学生情绪始终处于高涨状态，伴随着脑海中疑问的增强进而推动他们产生积极探究问题的欲望，进行深层次的分析和思考直至问题的解决。学生在这个过程中就像是一个发现者、探索者，需要围绕真实而有意义的驱动性问题展开一系列探究活动，不断地发现问题、不断解决问题，不断地去尝试不同的思路与方法探索最佳的解决方案。可见，PBL 教学法十分重视对问题的探究过程，引导学生主动参与探究过程，

---

① 唐敏．创设真实情境 促进深度学习：以“集体生活邀请我”教学设计为例［J］．中学政治教学参考，2021（14）：28－30．

一方面，能够有利于发挥 PBL 教学模式的最大优势把学生的被动学习变为主动学习，使学生能在问题探索解决的过程中不断提升自主学习的能力；另一方面，注重问题的探究使得课堂教学有“理”，进而实现教学目标由“传授知识、培养能力”到提升“改变思维、启迪智慧、点化生命”核心素养高度的有效转变。

二、PBL 教学法的理论基础

（一）马克思主义认识论

马克思主义认识论即辩证唯物主义认识论，是辩证唯物主义的重要组成部分，是关于认识的本质、来源、发展过程及其规律的科学理论。马克思主义认识论认为实践是认识的基础，实践对认识具有决定作用，人的认识只能在实践的基础上产生。同时，认识来源于实践，又反过来指导实践并服务于实践。PBL 教学法无不体现着马克思主义认识论，其创立的初衷是为了解决医学生理论知识与实践相脱离的问题，因而提出教学要以真实的临床病例为背景，通过引入真实的问题情境，使学生在自主学习、合作学习和探究问题的过程中完成对知识的自主建构，最终获得新的知识和技能，从而实现学生学习的目的和提升学生认识事物的能力。

（二）建构主义学习理论

建构主义（constructivism）是 20 世纪 80 年代兴起一种新的学习观，最早由著名心理学家皮亚杰提出，学术界一般认为他是建构主义教育理论的奠基者，把建构主义理论带入了教育学领域。建构主义学习理论认为：“学习过程不是学习者被动地接受知识，而是积极地建构知识的过程。知识不是通过教师传授得到，而是学习者在一定的情境即社会文化背景下，借助其他人的帮助，利用必要的学习资料，通过意义建构的方式而获得。[①]”这一理论揭示了认识活动的本质，强调学习者是信息加工的主体、

---

① 魏东海，吴他凡，马宁芳，等．网络式 PBL 教学模式（W－PBL）在医学教育中的应用［J］．高教探索，2014（4）：75－78．

知识意义的主动建构者，在学习活动中需要确立其主体地位，具备适合其认知发展的学习环境。PBL 教学法因其强调学生的自主参与和重视激发学生思考，也就符合建构主义理论所强调的基本观点。在 PBL 教学的过程中，学生知识的习得不是靠教师的讲解，而是通过学生自己对知识的主动探索、主动发现和对所学知识意义的主动建构而形成的。同时，PBL 教学以问题为导向，通过创设问题情境激发学生的学习兴趣和强烈的求知欲，调动学习热情，这就为学生独立思考、建构知识奠定了初步基础，学生则在解决问题的过程中实现知识的建构，达到促进学生自主学习的目的。

（三）发现学习理论

发现学习理论是由美国著名心理学家、教育学家布鲁纳研究并提出，指的是学习的主要内容未直接呈现给学习者，只呈现了有关线索或例证。学习者必须经历一个发现的过程，自己得出结论或找到问题的答案，其基本流程是“创设情景、提出假设、检验假设、总结运用”。发现学习理论强调学生学习的主动性，学生不是消极、被动的知识接受者，而是积极、主动的知识探究者；同时，强调教师在教学中的协助作用。布鲁纳提出，帮助学生自己获得知识、认知的提高是教学的目标，他认为，教育工作者的任务是要把知识转换成一种适应正在发展着的学生的形式。PBL 教学法的理念与发现学习理论的基本观点存在很强的契合性，一方面，从 PBL 教学实践流程来看，与发现学习理论基本一致；另一方面，教师在实施 PBL 教学的过程中是以引导者、组织者的角色出现，通过创设真实的问题情境，让学生利用原有的知识和搜集的资料在自主探究与合作学习中寻找解决问题的方法。相比传统教学方式，PBL 教学法是一种教会学生学会学习的教学方式，更为重要的是利于学生综合能力的培养和提升，这样看来，PBL 教学法是对发现学习理论的具体运用。

（四）情境学习理论

情境学习理论是由美国加利福尼亚大学伯克利分校的让·莱夫（Jean Lave）教授和独立研究者爱丁纳·温格（Etienne Wenger）于 1990 年前后提出的一种学习理论。这一理论认为，知识不能孤立于情境脉络之外，而是存在社会情境、文化脉络中，所以教学者应尽量提供一个真实的情境，以利学习者进行学习。简单理解，情境学习指的是在要学习的知识、技能的应用情境中进行学习的方式，即你要学习的东西将实际应用在什么情境中，那么你就应该在什么样的情境中学习这些东西。情境学习理论强调的是在知识实际应用的真实情境中呈现知识，把学与用结合起来；同时，通过社会性互动和协作来进行学习。PBL 教学法主张把学生置于复杂的、有意义的真实问题情境中进行学习，并通过小组合作的形式共同解决问题，从这一点看，情境学习理论为 PBL 教学法提供了重要的理论基础，与 PBL 教学法的理念是一致的，作为以问题为导向的教学方式，其实现也需要依托情境学习理论的指导，通过情境认知、情境交互、情境体验等多种方式，使学生更好地理解、掌握和运用知识。

三、PBL 教学法的构成要素

PBL 教学的三大基本构成要素是问题、学生和教师。其中问题是 PBL 教学法的核心，PBL 教学的实施过程就是问题解决的过程，所有的学习活动都是围绕问题展开的。一个好的问题是成功实施 PBL 教学法的第一步，既能够提供给学生一个广阔的多向度的探索空间，激发学生学习的内在动力和兴趣，也能够引领学生对问题进行自主思考，为学生的探究性学习指明方向。问题作为学生学习的动力、起点和贯穿学习活动的主线，所设计的问题应该是一种劣构性的问题，换言之，问题的答案不是单一、固定的，这样的问题设置才有意义，学生也才能充分发挥其主体作用。同时，问题的设置还需要有吸引力和针对性，符合教学目的和内容，能够让学生产生浓厚的学习兴趣，提高学习的积极性和主动性。再则，区别于传统的教学方法，学生在 PBL 教学法中是整个教学活动的主体，承担着学习的主要责任，知识的获得不再主要靠教师讲授，而是通过主动学习、探索与实践，在解决问题的过程中掌握知识和技能。PBL 教学法强调教学目标的实现，是为了解决问题，问题的解决依靠的是学生的自主探究性学习。学生需要在教师的引导下，针对教师所创设的问题情境，对问题独立探究或是以小组形式进行合作探讨，充分发挥主观能动性，运用头脑风暴的方式集思广益、汇聚各种想法和观点，找到解决问题的方法。因此，实施 PBL 这一教学法关键在于学生需要改变学习观念，积极主动地参与到问题的讨论中直至问题的解决，以实现知识的建构从而生成属于自己的学习成果。可以说，学生实现了真正意义上的学习，既获得了搜集资料的能力与方法，也在与小组合作探究问题的过程中提高了他们解决问题的能力。最后，PBL 教学的实施也离不开教师这一重要因素。与传统的教师讲授式为主的教学方式不一样，教师日常的教学任务不再局限于单纯地把知识传授给学生，而是转变为 PBL 教学过程的组织者、学习的引导者、促进者和帮助者。教师的任务是通过创设问题情境、提出问题、组织讨论、观察讨论活动、给予评价等充分调动学生的学习主动性和积极性，使其能够全身心地投入学习中，同时不断地鼓励学生学习、激发学生思考，并对学生讨论过程中遇到的问题给予适当的提示，引导学生朝着正确方向思考。此外，教师针对学生问题讨论的结果需要进行评价并给予一定的反馈、评估，以便学生根据自身表现进行反思促使其更好地完成下一次学习，教师也可以更加全面地了解 PBL 教学情况，找出教学中存在的问题和不足之处并及时提出改进措施和方法，以促使之后教学的顺利开展。

第二节 PBL 教学法在高校思政课中的现状分析

一、PBL 教学法在高校思政课程中的应用现状

近年来，国家围绕高校思政课教学改革出台了《关于深化新时代学校思想政治理论课改革创新的若干意见》《新时代学校思想政治理论课改革创新实施方案》《全面推进“大思政课”建设的工作方案》等一系列政策文件，提出要“坚持守正和创新相统一，落实新时代思政课改革创新要求，不断增强思政课的思想性、理论性和亲和力、针对性”① “完善课程教

① 中共中央办公厅 国务院办公厅印发《关于深化新时代学校思想政治理论课改革创新的若干意见》[EB/OL]. 中华人民共和国中央人民政府网，2019-08-14.

材建设机制，优化教材内容，创新教学方法，推动思政课在改进中加强、在创新中提高”① “善于采用多样化的教学方法，注重发挥学生主体性作用，积极运用小组研学、情境展示、课题研讨、课堂辩论等方式组织课堂实践”②，多措并举创新思政课教学改革。现阶段，高校思政课教学改革成效凸显，呈现出教学模式多样化、教学立体化、教学风格个性化、教学力量多元化等诸多特点，尤其是“互联网＋教育”的深度融合发展更是引人瞩目，这些教学改革不仅极大调动了学生的学习积极性，而且对提高思政课教学实效性有着重要作用。PBL 教学法作为提倡以问题为依托开展教学的教学方法，是积极响应深化教育改革的有力举措，尤其是当下随着时代的发展，社会日趋强大的“包容性”和价值观念的多元化改变了我国原有的思想政治教育生态格局，对高校思政教育带来了更高的挑战，PBL 教学模式的优势更为突出。PBL 教学法最早应用于医学教育领域，而如今其应用范围逐渐扩大，被广泛运用于其他各个学科的教学实践中。比如，旅游管理专业运用 PBL 教学法为学生授课以培养旅游业的高层次研究人才③；食品专业英语教学运用 PBL 教学法有助于提高学生的学习热情与解决实际问题的能力④等。

越来越多的高校思政课也开始探索并将 PBL 教学法具体应用在教学中，以促进教学改革、提升教学质量，面对高校思政课普遍存在一些共性问题如教学仍以“灌输式”“填鸭式”教学为主，创新力度还不够；师生之间缺乏有效沟通互动，教学效果欠佳等，借助 PBL 教学法将其应用到高校思政课教学中能够以学生为主体满足其内在需求、以问题为导向支撑课程体系、以小组为依托进行合作学习。因此，两者的有机结合可以充分提升高校思政课的教学质量。具体来看，主要有以下几点：一是能够进一步

---

① 中共中央宣传部 教育部印发《新时代学校思想政治理论课改革创新实施方案》的通知［EB/OL］. 中华人民共和国教育部，2020－12－22.

② 教育部等十部门关于印发《全面推进“大思政课”建设的工作方案》的通知［EB/OL］. 中华人民共和国教育部，2020－08－10.

③ 余志远，冯宏杰，闫铭. PBL 教学法在旅游管理专业研究生教学中的应用探索［J］. 高教学刊，2022，8（3）：115－117，121.

④ 韩雅轩. 基于 PBL 下的食品专业英语教学研究：评《食品专业英语》［J］. 食品工业，2020，41（4）：358.

提升教师的教学理念，引导教师根据特定知识内容以及教学目标、学生实际创设问题情境，发挥问题的导向作用；二是能够有力充实传统的教学过程，教师通过问题积极引导学生进行自主学习，并以小组合作的方式探究问题的解决方法，有效提高学生分析问题和解决问题的能力；三是能够实现教师和学生评价的多元化，改变以往传统的单一评价方式，使评价充分体现教师真实教学水平和学生实际综合能力。基于此，部分高校教师对高校思政课如何运用 PBL 教学法进行了教学模式的建构，细化了 PBL 教学法的实施路径，包括问题的提出、知识的运用等多方面，如长春中医药大学基于 PBL 教学法的基本理念，积极探索 PBL 教学法在大学生思想政治理论课教学中的有效形式和载体，并以《毛泽东思想和中国特色社会主义理论体系概论》这门课程中的“社会主义初级阶段理论”的教学为例进行了具体阐述。总的来看，PBL 教学法在高校思政课中得到了初步运用且取得了一定的教学效果，其应用丰富了思政课教学过程中的教学模式，生动了课堂，吸引了学生，也充实了课程内容。

二、PBL 教学法在高校思政课程中存在的问题

目前来看，PBL 教学法尽管在高校思政课中的运用已经取得一定的成效，但仍处于起步探索阶段，还存在一些“瓶颈”和“短板”问题亟须突破解决，主要包括以下几个方面的问题。

（一）教师层面

一是对 PBL 教学法认识不全面。PBL 教学法是以问题为中心的教学方法，问题的设计在 PBL 教学中起着至关重要的作用，直接关系到教学能否顺利、有效地开展，所以在课程教学中运用 PBL 教学法首先必须清楚“问题”是什么，如果连这一点都存在认识上的偏差，也就难以发挥 PBL 教学法的作用，也不利于保障课程教学的效果。近年来，部分高校开始在思政课教学中尝试运用 PBL 教学法，在提高学生课堂积极性方面的确取得了较好的效果，但由于一些教师对 PBL 教学法认识不全面，没有准确理解 PBL 教学法的核心理念，简单地将 PBL 教学法等同于问题教学法，把以提问作

为引子进行的授课设计也当作 PBL 教学，而忽略了 PBL 教学法注重学生的主体地位以及问题探究的过程的特点，最终影响教师的教学效果和质量，导致教学效果有较大差异。此外，部分教师并未充分认识 PBL 教学法的重要性，只是单纯地将其作为教学改革的噱头，实际运用中也只是仅停留在表面，教师仍然以传统教学方式为主，这就难免会使教学创新流于形式，无法有效发挥 PBL 教学法的作用和优势。

二是教师综合能力有待提升。PBL 教学法对教师的要求极高，要求教师必须有较强的教学技能和课堂组织驾驭能力，能够熟练地掌握本学科及相关学科的知识，还要有灵活运用知识分析问题、解决问题的能力。此外，教师在教学过程中从单一的知识传授者、灌输者转变成学生交流过程的指导者与参与者，这就要求教师在学生进行讨论时能主动调节课堂气氛，给学生以恰当的引导和点拨，从而达到学生自主学习的目的。但是实际运用 PBL 教学法时，多数教师的能力还有很大提升空间，比如课堂引导的能力，教师在“适度”引导方面难免会受传统教学方式的影响，教学中出现对问题的过多赘述和担忧学生思维偏离正轨等现象，“过度引导”学生，导致学生参与学习的思维程度明显不够，学生能力得不到有效的锻炼；角色转变的能力，PBL 教学法要求教师在教学中扮演各种角色、实现多角色的转变，但教师在角色转变过程中存在角色作用发挥不到位、角色出现行为越界等问题，这些问题将会直接影响 PBL 教学法的实施效果，同时也偏离了 PBL 教学法的初衷。

三是教学师资力量较为薄弱。PBL 教学法除了对教师综合能力要求较高外，同时实施这一教学方法还需要具备足够的师资力量。PBL 教学法要求教师在进行某个问题讨论之前对学生进行分组，且每组都要有一位带教老师，教师则需要对学生的讨论进行适时引导，帮助学生在解决问题的过程中获得和更新知识。但是从目前的实际情况来看，一方面，师资力量不足是高校思政课教学所面临的普遍问题。教师在实施 PBL 教学的过程中往往面对的是若干个小组，对于绝大多数教师而言，很难独自一人去完成对每个小组的指导工作，这就导致教师难以切实有效参与到学生的讨论活动中，无法及时掌握学生的学习动态。另一方面，缺乏能够善于将 PBL 教学法运用到课程教学中的专门人才。PBL 教学法在医学教育领域得到了广泛运用，近年来才开始逐渐应用于思政课教学，因起步相对较晚，加之思政课教师对 PBL 教学法的认识还有待加强，缺乏这方面的经验，导致在实际的运用过程中 PBL 教学法的效果大打折扣。可见，充足的师资力量是 PBL 教学法得以有效实施的保障。

（二）学生层面

PBL 教学法强调学生的主体地位，以学生的主动学习为主，PBL 教学法的有效实施离不开学生的主动配合，包括讨论前的分组、讨论中的交流、讨论后的总结，整个过程需要学生自主探索来解决问题，或在小组成员、教师的帮助下通过合作解决问题，最终获取知识。这样的学习方式对于提升学生学习主动性、培养学生分析以及解决问题的综合能力等方面的确有着积极意义，但是对学生的要求也普遍较高，学生的知识储备、个性特点、学习参与度以及自主学习能力等都会影响 PBL 教学的开展。目前来看，学生的能力与开展 PBL 教学所要求的知识与能力还存在一定差距，一方面，受传统“教师教、学生学”教育观念的影响，部分学生习惯了传统课堂的“被动接受”式学习，而对于需要在课外付出一定时间和精力的“主动探索”式学习不太适应且存在畏难情绪，从而导致学生在 PBL 教学过程中出现接受能力不足的情况，降低了学生对这种教学方法的认可程度。加之 PBL 教学本身需要消耗大量的时间成本，学生需要花费大量的时间和精力在前期准备工作上，大大多于普通的课堂学习，就我国目前的教育体制而言，学生的课业负担仍然很重，占用学生大量的课余时间久而久之会使学生产生抵触心理甚至排斥心理，进而出现与教育目标相悖的情绪和行为倾向，影响预期教学效果和目标的达成。另一方面，PBL 教学法要求学生分组开展研究性学习，但是小组之间的能力往往参差不齐，成员的参与度也不均衡，部分学生在探讨问题的解决过程中也暴露出了一些问题，比如缺乏团队合作精神、合作技巧有待提高等，这些问题会直接影响小组讨论质量的高低。另外，也有学生存在学习中的“搭便车”行为，依赖小组其他成员付出的努力，而自己并没有积极参与到问题的讨论中，导致原本需要小组共同承担完成的任务却变成其他小组成员的任务甚至是组长一个人的“独角戏”，这就违背了 PBL 教学法的原则，还会在一定程度上阻碍学生能力的提升，难以有效实现教学目标。

（三）学校层面

近年来，各地高校思政课在教学改革创新上下了很大功夫，尤其是在教学方法上大多在寻求改变机械教学的教学方式，积极探索新时代教育教学方法，而其中 PBL 教学作为一种被国际上广泛运用的教学方法，因其独特优势也被应用于思政课教学，但从目前 PBL 教学法在部分高校的实际运用情况来看，其作用和优势未能得到充分发挥。究其原因，除了上述提到教师、学生方面存在的问题外，还要从学校层面分析现阶段 PBL 教学法运用于思政课的实际困境。具体来看包括以下几点：一是学校对 PBL 教学法的重视程度和推广力度不够。尽管 PBL 教学法越来越受到关注和认可，但实际情况是其多集中应用于医学教育，少量应用在工科类和理科类课程教学，而在文科类课程特别是思政课程，因其学科特殊性，实施 PBL 教学法的难度较高，其相关应用和具体做法并不多见，学校缺少可供参考借鉴的典型案例，如此就使得学校对此方法的重视程度有所下降，推广及应用力度不够。换言之，部分管理者没有意识到 PBL 教学法对思政课教学及人才培养的意义，认为这一方法并不适合思政课教学或是存在一定畏难情绪。二是学校对 PBL 教学法的政策支持不够完善，缺乏一些确实可行的推广政策来激发思政课教师的积极性。比如学校只是单纯要求教师进行教学改革却没有从财力、物力等方面进行激励，造成的结果就是教师普遍对开展 PBL 教学的积极性不高；培训机制不完善，忽略了教师 PBL 教学能力的培养，导致其不能有效运用 PBL 教学法而开展教学活动等。三是学校给予的配套支持较少。学校支持与否、支持的力度如何是影响 PBL 教学的关键因素。然而现实是学校管理者虽鼓励教师运用 PBL 教学法，但给予的配套支持较少，实施 PBL 教学要有充足的教学资源如前期经费投入、教学场地和硬件设备的准备、丰富的图书资源和网络资源等，因前期投入成本高，所以很多高校都面临着教学资源有限、PBL 教学辅助资料库建设力度不够等方面的现实困境，这也就会导致教师运用 PBL 教学法会遇到诸多障碍，进而影响 PBL 教学的实施过程、教学效果以及目标的最终达成。

第三节 PBL 教学法在高校思政课中的应用模式

一、PBL 教学法在高校思政课中应用的可行性分析

PBL 教学法是基于问题和项目的学习，学生在教师的指导下围绕问题进行探究，与传统的以学科知识为基础、以课堂讲授为主的学习相对。这种教学方法打破了学生以往学习中所产生的依赖惯性，由被动地接受教育转变为主动地探索学习。学生在寻求解决问题路径和方法的过程中，其思想认知、心理状态都在不断发生变化，由最初的陌生、排斥、找不到头绪到逐渐打开思路、拓展思维。通过小组合作的方式发现并独立解决问题，不仅能够调动学习积极性、发展学生在解决问题过程中的创造力，还能够增进学生的彼此了解，体会到小组合作学习的价值与成就。因此，PBL 教学法与传统的教学方法相比有其明显优势，为高校思政课的改革创新提供了新思路，探讨 PBL 教学法运用到高校思政课的可行性，有利于推进思政课教学改革，提升思政课的教学实效。

（一）教学理念改革的可行性

课程改革需要依托正确的教育理念，教育理念决定着教育行为，教师首先要实现教学理念的改变才能实现教学行为和教学技能的转变。传统的思政课往往是以教师讲授为主，学生被动地听取知识，这在过去知识匮乏、信息渠道单一的时代，有其合理性的一面，能够实现快速高效的知识传授和信息传播。然而，在如今这个信息化高度发展的时代，这种教学模式显然难以满足学生的学习需求，因为单就知识与信息层面，大学生通过互联网能够随时随地获取自己所需知识，也可以通过微博、微信、知乎等新媒体技术平台和他人进行研究和交流。以往学生获取知识的单一途径被打破，教师不再是学生的中心信息源，教师对知识的垄断局面不复存在。学生知道得越来越多，越来越新，甚至有些是老师不知道的，这种“文化反哺”冲击着教师的思想价值观念，给教师的主导力和权威性带来了挑

战。加之新时代的大学生富有个性，好奇心强，乐于接受新事物，个性独立，不喜欢被动接受知识或观念的灌输，因此单一的讲授式教学已经不再适应现在思政课课堂教学的需求，要让学生真正融入思政课课堂，提高思政课“抬头率”“点头率”，就必须转变教学理念，将“课堂教师教授、学生被动学习”为主要形式的传统教学理念，转变为积极开发学生主动性的 PBL 教学理念。可见，PBL 教学法彻底改变了传统意义上“教”与“学”，树立“以学生为中心、以解决问题为导向”的教学理念，运用这一教学方法，能够有效促进“以教为主”的教师主导理念的转变以及以“学生的学”为主的教育理念改革，改变思政课教师“一言堂”的控制，开拓师生共享学习的新模式。

（二）教学方法改革的可行性

教学方法的运用和选择将会直接影响课堂教学效果。随着信息技术发展，单纯依靠传统的教学方法已经难以满足学生发展需求。因此，教师要主动创新教学方法，融合信息技术，实现教学方法多元化，为推进高校思政课教学改革和创新提供有利条件。PBL 教学法倡导以问题为导向，教师创设教学情境，引导学生进行自主学习和小组合作探究的方式进行教学，这种教学方法改变了传统教学中重教师、轻学生的做法，既强调教师在课堂教学中所起到的组织和引导作用，更是强调学生的主体作用，学生获取知识的途径在于自主学习和小组合作探究。与传统的思政课教学方法相比，PBL 教学法的优势更为明显，不仅可以构建学生为主体的教学体系，使学生在解决问题的过程中获得知识与技能，提升学生分析问题和解决问题的能力，还能引导学生在学习中主动提出问题，积极思考，有效促进学生思维的发展，进而培育学生的创新精神和质疑能力，为促进学生综合素质的发展提供良好的条件支持，这与思政课教学的目标与旨归是一致的。再者，思政课作为立德树人的关键课程，既要求教师要充分了解学生需求，更要解决学生问题，帮助学生在问题解决中实现教学目标的达成。习近平总书记也多次强调思想政治工作要坚持问题导向，注重解疑释惑。2019 年 3 月 18 日，习近平总书记在学校思想政治理论课教师座谈会上的重要讲话中指出：“要坚持灌输性和启发性相统一，注重启发性教育，引导学生发现问题、分析问题、思考问题，在不断启发中让学生水到渠成得出结论。[①]”在思政课中坚持问题导向，注重解疑释惑，一个有效的方式就是采用 PBL 教学法。PBL 教学法中至关重要的部分就是教学问题的设计，即如何向学生提出问题，是激发学生学习兴趣的关键。为此，思政课教学可以利用 PBL 教学法，充分发挥其优势，通过导入课程相关问题，激活学生学习欲望，提高学生学习热情，引导学生对问题进行主动探究与解决，进而完成知识的建构。

（三）教学主客体改革可行性

习近平总书记在学校思想政治理论课教师座谈会上指出，推动思想政治理论课改革创新，要不断增强思政课的思想性、理论性和亲和力、针对性，并提出“八个统一”，其中，明确指出“要坚持主导性和主体性相统一，思政课教学离不开教师的主导，同时要加大对学生的认知规律和接受特点的研究，发挥学生主体性作用”。[②] 可见，高校思想政治理论课教学改革需要在实践中既充分发挥教师的主导性作用，又要重视并激发学生的主体性、积极性、主动性，努力使教学方式和方法实现由单向传递灌输到多维互动的教学模式的转变，提高思想政治理论课教学的针对性和实效性。PBL 教学法强调学生的主体地位，以学生的主动学习为主，而不是传统教学中的教师讲授为主，教师在 PBL 教学中的地位和作用也发生了较大变化，从知识的传授者转变为学生发展的促进者，知识的输出者转变为学生自主学习的引导者，主要负责提供学习资源，设置问题情境，引导学生通过多种方式如小组讨论、查阅资料等探究解决问题的方法，促进学生完成自主学习。这一过程中，教师运用 PBL 教学法为学生营造了一个开放、灵活、轻松的学习氛围，使其能积极主动地参与学习，并在合作学习中从同伴和教师那里获得更广泛的信息，最大限度地激发学生的思维活动，加深学生对知识的理解并促进知识的转化，有利于培养学生的求知欲和探究欲。为此，这就要求思政课教师在教学中要尊重学生主体地位，凸显学生在学习中的主体地位，同时通过教育主客体关系重构来有效优化高校思想

---

①② 习近平．思政课是落实立德树人根本任务的关键课程［J］．求是，2020（17）：4－16．

政治理论课教学，充分利用 PBL 教学法优化高校思想政治理论课教学。

（四）教学评价改革的可行性

教学评价是教育评价的重要组成部分，也是教学改革的重要命题。2020 年 10 月 13 日，中共中央 国务院印发的《深化新时代教育评价改革总体方案》强调“扭转不科学的教育评价导向，坚决克服唯分数、唯升学、唯文凭、唯论文、唯帽子的顽瘴痼疾”①。思政课教学评价，既是思政课教育教学的重要环节，也是提高思政课育人实效和教学效果的重要组成部分。而传统的思政课教学评价活动往往应试、表面、机械，缺乏对学生综合素养与理论思维能力的考察，因此，思政课教学评价改革迫在眉睫。PBL 教学法在教学实施过程中一般按照提出问题、解决问题和反馈总结的思路分为若干个步骤，包括建立小组、教师精心设计问题、小组任务落实、小组研究成果的交流和反馈、教学评价与反思。教学评价与反思是 PBL 教学过程中的最后一个环节，也是必不可少的重要环节，其评价是一种建立在学生学习目标完成程度上的评判，作用在于能够为教师和学生提供学习过程和最终结果的直接反馈，一方面，教师能清楚地了解课程实际教学情况，为进一步完善和运用 PBL 教学法提供依据；另一方面，小组成员通过评价和反思也可以从中认识自己的优势和劣势，找准自身不足，不断地改进自己、提升自己。PBL 教学法所评价的包括学生是否完整地获取知识，自学的能力和解决问题的思路、方法以及小组合作精神；评价体系始终对教学过程中学生的学习行为加以引导和适当干预；评价是长期进行的，且评价方式是多样而全面的。可见，PBL 教学法的评价是多维度的，包括学生的学习成果、学生的学习过程、教师的教学效果和教学资源的利用情况等方面，同时采取诊断性评价、形成性评价、总结性评价贯穿教学始终，注重组内评价、组间评价、教师评价的有机结合，进而形成一个开放性的综合评价体系，这与当前思政课教学评价多元化的要求是相契合的，只有通过全面、科学的评价，才能更好地了解教学效果，从而不断改

① 中共中央 国务院印发《深化新时代教育评价改革总体方案》［EB/OL］. 中华人民共和国教育部网，2020－10－13.

进教学方法和内容、提高教学质量。概言之，PBL 教学法在高校思政课教学中的运用与实施有利于课程教学评价体系的进一步完善和优化，以期构建 PBL 教学多元评价机制。

二、PBL 教学法在高校思政课中的应用模式的构建

思想政治理论课是高校大学生的必修课程，承担着立德树人的根本任务。该课程因其理论性较强，涉及知识面广，内容涵盖了政治知识、政治历史、国家制度、理论基础和政治教育等，普遍存在教师难教、学生难学、教学质量不高等现象，而这势必会影响思政课教学效果进而影响人才培养的质量。现阶段，切实提高思政课教学实效性、更好地发挥思政课的育人主渠道作用已成为高校思政工作面临的一项重要任务，提升思政课教学实效性需要从多方面加以考虑，如更新教学理念、转变教学模式、优化教学手段、创新教学方法、改革考核方式等，其中教学方法的创新是提高教学质量非常重要的一部分。PBL 教学法作为一种以问题为导向的教学方法目前已经在不同学科的教学过程中被采用且取得了良好的效果，思政课也可以尝试将这一方法融入教学过程，以问题为载体，既能增强思政课的吸引力，又能提高思政课的说服力，提升思政课的实效性。这里就 PBL 教学法在高校思政课中的应用模式构建进行探讨，遵循 PBL 教学法“提出问题、解决问题和反馈总结”的思路，实施以下教学环节：提出并确定问题；组建研究性小组；开展小组讨论；展示交流成果；总结与评价反思。

（一）提出并确定问题

党的十八大以来，习近平总书记发表了一系列关于思政课建设的系列重要论述，这些重要论述中有一极为重要的方面，即思想政治理论课教学要坚持问题导向、增强问题意识。他强调：“学生的疑惑就是思政课要讲清楚的重点”；要“坚持问题导向和目标导向相结合，坚持守正和创新相统一，推动思政课建设内涵式发展[①]”，可见，强化问题导向是新的时代条

---

① 习近平．思政课是落实立德树人根本任务的关键课程［J］．求是，2020（17）：4－16.

件下高校“思政课”改革创新、笃实锐进的必然要求，PBL 教学法的实施则能够满足这一要求。

问题是 PBL 教学法的核心，也是 PBL 教学实施的起点。PBL 教学中问题设计是否合理，将会直接决定学生能否有效获得知识的构建，这就要求思政课教师必须精心设计问题，既要符合教学内容，又要符合学生实际，才能激发学生的探究兴趣，保证这一教学方法效用的最大化。具体来看，教师首先要在教材中提炼问题。目前，高校思政课教材统一使用高等教育出版社所出版的“马工程”统编教材，统编教材为思政课教学提供了基本遵循，必须严格遵守。但因各高校实际情况有所不同，教师在具体教学实践中应根据本校学生的具体情况和个性化要求努力将教材体系转化为教学体系。教材体系是相对抽象概括的理论体系，而学生往往关注的是理论背后所蕴含的问题，所以在这个过程中，关键在于将理论转化为问题，将理论体系转化为问题体系。如何实现这一转化，这里以《中国近现代史纲要》（以下简称《纲要》）为例予以说明。

首先，目前《纲要》教材为 2023 版本，共有十章内容。因章节内容繁多，教师在教学中不必做到面面俱到，而应深耕教学内容并结合其中的重点难点问题挖掘学生容易产生误解、困惑、质疑的地方，将其整合、提炼为核心问题进行讲授，这样既可以跳出“眉毛胡子一把抓”的泥潭，也可以解决课时不够的问题。提炼问题必须遵循一定的要求和原则，一方面要仔细阅读教材内容，分析内容，进而厘清掌握知识框架；另一方面要分清内容主次，明晰重点，做到有所取舍，重其所重，轻其所轻。基于此，课程各章节均可以提炼出一个核心问题。如：“第四章——中国共产党成立和中国革命新局面”所提炼的核心问题为“为什么说中国共产党的成立是开天辟地的大事变”；“第六章——中华民族的抗日战争”所提炼的核心问题为“为什么说中国共产党是中华民族抗日战争的中流砥柱”等。核心问题提出之后，还应根据章节教学计划凝练出除核心问题之外的疑难问题，明晰重点。《纲要》课是一门以历史学科知识为依托的思想政治理论课，主要讲授中国自近代以来抵御外来侵略、争取民族独立、推翻反动统治、实现人民解放的历史，因相当一部分同学在中学阶段就已经系统地学习过中国近现代史，对相关的历史事实、重大事件和重要人物已有一个基本了解，所以教师在讲授时不用面面俱到，而应有选择性、针对性地找准重难点问题，以解决问题为抓手，有的放矢、精准发力。概言之，思政课不是简单的照本宣科、空洞说教，应当坚持以问题意识为教学导向，讲清楚课程的核心问题、疑难问题。

其次，教师除了从教材中提炼问题外，还可以通过其他多种途径提炼问题。一是要关注学生关注的问题，找到学生的困惑点、兴趣点，把思政课的理论高度和学生的生活需求结合起来，把教师的所讲和学生的所想衔接起来，增强与学生的共鸣点。同时，学生的疑惑就是思政课要讲清楚的重点。这就要求教师必须了解学生学习实际和思想动态，主动搜集学生存在的真实问题与困惑，并及时予以回应解决。二是要关注现实社会的问题，教学内容以教材为主的同时也要贴切现实、贴近时代，把其中的理论重点难点、现实热点与青年问题结合起来，有意识地发现、总结、归纳出利于课程教学的问题，这些问题不但能够给 PBL 教学法提供丰富、鲜活的原料，而且有助于实现“思政小课堂”同“社会大课堂”有机结合。三是要关注课程相关的学术前沿问题，将学术问题转化为教学问题。教师要有教研相长的意识，一方面要以教促研，围绕课程所教学的内容尤其是教学中所遇到的问题、学生提出的难题等进行研究；另一方面要以研促教，教学要有科研作为依托，教师要通过科研不断了解最新的学术前沿和社会热点，将其与课程相关的内容融入到教学中。这样的课堂就会有问题、有思想、有新意，必定会引发学生的深入思考和主动参与，也就不至于枯燥乏味。

最后，在问题设计时，教师需要遵循一定的原则。一是价值性原则，这是 PBL 教学法的意义所在。办好思政课，最根本的是要全面贯彻党的教育方针，解决好培养什么人、怎样培养人、为谁培养人这个根本问题。解决这一根本性问题关键在于落实思政课的立德树人根本任务。思政课作为立德树人的关键课程，必须坚持为党育人、为国育才，努力培养一代又一代拥护中国共产党领导和我国社会主义制度、立志为中国特色社会主义事业奋斗终身、担当民族复兴大任的时代新人，培养德智体美劳全面发展的社会主义建设者和接班人，其中显然蕴含价值性原则。为此，PBL 教学中问题的提出和教学必须紧紧围绕这一价值目标进行实施，否则，PBL 教学容易背离思政课的教学目标与任务，也就失去了其服务于教学的意义。同时，所提出的问题必须具有一定的教学价值，能够通过问题来达到培养学生的问题解决能力、合作能力和批判性思维能力的目的。需要注意的是教师设计的问题其探究的结果不能是书本上现成的东西，也不能是机械地记忆和模仿，而是要引发学生自主学习和深入思考，在问题解决的过程中逐渐丰富知识结构、完善知识体系，努力建立起新的认识结构。当然，设计出有价值的问题并非轻而易举的事，需要教师站在更高的高度，用更专业的思维，做到不唯书、不唯上，自觉冲破思维禁锢，结合教学内容和学生实际进行综合分析，提前设计好问题，以问题驱动学习的方式进行有效教学，推动教学目标的实现。

二是一致性原则，PBL 教学中的问题设计必须取决于教学内容，服务于教学目标，高校思政课具有明确的意识形态目标，即为党和国家培养担当民族复兴大任的时代新人、培养德智体美全面发展的社会主义建设者和接班人。同时，作为大学生的必修课程，思政课亦承担着为青年学子的全面自由发展和美好人生夯实思想理论知识基础的育人目标，教学目标的实现离不开教学内容，教学内容是教学目标得以实现的载体。运用 PBL 教学是为了有效提高思政课教学的实效性，更好地实现教学目标，所以教师在进行问题设计时应与思政课的教学目标、教学内容保持高度一致，充分发挥问题在教学中的作用。一方面，必须从思政课的教材内容出发，准确理解教材，挖掘课程特有的育人价值并结合具体内容设计出有针对性的问题，以问题引导学生。同时，要用发展、动态的眼光看待问题，问题并非是一成不变的，要根据教学实际和学生情况进行调整，避免用过去的“老问题”来剖析当前的新矛盾，如此才能有效发挥“问题”引导作用。另一方面，还要注意将现实社会的热点难点问题尤其是与教学内容密切相关的，将其转化为能够引导学生深入思考的问题情境，因为“社会问题”本身就是高校思想政治教育环境的重要组成部分，自然也就能够为教学中问题的设计提供一些有价值的思考和启发，这也契合了新时代的思政课要直面问题的教学要求。

三是引领性原则，教学中要充分发挥教师的导向引领作用。习近平总书记在学校思想政治理论课教师座谈会上强调讲好“思政课”要做到“八个相统一”，其中提到要坚持教师主导性与学生主体性相统一，其内涵就是要求教师在准确把握学生认知规律和接受特点的基础上，有效发挥主导引领作用，同时也离不开学生主体的实践，二者相互依赖、缺一不可。思政课运用 PBL 教学法则正是教师主导性与学生主体性有机统一的生动实践。“随着社会转型快速发展、互联网技术高度发达、各种文化交融交流，新时代大学生的学习方式、交流工具、认知模式、思维模式同以往时期的大学生相比发生了天翻地覆的变化。①”当代大学生个性特点鲜明、独立性强，有一定的批判精神，面对社会上复杂多样的信息，大学生在进行价值认知、评价和选择的过程中难免会出现困惑和迷茫，这就需要思政课教师的思想引领。因此，在 PBL 教学过程中注重学生主体作用的同时也要始终坚持并凸显教师的主导地位，充分发挥教师在 PBL 教学中的引领与指导作用，不同于单一的问题教学法，PBL 教学更加强调教师对问题讨论的全局把控，一旦讨论偏离主题，就要适时引导学生回到主题，教师也可适时参与讨论，充当学生知识结构构建的促进者，激发学生的探究能力。

总之，有效的问题设计关乎 PBL 教学能否顺利进行，其重要性不言而喻。因此，教师运用 PBL 教学法必须高度重视问题的设计，加强对问题设计的研究与实践，提高问题质量，同时要充分认识 PBL 教学法的精髓，熟悉其教学过程，形成 PBL 思维，要对 PBL 教学中问题研究的进展有充分的理解，经长期酝酿、周密筹划、反复论证，制定出与课程教学实际相结合的 PBL 教学中问题设计的计划。

（二）组建研究性小组

PBL 教学法的下一个重要步骤就是组建研究性学习小组，也是 PBL 教学法的一个重要特征。以班级为单位，每班根据已有人数按照 5 ~ 8 人进行分组（学习小组的人数应有所控制）。建议分组时采取自愿原则，成员选择、组员角色确定以及分工、权责分配都应该充分尊重学生意愿和各自能力专长，教师可以根据学生的学习实际情况进行人员调整，保证各小组的人力资源配备基本平衡。这样做的目的在于角色的齐全，充分调动大家的

① 孙兰英．新时代办好思想政治理论课的根本指南［J］．红旗文稿，2019（8）：14 - 16.

积极性，更好地发挥各自特长，提高效率。同时，需要给各小组设置一名组长，让其来负责分工协调组内事项。小组组建完成之后，教师就要提前向学生发布任务，并结合问题的难易程度确定好讨论时间，给予学生充足的时间进行准备工作。通过组建研究性小组，学生围绕问题展开讨论，可以最大化地激活学生之前的课程相关知识储备，在原有知识背景与问题、专题、项目之间生成更多的联系；同时，讨论能够使得学生的思维过程外显化，学生会在这个过程中感受到观点的碰撞、冲击，从而更好地进行课程学习的反思和批判；更为重要的是可以为学生提供一个人人积极参与、主动探索、独立思考的学习环境。实际上就是学生共同分析问题，积极贡献智慧与力量，在解决问题的过程中获取知识、反思建构知识并形成学习的技能，培养其独立思考、团队合作、综合解决问题的能力。

（三）开展小组讨论

开展小组讨论是 PBL 教学法的基本环节，通过这一环节能够充分体现学生的主体地位，让学生真正成为课堂的主人，最大化地发挥其自主学习能力。小组讨论围绕教师所提出的核心问题展开积极讨论，充分发表自己的看法与意见，通过小组成员观点的相互碰撞、互相启发，最终形成共识，寻找解决问题的途径和方案。在整个探究合作学习的过程中，学生是探究和分析的主体，教师起到的则是辅助和引导 PBL 教学有秩序地进行的作用，一方面，教师要鼓励学生大胆发言，勇于表达自己的观点、看法，逐步培养学生善于发现和解决问题的能力；另一方面，应主动进行巡视和指导，对个别学生提出的疑问应给予一定的帮助和解释，并适时提供一些与问题讨论相关的资料，从而使学生能够在教师的提示和辅助下顺利地进行进一步的探究。例如，《纲要》课的第一章提出的问题为“请结合所学谈谈关于‘李约瑟难题’的认识与思考”，学生在进行讨论之前需要自主搜集问题相关的资料，提前做好问题探究的准备，教师则需要在学生已知内容的基础上给予资料的扩展，便于讨论的有效开展。同时，教师要密切关注学生的探究讨论过程，及时了解学生知识的掌握情况和理解程度，并通过提问来调整学习进度和讨论方向，以维持学习过程中的有效性。概言之，通过小组讨论的方式寻求问题的解决，能够拓展学生思路，自主探究、集思广益，学生在解决问题的过程中能够获取知识、反思建构知识并形成学习的技能，进而达到培养其独立思考、团队合作、综合解决问题能力的目的。

（四）展示交流成果

展示交流成果环节是PBL教学实施的重要环节。通过前面问题的探究交流环节，促使“学生加深对原有知识的理解，建构新的知识与技能，如小组合作学习技能、专业研究技能、自我管理技能等，形成了问题解决方案或项目成品”。① 学生需要将探究和解决问题的过程和结果进行呈现和总结，以展示自己的成果，强化所学知识和技能的应用，这个过程中，一方面，各个小组可以根据自身组内特点和需要，采用多样化的形式如文字、PPT、图片、视频等方式进行，在课堂上由每组的一个代表或者几个代表或者全组同学向全体同学展示；另一方面，教师要组织其他组的学生认真听取汇报、观看展示并对汇报组进行提问，汇报组要进行答疑，同时对汇报组的独特见解进行记录，进而加强组间的交流与互助，实现成果的有效共享。另外，教师也要充分发挥其整合引导作用，尤其是在关键处需要专业引领，如教师可以围绕学生的汇报内容进行提问，引发学生再次思考；教师也可以对重点知识进行强调，并对学生课堂总结讨论过程中存在遗漏或欠缺的知识进行补充等。总的来说，通过成果的汇报展示、交流不仅能够达至成果的共享，而且有利于提高学生表达、组织、协调、合作等能力。

（五）总结与评价反思

总结与评价反思环节是PBL教学实施的最后环节，也是PBL教学法的重要组成部分。学生展示、交流完毕，教师需要对不同小组的结论进行归纳总结，并结合所提问题系统梳理课程所学内容，以便学生的学习内容在结构上更加完整。这个过程中，教师还要注意对学生进行价值引领，价值引领是高校思政课的内在要求，也是落实立德树人根本任务的重要方面，

---

① 金伟国．PBL模式辅助历史学科教学的实践研究［J］．历史教学问题，2022（5）：148－152．

尤其是面对学生存疑的内容，教师在肯定学生质疑能力的同时也要对学生的质疑进行引导，给予学生进一步阐述自身想法观点的机会，教师则要根据学生的回答作适当的讨论和解释，积极认真地解决学生问题认识和理解上的偏差，引导学生自我纠正进而摒弃错误的观点、立场和方法，这样既充分尊重了学生的思维，又激发了学生敢于质疑、敢于提问的精神。另外，还需要对学生以及各小组的探究过程和结果进行评价，评价方式可以多维度，包括学生自评、小组互评、教师点评等，通常情况下学生自评和小组互评在前，教师要引导学生进行自评和互评，评价过程中应客观、公正、公平地进行评价；教师点评则是在学生自评和小组互评的基础上做出一定补充，评价时要仔细分析各小组的优点与不足并给予针对性的改善建议。最后，在此基础上进行反思。一方面，教师要深入分析 PBL 教学的实施过程，反思学生表现情况以及 PBL 教学是否有效地达成教学目标，及时发现和解决自身在 PBL 教学中存在的问题，总结经验教训，修炼教学内功，不断提高 PBL 教学能力；另一方面，教师要引导学生进行自我反思，着眼于自身在问题探究过程的表现和结果，检查所学知识是否完整、问题理解是否全面、学习过程中还有哪些可以改善的方面和小组成员对团队合作的实际贡献度，并结合教师评价、小组互评和学生自评等多方面进行总结，找准存在问题并深入分析其原因，进而及时地改进和提高。

综上所述，在实施 PBL 教学法的过程中，提出并确定问题是关键，所有环节都是围绕问题的解决进行的，贯穿始终，组建研究性小组、组内讨论学习、展示、交流成果以及总结与评价反思也是 PBL 教学不可缺少的重要环节。因此，高校思政课运用 PBL 教学法应在充分理解其特点与优势的基础上，把握好 PBL 教学法的实施环节，遵循“提出问题—分析问题—解决问题”的逻辑思路，积极发挥学生的主体作用，引导学生自主探究、自主学习，在寻求解决问题方案的过程中开发专业技能、培养解决问题能力以及获取专业知识。同时，教师也需要扮演好教学活动中的多种角色，成为学生学习的引领者、问题情境的创设者、教学资源的提供者以及学生行为的评价者，充分发挥教师在 PBL 教学中的引领作用，推进 PBL 教学的有效顺利实施，进而实现教学目标，促进学生能力的全面提升。

第四章

CHAPTER 04

PBL 教学法与高校思政课混合式教学

第一节 PBL 教学法与高校思政课混合式教学的关联性

混合式教学模式，是在数字化时代背景下，为充分发挥学生的自主学习能力与网络信息技术优势，将传统意义上的课堂教学转变为在线教学和课堂教学相结合的一种“线上 + 线下”的教学模式。较之传统的教学模式，混合式教学模式具有显著优势，其教学实施更加灵活、教学内容更具开放性，教学过程互动性的作用也明显增强。PBL 教学法是以问题为基础来组织学生学习的，要求学生通过或者围绕问题进行主动学习，在解决问题的过程中获取知识，其精髓在于发挥问题对学习过程的指导作用，充分调动学生的积极性和主动性。PBL 教学法之所以能够贯穿于高校思政课混合式教学全过程，在于二者有着内在的关联性。

一、强调学生的主体性地位

PBL 教学法强调以学生为中心，而不是传统教学中的以教师讲授为主，教学过程中教师的地位被削弱，学生是整个教学过程中知识获取的主体。混合式教学模式打破了原有的传统教学模式的限制，教师不再是课堂的“隐主体”，学生则从被动的知识接受者变为主动学习的参与者。可见，

PBL 教学法和混合式教学模式在强调突出学生的主体性地位这一点上是完全契合的，这就为实现 PBL 教学和混合式教学的融合提供了可行性。以往的思政课教学模式比较单一，以教师单方面讲授教学内容为主，注重教师主导性的发挥、教师在课堂上的中心地位，难以保障学生的主体地位，加之教学内容理论性也较强，“一言堂”“填鸭式”“满堂灌”的教学方式就导致课堂缺乏一定的吸引力、感染力。思政课作为落实立德树人根本任务的关键课程，承担着为党育人、为国育才的责任与使命，因此，为培养造就一代又一代可靠接班人，思政课应与时俱进，不断改革创新。混合式教学模式近年来成为高校思政课改革创新的一种方向，越来越多的高校将混合式教学模式和思政课相结合，积极探索高校各门思政课“线上 + 线下”教学的有效衔接和有机结合，指导高校思政课改革创新的实施。同时，部分高校尝试将 PBL 教学法运用到“线上 + 线下”的思政课混合式教学当中，实现课堂教学与线上学习的相互补充、相互促进，逐步形成新的教学模式、新的教学生态。这种结合了问题主导学习和在线学习的教学方法最大程度地发挥了 PBL 教学法和混合式教学法的优势，强调学生的主体地位，充分调动学生学习主动性与课堂参与积极性，把课堂的“自主权”重新还给学生，进而激发课堂活力。

二、培养目标实现的一致性

PBL 教学法指的是以解决现实实际问题为目标的教学方法，让学生在“学中用”或在“用中学”，教师则通过引导学生以“问题解决者”的角色积极主动地参与到问题的探索，以寻求最终解决方法，这一过程旨在培养学生解决问题的技能和自主学习的能力，促使学生学习效率和质量的提高，进而助力课堂教学质量和人才培养质量的提升。而混合式教学模式是充分融合线上网络教学与线下课堂教学的各自优势，实现二者的有效契合，既运用了现代信息技术的辅佐功能，又保留吸收了传统课堂教学的优点，在教学过程中将线上线下各个环节有机结合起来，形成整体效应，以提高课程教学实效，进而提升人才培养质量。可见，PBL 教学法和混合式教学法在培养学生目标上是一致的。思政课最重要的意义在于培养人，在于帮助学生树立正确的价值观，从这一点出发，教学模式的选择只要是有益于思政课培养目标的实现都是可行的。混合式教学模式能够在改变高校思政课以往单一教学模式的同时赋予课堂新的生机与活力，有利于激发学生学习兴趣，提升思政课的吸引力与课堂参与度，切实提高课程实效性；而 PBL 教学法注重发挥问题的导向性作用，以问题促教学，引导学生在解决问题的过程中提升个人能力。基于此，高校思政课混合式教学运用 PBL 教学法是围绕人才培养目标和课程教学目标进行的，不仅有利于学生知识的掌握和能力的提升，也有利于思政课培养目标的达成。

三、存在有益优势互补关系

随着数字技术与教育的加速融合，线上线下的混合式教学逐渐从疫情下的应急模式转变为高校智慧教学的新常态。混合式教学模式不但可以发挥网络教学的优势，能为学生提供丰富的学习资源和内容，满足学生个性化需求，同时还能够打破传统灌输式的教学体验，最大限度地释放课堂活力，实现师生之间的双向互动。但从实际的情况来看，混合式教学模式在高校教学的实际运用中并未取得理想效果，这也说明了混合式教学模式仍然存在一定局限性，主要表现在线上教学与课堂教学未能实现较好的融合衔接，没有充分发挥混合式教学的优势，未能实现真正意义的教学模式创新；教学过程中过度强调学生的主体性地位，而忽略了教师在其中承担的主导性角色，最终导致未能有效发挥教师的主导性作用，学生的主体性作用也没有发挥好。PBL 教学法强调学生在教学中的主体地位，同时注重问题导向，学生需要在教师的点拨和启发下通过自主探究、合作学习以解决问题，提高学生的综合素质与能力，但 PBL 教学法的实施需要大量的资源支持，保障学生能够获取学习所要求的资源，就目前来看大部分高校难以进行有效的资源配置。加之，单纯应用 PBL 教学法也难以发挥其效果，甚至会加重学生的学习负担，影响学习的效果和学生参与学习的积极性。正是因为混合式教学模式和 PBL 教学法单独运用于教学中各有其优缺点且存在有益优势互补关系，所以将二者进行有机结合就可以充分发挥两者的优势，一方面，PBL 教学法能够充分利用线上学习平台为学生提供更多的教学资源，便于学生随时随地都能获取学习过程中所需要的资源，减少来自时间和空间的限制，进而合理安排自身的学习时间，激发学生学习积极性；另一方面，能够弥补单纯应用混合式教学模式和 PBL 教学法的不足，有效解决线上教学与课堂教学之间脱节、教学主观能动性缺失等问题，最大限度地实现教学双方的互动，对于提高高校课程教学质量具有积极意义，是一种有效的教学补充手段。总之，高校思政课混合式教学模式与 PBL 教学法不是各行其道，而是相辅相成的，应用 PBL 教学法来构建混合式教学课堂能够在问题的解决过程中实现线上线下教学活动的有效衔接，在调动学生学习积极性、提高学生综合素质和能力等方面都有积极作用，同时有利于思政课教学目标的实现。

第二节 PBL 教学法应用于高校思政课混合式教学的价值分析

随着信息技术的发展和互联网应用的广泛普及，利用网络教学资源开展线上线下混合式教学已经成为当前高校思政课教学模式的一大主流，实践也证明，混合式教学有效提升了高校思政课的教学质量，取得了一定成效，随着混合式教学的深入开展，过程中也暴露出了一些问题，对此，部分高校教师开始尝试将一些先进的教育理念和教育方法融入到思政课混合式教学，其中，PBL 教学法因其具有发挥问题对学习过程的指导作用、调动学生主动性和积极性的显著教学优势而备受关注。可以说，将 PBL 教学法应用于高校思政课线上线下混合式教学集成了二者的优势，有着重要的价值意义，这里就从实现思政课的教学改革创新、强化学生学习的主观能动性、提高教师课堂教学驾驭能力三个方面系统分析其价值意蕴，为 PBL 教学法应用于高校思政课线上线下混合式教学的具体实施提供理论基础。

一、助力思政课的教学改革创新

“改革创新是推进新时代高校思政课高质量发展的关键一招，思政课要从改革创新中增强活力。①”思政课的改革创新涉及到思政课教师队伍建设、教学内容、教学方法和评价体系等多方面，其中，教学方法是实现思政课教与学相统一的重要桥梁与纽带。信息技术的迅猛发展使得教育信息化已步入发展的快车道，知识的获取方式和传授方式、教和学的关系也因此正在发生深刻变革。这就需要思政课教师根据课程教学目标和具体授课内容，依据学生的认知规律和接受特点，创新教学方式方法，提高思政课教学效果。近年来，利用网络教学资源开展线上线下混合式教学备受推崇，尤其是当下大学 MOOC、翻转课堂、SPOC 等混合式教学成为热门，是当前“互联网 +”时代下推动高校思政课教学改革的创新之举，已然成为思政课教学的一大主流教学模式。现阶段，高校思政课混合式教学改革取得了一定的成果，一方面，给思政课注入了新的教学活力，突破传统课堂的地域限制，拓展和延伸了教学的时间与空间，使传统课堂中的“教”和“学”不再处于共同的时空场域，进而推进个性化教学的发展；另一方面，实现了从以教师为中心向以学生为中心、以教为主向以学为主、以课堂教学为主向课堂内外结合教学的有利转变，相较于传统教学模式，混合式教学在学生学习效果和教师教学效果上也都具有一定优势，思政课教学质量和效果得到明显提升。在已取得的思政课教学改革成效基础上，混合式教学也需要不断改进与创新，并非一成不变，多种教学方法的融合也是推动思政课改革创新的有力手段。

PBL 混合式教学模式就是高校创新思政课教学方式，进一步深化思想政治理论课教学改革的有益尝试，符合当前我国高校教学改革形势的发展。PBL 教学法近年来受到广泛重视，这一教学方法在多学科领域得到一定推广运用，从实践层面看，目前国内大部分高校 PBL 教学法的应用虽尚处于探索阶段，但 PBL 教学法在实际运用中取得了良好的教学效果。加之，这一教学方法本身是一种基于问题的教学方法，强调以学生的主动学习为主，将学习与问题挂钩，与思政课本身重视培养学生的“问题意识”相契合，同样适用于高校的思政课教学。对此，思政课教师积极探索 PBL 教学法应用的新思路，因 PBL 教学法与混合式教学两者具有一定的关联

① 王永斌，尚天城．新时代高校思政课建设新进展［EB/OL］．光明网，2023－02－15.

性，这就决定了 PBL 教学法应用于思政课混合式教学的合理性。可以说，PBL 混合式教学模式是落实新时代思政课教学改革创新要求的客观需要，也是推动高校思政课模式转换和教学改革创新的必然要求，有利于促进思政课在改进中加强，不断提升思政课教学质量和水平，从而更好地发挥高校思想政治理论课落实立德树人根本任务的关键课程作用。

二、强化学生学习的主观能动性

高校思政课线上线下混合式教学秉持着以学生为中心的教育理念，强调学生主体作用的发挥，突破了原有的“教师讲、学生听”的传统教学模式，但又保留了传统面对面授课的优点，将其与网络在线学习的优势结合起来。可以说，开展混合式教学符合当前“互联网 + 教育”的大趋势，既能充分发挥线上在线开放课程资源的优势，辅助线下课堂教学，同时又避免了线下课堂形式流于单一和易于枯燥的不足，增加思政课程的趣味性和吸引力，还能满足不同层次学生对知识广度和深度拓展的实际需求，有效提升学生的自主学习能力。从当前高校的思政课教学实际情况来看，混合式教学取得了较好的学习效果，学生参与感和学习主动性在不断增强，思政课教学质量明显提升，得到师生的充分肯定。但是，思政课混合式教学依旧不同程度地存在一些问题，其中，线上学习的不可控性就是一个突出问题，表现为学生课后线上自主学习积极性不高、教学效果难以得到有效保证、线上教学学习氛围不足等。这一问题如果得不到有效解决，思政课混合式教学质量和教学效果就会大受影响。

为此，不少高校思政课教师积极探索混合式教学模式的创新策略，并尝试将其与多种教学方法相融合，实现多种教学方法之间的组合。其中，PBL 教学法以其先进的教育理念，具有以问题为核心、以学生为本位、以教师为指引的显著特征，能有效解决目前思政课混合式教学中存在的学生自主学习意识不强、线上学习情感体验不足等问题。与混合式教学不同的是，PBL 教学法强调以问题解决为中心，学生的所有学习内容都要围绕着“问题”这条主轴展开，学生需要通过自主学习和探究来解决问题，在解决问题的过程中达到知识获取的目的，学生的主体性得到充分彰显，学生的独立性得到高度发挥。混合式教学也注重学生的自主学习，但相对而言，学生的自主性难以得到有效保障，需要教师对学生学习情况尤其是线上学习进行及时监测和反馈，基于此，将PBL教学法融入思政课混合式教学的各个环节，能够充分发挥二者优势，强化学生学习的主观能动性，突出学生的主体地位，促进学生的学习兴趣和自主学习能力的提高；同时，因教师提出的“问题”贯穿于学生的整个学习过程，学生是在问题的指引下展开学习，这个过程中，学生必须不断的探索、思考，积极寻求问题的解决路径，学生的学习参与度和驱动力得到明显提升，积极性不断提高，进而有利于增强思政课教学实效性，实现思政课教学目标。

三、提升教师的教学水平与能力

教师的教学水平与能力是完成教学任务、实现教学目标的根本保证，其高低是决定课堂教学成功与否的关键。因此，持续提高教师的教学水平与能力是提高教学质量的重要措施，包括学科知识的更新、教学方法的改进、教学技能的提升等诸多因素。当前信息技术的迅猛发展，混合式教学模式的建构更是对教师的能力提出了更高的要求，教师必须主动适应信息化，熟练掌握信息技术，运用信息技术手段进行教学，提升教学效率和教学质量。思政课教师也要适应不断发展着的科技进步，将信息技术应用于教学模式的变革中。一般而言，思政课教师应用最多的是讲授式、讨论式等教学模式，而这类传统的思政课教学模式已经不能够满足现代学生对于课程的需求。混合式教学模式凭借其自身优势逐渐成为当下思政课程实施的主流模式，思政课教师的角色定位也因此发生了颠覆性转变，对其教学能力提出了新的要求，教师不仅要具备传统教学技能外，同时还应具备混合式教学设计能力、信息化课程资源开发能力、混合式教学平台的运用能力以及线上线下混合式教学组织能力。对此，思政课教师就必须努力提升自身的信息化教学能力，积极转变思想观念，通过加强培训与学习，学校要聚焦课堂，完善激励机制，树立信息化应用导向，鼓励教师利用信息技术手段进行教学等多渠道实现。这个过程中，教师的信息化教学水平和能力会得到一定提升，并充分利用信息化手段的优势，将其运用于教学资源整合、教学环节设计、课堂教学等混合式教学的各个方面。混合式教学的实施也是促进教师能力不断提高的过程，教师可以将传统的教学与新的教学模式进行有机的结合。教师的教学水平不仅指的是教师的整体素养，更多指的是将传统的教学方式方法与混合式教学模式进行有效融合，为学生创造良好的学习体验，提高教学效果。

除了所提及的传统的教学方式方法外，也需要借鉴运用一些国际上先进的教学方法，PBL 教学法作为近年来备受关注的一种教学方法，也被逐渐应用于思政课混合式教学。PBL 教学法与混合式教学法两者虽优势明显不同，要求具备的能力有所差异，但 PBL 教学法同样对教师素质要求很高，需要教师具备较高的教学能力和知识储备，尤其是能够充分理解 PBL 教学法的精髓，熟悉其教学过程，实现以“教”为中心向以“学”为中心的转变。所以，教师运用 PBL 教学法进行混合式教学时，除了前面所述混合式教学需要掌握的能力外，还必须提前学习具备 PBL 教学能力，包括提出问题解决问题的能力、灵活运用知识的能力、严密的逻辑思维能力等，这些能力是促进 PBL 教学法在高校思政课混合式教学中顺利实施的基本要求，而实施的过程也是促进教师能力不断发展、不断提升的过程。概言之，无论是混合式教学模式、PBL 教学法，还是混合式教学模式与 PBL 教学法的有机结合，都离不开教师的主导，教师主导作用的充分发挥则很大程度上取决于教师的教学水平与能力。而教师的教学水平与能力是教师在不断的学习、不断的实践过程中得以提升的。

第三节　PBL 教学法应用于高校思政课混合式教学的基本要求

一、明确师生定位及要求

区别于传统的“灌输式”的单向度的教学模式，PBL 教学法是以学生为主体的教学方法，强调以学生的主动学习为主，而不是以教师讲授为主，更为注重师生之间的有效互动和教学内容的实际意义。这种新的教学理念和方式有利于培养学生独立思考、积极探索、主动解决问题的能力，从而增进师生之间、生生之间的互动与交流，在整个学习过程中全面提升学生的自主学习能力和综合素质。因此，如何有效顺利实施 PBL 教学就成为当下师生面临的新挑战，同时也对师生提出了更高的要求。

（一）教师的定位及要求

PBL 教学法的实施过程中，教师的角色和作用发生了很大的改变，需要从传统的“知识传授者”转变为“学生成长的推动者”和“学生学习的引领者”，单一“教”转变为既“教”又“导”。所以，将 PBL 教学法应用于高校思政课混合式教学要求教师要及时转变观念，深刻领会 PBL 教学的精髓，明确并做好角色定位，具体来说，主要包括以下几个角色。

一是知识学习的建构者。“建构主义学习理论认为，知识不是通过教师传授得到，而是学习者在一定的情境即社会文化背景下，借助其他人（包括教师和学习伙伴）的帮助，利用必要的学习资料，通过意义建构的方式而获得。①”教师要做好学生学习的引导者，教会学生学会学习、学会实际的应用。思政课程本身理论性强，内容较为枯燥、单一，如果思政课教师只是一味地传授知识、忽视了对学生能力的培养，思政课整体效果就会极大削弱。教师不能只做传授书本知识的教书匠，而是要成为学生学习成才的引路人。

二是学习活动的协助者。PBL 教学法是一种基于问题解决的学习方法，学生需要围绕问题展开知识建构过程。教师在此过程中的主要作用是为了促进学生完成自主学习，向学生提出问题或引导学生发现问题，学生通过一段时间内对真实的、复杂的问题进行探究，从中获得知识和技能。同时，教师应充分发挥其引导和协助作用，提供适当指导和支持，尤其是学生在学习过程中可能会遇到一些问题解决的困难和障碍，需要及时传授解决问题的思路和方法，帮助学生克服困难，明确问题症结所在，寻求解决问题的方案和途径，更好地理解和掌握知识。

---

① 温彭年，贾国英．建构主义理论与教学改革：建构主义学习理论综述［J］．教育理论与实践，2002（5）：17－22.

三是教学活动的参与者。高校传统的思政课教学往往是教师独立主持、独立完成教学任务的。PBL 教学法不同的是更加注重学生的参与和自主学习，教师也不再作为占有知识的人而扮演中心的角色（即处于权威的位置，能对大多数问题提供最终答案），而是作为学生交流过程的指导者和参与者，师生之间形成了一种参与促进与合作型的教学关系。在这种教学环境中，教师的主体地位被颠覆，学生则置于学习的中心，能够有效地帮助学生构建知识体系和培养多元能力。

与此同时，教师角色的转变更意味着对思政课教师提出了更高的要求。首先，要求教师要转变教学观念，改变以往课堂的单向灌输式教学理念，以“学”为中心代替以“教”为中心，充分理解 PBL 教学法的精髓并熟悉其教学过程，即学生建构知识、发现知识、转变知识以及扩展知识的过程，认识到 PBL 教学法顺利进行的关键在于教师创造某种环境并在其中发挥其组织作用、参与作用、指导作用。只有教师深入了解、认识了 PBL 教学法的本质特征，并把它转化为一种教学理念，从而贯穿到教学过程中，才能促进 PBL 教学法的有效运用。其次，要求教师具备较高的个人素质和专业能力，不但要熟练掌握所授专业、所授课程的内容，拥有扎实的马克思主义理论功底，还可以广泛涉猎其他哲学社会科学以及自然科学等相关知识。在此基础上，教师需要具备专门的 PBL 教学能力，作为课堂活动的策划者、组织者、引导者和评价者，教师应学会以合作者的身份驾驭、引导整个教学过程，不断引导和激发学生的学习兴趣，同时也要注重对学生合作过程的引导和监控，确保学生在合作学习中得到真正的提高。最后，要求教师必须坚持问题导向、增强问题意识，善于提出问题。“PBL 教学法的精髓在于以问题为纽带进行教学，培养学生的问题意识、质疑精神和创新精神。[①]”为此，一方面，思政课教师自身要以问题为导向，具备问题意识，积极挖掘问题、主动研究问题，通过教材找准其中的重点和难点，抓住学生关切和困惑的现实问题，融入国内外重大热点问题和重大事件，创新课程教学内容，增强教学的针对性。同时，善于结合教学内容设

① 蔡德根 . PBL 教学法实施中的生理学教师角色转变要求［J］. 教育教学论坛，2014（26）：277－278.

计真实的问题情境，帮助学生从问题出发，围绕具体问题开展各种形式的探究活动并从中思考面对挑战、解决问题的方法，进而收获知识与能力。另一方面，教师除了要向学生提出问题外，还要引导学生主动探索、积极思考，“凡事问个为什么”，善于在学习过程中发现问题、提出问题，让学生沿着“提出问题—分析问题—解决问题”的思路培养其提问和自主学习的能力，并从中获得新知、拓展学生的知识层面，提高学习效率。此外，教师还要充分尊重和爱护学生的问题意识，敢于直面学生提出的问题，不能回避问题、绕着问题走，尤其是面对一些尖锐敏感的问题更是不能敷衍了事、一带而过，而是在充分肯定学生的善于质疑的基础上引导学生深入思考，在抽丝剥茧、层层深入中揭示问题的本质。

（二）学生的定位及要求

PBL 教学法在高校思政课混合式教学中的实施是对该教学模式的一种新的尝试和创新，不仅改变了传统教学中教师所处的地位和作用，学生的角色定位也与之发生了改变。教师和学生的角色发生了互换，教师由传授者变为引导者和促进者，而学生则由被动接受知识转变为主动地探索和分析问题，成为整个学习过程中的主导者。可以说，PBL 教学法的运用不仅能够让学生通过解决实际问题来学习知识和技能，更重要的是还培养了学生发现问题、解决问题的能力，以及利用信息资源、自主学习和团队协作的能力。尽管传统教学模式和 PBL 教学法的目的都是让学生获取知识，但 PBL 教学法可以更好地培养学生的思维方法和获取知识的能力。PBL 教学法的成功实施关键离不开学生的积极参与和新角色的履行程度，这也就要求学生也要及时转变观念，明确自身的角色定位，积极主动地参与 PBL 教学过程。具体来看，主要包括以下几个角色。

一是自主学习者角色。与以往传统的教学法相比，PBL 教学法更为强调学生的自主学习。所谓自主学习指的是学生作为学习的主体在学习过程中的一种不受他人支配、不受外界干扰的一种主动而积极自觉的学习行为方式。这种学习有利于充分发挥学生的主观能动性，学生能够根据自己的需求和目标进行个性化的学习，这样可以更加针对性地解决自身问题，提高学习效果，同时有利于培养学生的能力和实践能力。在 PBL 教学法的实施过程中，学生需要结合教师提出的问题明确学习的目标和计划，自行分析问题和解决问题进而获取新建构的知识，并且在教师的引导下监控和反思解决问题的过程。当学生完成解决问题之后，他们也就学会成为一名独立自主的思考者和学习者，从而真正做到学、思、行相结合。

二是合作者角色。PBL 教学法是围绕问题来组织学习过程的，问题是学习过程的起点，通过引导学生解决实际问题来促使学生主动探索、自主学习。但由于一些问题的复杂性，学生就需要以小组为单位进行合作学习，共同研究、讨论解决问题的方案和思路，过程中学习者应积极主动参与小组活动，与小组其他成员相互依赖，共同承担责任、共享专业知识并发挥其不同的认知风格优势，将其在学习过程中探索、发现的信息和学习资料与小组中的其他成员分享，相互交流想法，诱发“头脑风暴”达到集思广益的目的进而有助于问题的解决。通过以问题为基础的教学法，最终使学习者成为一个愿意合作也善于合作的人，这不仅有利于提高学生学习的主动性、积极性和参与性，也能促进学生间良好人际关系的发展，促进学生心理品质的发展和社会技能的提高。

三是研究者角色。PBL 教学法是践行研究性学习最有效和最系统的方法，学生通过自主研究和解决实际问题来获得知识和技能，不同于严格意义的科学研究，这里所指的学生的研究更多地体现为探究的兴趣与过程。在 PBL 教学中，问题是教学的核心，教师要引导学生以问题为起点并围绕问题或情境展开自主研究，积极寻求解决问题的方法，其主要目的在于激发学生的学习兴趣，培养学生的批判性思维能力和解决问题的能力。这期间，学生是致力于解决问题的人，充当着研究者的角色，这就要求学生在“做中学”，强调的是一种积极的学习过程——“学生去做事，而不是教师为他们做好事”，学生需要根据教师提出的问题主动进行研究分析，了解知识的产生和发展过程到最终解决某个问题，并在寻求解决问题的过程中掌握新知识和新技能进而达到提升综合素质、综合能力的效果。

学生角色的转变也就给学生提出了新的要求。一方面，学生要积极转变学习理念，从“要我学”变为“我要学”。受传统灌输式教育模式的影响，学生已然习惯了被动式地接受学习，一向是老师教什么，自己就学什么，其积极性与自主学习能力难以得到有效发挥，与之不同，PBL 教学法为学生进行学习提供了一个宽松、和谐、活泼的学习氛围，需要学生自己决定学什么、怎么学，这就使得多数学生难以在短时间难以适应，缺乏一定的自信心，主动改变学习方法的积极性也不高。因此，教师需要通过不同的途径、不同的实例给学生介绍 PBL 教学法的实施流程及步骤、优点、不足等方面的相关知识，引导学生进一步了解和认识 PBL 教学法，同时学生也要主动认识到自身在 PBL 教学中的主体地位，充分发挥主体作用，努力实现从被动学习到主动学习的自觉转变。另一方面，学生要积极转变学习方法。与传统的灌输式、讲授式的教学方法相适应的学习方法要求学生做到“课堂上仔细听讲、认真做笔记，课后认真复习，考前回顾复习”，但这样的学习方法无法与 PBL 教学法相适应。所以，学生应在保留以往好的学习方法的基础上，积极主动地了解、学习与 PBL 教学法相对的学习方法并在实践过程中逐步掌握和运用。需要注意的是，教师也要对学生进行适当的引导和支持，及时指出和纠正学生参与 PBL 教学存在的一些问题和不足，帮助学生尽快适应 PBL 教学过程，进而通过 PBL 教学达到激发学生的自主学习兴趣和热情，培养学生分析思考能力、合作能力，更好地学习和了解知识进而把学生培养成自立、自导、终身的学习者的目的。

二、遵循一定的教学原则

（一）渐进性原则

渐进性原则又称为系统性原则，指的是教学要按照学科内在逻辑系统和学生认识发展的顺序，持续地、连贯地、系统地进行，由浅入深、由易到难、由简到繁，逐步深化提高，让学生能够系统、全面地掌握基础知识和基本技能。PBL 教学法应用于高校思政课混合式教学中的循序渐进原则主要体现在学科结构顺序和学生认知及应用能力形成的规律性等几个方面。学科结构的循序渐进有助于帮助学生建立完整的学科系统，从宏观和微观两个层面完善认知能力；能够帮助学生将所学的知识进行整理和梳理，从而促进知识的归纳、总结及知识的迁移。PBL 教学法的关键在于“问题”的设置，所以教师在进行问题设置时应注意难度系数要适中，符合学生所处的阶段和知识层次，又有一定的挑战性。如果问题设置过于复杂，学生会陷入困惑无所适从的境地之中，无法积极投入学习；反之，如果问题过于简单，学生可能会觉得无聊，失去学习动力。因此，在问题设置的过程中，教师需要充分考虑到学生的认知水平和教学目标，并根据思政课课程特点和学生实际情况，循序渐进地调整问题的难度和深度，引导学生深入思考，使其在解决问题的过程中不断提高自己的问题解决能力，同时加深学生对相关理论知识的理解，不断发现新问题，解决新问题，使学习更加深入。此外，混合式教学的实施步骤也是一个循序渐进的过程，融合线上线下教学优势，将所有学习活动环节衔接紧密，难度逐步递进，通过小组协作、研讨汇报、反思分享、拓展探究等方式激发学生参与热情，培养学生高阶思维与创新实践能力。概言之，实现 PBL 教学与混合式教学的结合必须遵循循序渐进的原则，在教学实施的过程中，教师要根据学生的认知水平和发展能力，通过“线上提出问题（学生自主学习）→线下课堂研讨（学生分组讨论、汇报展示；教师分析讲授、总结评价）→线上巩固学习（学生自主学习）”的逻辑顺序开展教学，使学生能够逐步获取知识，实现能力的不断提高。

（二）启发性原则

所谓启发性原则，是指教师在教学中要承认学生是学习的主体，注意调动学生的学习主动性，引导学生独立思考、积极探索，生动活泼地学习，自觉掌握科学知识和提高分析问题和解决问题的能力的教学方法。启发性重视发挥学生的主体作用，强调通过教师的疏通、引导，培养学生自主选择的能力，让思想政治理论内化于心、外化为行。与传统教学模式不同，PBL 教学和混合式教学模式都强调启发式教育，注重对学生的引导，而不是直接灌输知识。所以，思政课教师在实际教学过程中要坚持启发性原则，使教学成为学生自我探索、自我思考、自我创造和自我表现的一种主动获取知识的学习活动。首先，教师在教学中要加强学生学习的导向性，发挥问题对学习过程的指导作用，注重问题的设计，设计的问题也要具有一定的启发性，能够启迪学生思维，使学生的新旧知识之间发生冲突，激发学生主动探究的兴趣，明确学习目标，调动起学生强烈的求知欲望，进而主动参与、投入到学习中，达到事半功倍的学习效果。其次，教师在教学中要善于创设问题情境，以问题情境来统领整个教学过程。学生的学习过程是要在一定的学习情境中完成的，好的问题情境能够充分调动学生学习的积极性，促使学生充分感受问题、探究问题和解决问题，使学生在参与学习的过程中充实思维空间，不断提高思维能力。最后，教师要抓住教学中的每个环节，找出各个环节不同的关键和要害，有针对性和目的性地进行启发，环环紧扣，循循善诱，给予学生更多的思考空间。同时，处理好教与学的关系，做好及时施教与适时施教，也就是说启发要掌握好最佳的时机，当学生在探究学习的过程中遇到困难或出现问题时，进行一定的引导启发，帮助学生找到问题的症结所在，从而找到解决问题的方法。

（三）指导性原则

指导性原则是指在进行教学时，学生在教师的指导下通过学习书本教材和借助相关辅助性资料以及教学实践的辅助性过程，运用分析思考、启发研讨、合作学习、探究归纳等方法获取知识、掌握技能的一种教学原则。它要求教师在教学过程的各个环节中都应将充分发挥教师主导性和学生主体性，想方设法地引导学生主动参与教学，实现教育和自我教育的有机统一，促使学生在积极、主动的思考过程中获取知识、提高能力，以培养学生的创新意识和创新能力，从而促进其全面发展。PBL 教学和混合式教学模式都强调学生的主体性作用，教师则是引导者和指导者，这就说明了指导性原则同样也是 PBL 教学与混合式教学需要遵循的原则之一，因此，高校思政课混合式教学运用 PBL 教学法就要求必须坚持指导性原则，注重引导学生。首先，高校教师必须改变过去传统的重知识传授而忽略对学生能力培养的“填鸭式”“满堂灌”式教学目标的教育方式和做法，建立一种新式的启发指导型教学模式。尤其是要注意把传统课堂教学的“满堂灌”变成“满堂问”，将教师的“一言堂”转变为师生的“群言堂”，教师不再是教学的权威者和统治者，而是一个学生学习的引导者、促进者。其次，实施 PBL 混合式教学时要把握好一定的指导技巧和方法，不能只是简单地教给学生知识，而是引导学生实现知识的自主获取，过程中，教师要与学生进行平等对话与研讨，在适当的时候给予学生必要的指导和建议，特别要指出的是，教师要引导学生自己去分析和评判，允许他们大胆发表自己的观点和看法，层次递进、步步深入，帮助他们解决问题中所遇到的困难和难题。同时，也要给予学生充足的空间和时间，以保证他们能进行充分、深入的思考与探究。最后，为有序高效地指导学生进行学习，发挥教师在 PBL 混合式教学中的作用，就要求教师要不断丰富和扩充自身的知识储备，关注本学科专业知识的同时，注意了解相近学科的知识体系以及与本学科之间的联系点。另外，PBL 混合式教学需要借助在线教学平台和工具来进行教学活动，所以教师还要努力掌握现代信息技术，提升信息化教学能力，熟悉这些技术工具的使用方法并能够熟练地运用于教学实践中，向学生提供学习的指引和建议，确保学生能够顺利地进行学习。

（四）实践性原则

实践性原则是指在教学中，教师应当注重教学的实践环节，将理论知识与实践操作相结合，使学生能够联系实际理解所学知识并将所学知识应用于具体实践中，提高学生的实践能力和创新能力。对于思政课而言，坚持理论联系实际是思政课教学的基本原则，同时也是一种基本方法，如何在教学中做到理论联系实际不仅是思政课教师成功上好课的关键，更是调动学生积极性和引起学生浓厚学习兴趣、提高学生科学分析社会现象和社会问题的关键所在。因此，思政教学需要突出实践性，注重实践教学。而实践教学环节也是 PBL 教学与混合式教学的重要组成部分，是保证教学质量的必不可少的环节，正是这样，在高校思政课教学中具体运用 PBL 混合式教学方法就要求必须坚持理论联系实际，把思政小课堂同社会大课堂结合起来，在这里要注意以下三点内容：首先，思政课教学内容需要贴合实际。思政课教师应着眼于社会发展趋势以及复杂变化的外部环境而适时地调整教学内容和教学方向，并据此进行 PBL 混合式教学设计，开展富有针对性的教学活动，促进教学活动顺利实施。比如，思政课教师要善用成都大运会这一最新的社会素材，将大运会事实、数据、案例有选择性地融入教学并提出一系列现实问题，“大运会为什么花落成都”“大运会的口号蕴含着什么”等，引导学生深入思考和探究。其次，在教学过程中教师应充分考虑学生的实际情况和需求。由于高校思政课覆盖所有专业、面向所有学生，而不同专业的学生存在明显的差异性，所要求达成的教学目标也会有不同，这就要求思政课教师在教学中要充分考虑到学生的差异性且更加关注学生的专业背景，面对不同专业的学生，创设不同的情境，采取差异化的教学设计和实施过程。最后，在教学活动中应注重教学的过程性，尤其要对学生获取知识的过程引起高度的重视。PBL 教学法和混合式教学两者都强调学生的自主学习，也就意味着教师要将教的过程转变成学生主动学习的过程，学生参与的过程和学生发展的过程。而教师需要关注教学的全过程尤其是教学过程的创新性与变化性，以此促进教学的深入展开。

（五）合作性原则

合作性原则，即协作性原则，强调的是小组或团队之间的分工合作，主要是指教师在教学中应注重培养学生的合作精神和团队意识，引导学生通过组内相互支持、相互配合、互通有无、优势互补，共同提出解决问题的方法，从而达到活动效果的最优化目标。无论是线上线下的混合式教学还是 PBL 教学，都主张学生进行合作学习，把相互协作的关系贯穿于整个教学研究过程中，如果缺乏了协作性要使教学研究活动得以顺利展开和完成是难以实现的。需要强调的是，除了学生与学生之间的协作外，一定程度上也离不开教师与学生之间的协作，这里指的协作并非教师给予学生直接性的帮助，而是要求教师实施 PBL 混合式教学的过程中扮演好其引导者、策划者和组织者的角色。基于此，高校思政课混合式教学运用 PBL 教学法一是要求教师在开展教学活动时经常注意实施“合作性”原则，主要是围绕思政课的主干课程、基础课程的重要内容设计好问题，引导以小组为单位开展合作学习，进行研讨交流并利用在线学习平台展开网上的广泛研讨，从而激发学生的灵感，充分发挥他们作为学习研究的主体作用。二是要求注重培养学生的合作意识，强化学生的合作精神和集体意识。思想政治教育的本质就是教育者与受教育者共同参与双向交往互动以形成受教育者一定的思想品德为目标的教育实践活动过程。这就要求 PBL 混合式教学的实施必须贴近大学生的身心特点和发展方向，体现大学生掌握自主发挥的权利，在问题的探究过程中引导学生积极参与，通过自主学习和合作学习来分析、解决问题，达到知识与技能的获取和提升，进而培养学生的团队合作精神。三是推行“合作性原则”的过程中应注意避免一些问题，比如开展 PBL 混合式教学时虽强调合作学习，但活动时分组不太科学、分工也不太明确；课堂教研时间不足，组织学生将某个问题经过合作探究得以弄清弄透存在一定困难，也是不太现实的等。针对这些问题，教师需要依据教学的实际需要，确定出完整的、有效可行的 PBL 混合式教学实施方案，从分配小组、设计问题、展示问题到学生自主学习、小组讨论等步骤都要深思熟虑。尤其是问题的设计还必须注意契合学生学习实际，有探究价值、有适当难度而且个人难以完成，组织学生共同探讨合作完成，真正认识到合作的必要性。同时，还应体现一定的实践意义，与学生的生活和实际问题相联系，这样就能更大程度上提高教学实效性。

三、成熟技术平台的支撑

混合式教学是一种融合了传统面授教学和在线学习的教学模式，为教师和学生提供了更加灵活多样化的学习方式。然而，要实现混合式教学的有效运行，技术支持和平台建设起着至关重要的作用，也正因如此，PBL 教学法融入高校思政课混合式教学同样需要成熟技术平台的支撑，才能促进 PBL 教学法与混合式教学模式的有机结合。首先，PBL 混合式教学需要一个高速稳定的网络环境，学校应提供高质量的局域网和无线网络，以保证教师和学生能够顺畅地访问在线学习平台，为广大师生提供了便捷、高效的学习和教学方式。学校还应设置防火墙和入侵检测系统，及时发现和阻止网络攻击，营造风清气正、健康和谐的校园网络环境。此外，学校也要高度重视师生的网络安全教育，为其提供专业的网络安全培训和指导，帮助师生了解网络安全风险，学会正确使用网络资源，有效规避师生的一些不良网络行为。其次，为了支持 PBL 混合式教学，学校需要投入适当的资金来优化和完善教学相关的硬件设施，包括电脑、投影仪、音响设备等现代技术的辅助教学工具，以便教师能够与学生分享课件、展示多媒体内容并保证学生能够清晰听到和理解教学内容，学校还应当建立起相应的维护机制，定期或不定期检查和维修教学硬件设备，确保这些设备的正常运行。另外，学校可以设置智能化的学习区域和小组讨论区，为学生提供充分的资源和环境，促进学生之间的合作与交流，共同完成学习任务，进而培养他们的团队合作意识和解决问题的能力。最后，在线学习平台作为混合式教学的重要组成部分，选择合适的平台并进行有效运用，也是PBL教学法应用于混合式教学的关键要素。在选择在线学习平台时首要考虑的是平台的稳定性，一个稳定的平台能够有效支持教师的教授过程和学生的学习过程，保障整个教学流程的顺利实施。还要考虑平台的优质性，注重线上教学资源的数量和质量，一个优质的在线学习平台应具有丰富多样的教学资源，包括但不限于课程视频、PPT、学习资料等，同时，互动交流功能、多样化的评估方式等也是在选择在线学习平台时需要考虑的因素。所以教师应结合教学实际找到适合的在线教学平台，构建高效优质的混合式教学环境。

四、不同要素的优化整合

对于PBL教学法和混合式教学模式而言，学习环境、教学策略、教师、学生等一系列要素无疑都是十分重要的，但更为重要的是需要对这些要素进行合理整合，从而给学生打造一个整体的学习体验，它也是整个教学过程中的核心部分。因此，需要从以下几个方面将教学过程中的诸要素进行整合和优化，以保障有效教学的顺利实施。一是关于教学媒体的选择与组合，混合式教学与传统教学的核心区别之一就在于媒体的选择和教学策略设计有所不同，传统教学中也会用到一些常用的教学媒体包括黑板、白板、投影仪、幻灯片等，其选择主要是考虑如何更加有助于教师教学内容的呈现；而混合式教学是基于移动通信设备、网络学习环境与课堂讨论相结合的教学情境，通过借助现代教育技术等多种技术手段，对传统教学资源进行优化、整合、呈现和运用，并将传统课堂教学、实践实操教学与网络在线教学进行深度融合的一种教学形态，其教学媒体的选择更多地偏重于哪些媒体形式能够更好地支持学生学习。也就是说，媒体角色发生了转变，从辅助教师教学的演示工具变为了学生获取信息的渠道，能够为学生提供更加丰富多样的学习内容和学习方式。将PBL教学法运用于思政课混合式教学中，同样需要借助现代的信息技术和多媒体手段，关键是教学媒体的选择与组合，因此，教师在教学中宜采用多种媒体组合的教学方式，使其各展所长，互为补充，以期形成最优化的组合系统，共同参与教学过程。同时，最优化指的是在具体条件下的最佳状态，教师应结合教学实际情况选择合适的教学媒体，实现教学媒体组合的最优化。二是线上与线下学习的比例问题，如何合理控制“混合程度”才能使教学变得更加有效也是需要思考的问题。混合式教学相对于传统教学有明显的教学优势，在于其个性化学习、互动与合作以及多样化评估等。但是也存在一些局限性，比如就有部分教师指出，线上教学平台尽管能够为学生提供丰富的学习资源、提供个性化的学习服务，帮助学生更方便、快捷地获取知识，达到“教书”的目的，但是难以实现“育人”的目的，这也是线上教学无法完全取代传统课堂教学的一大原因。正因如此，无论混合式教学还是 PBL 教学法与混合式教学模式的结合，都需要综合考量多方面因素，选择合适的混合模式，合理分配线上线下学习的比例，同时积极探索线上教学平台基于 PBL 教学法的实际应用模式，借力丰富的互联网，另外，与单独使用混合式教学模式不同的是，构建 PBL 混合式课堂，除了要对线上和线下教学内容进行整体设计外，还要以问题为基础，在问题的解决过程中使线上和线下的教学活动实现有效衔接，力求达到“最大化效益”。三是关于教学资源的整合与优化，PBL 混合式教学需要运用丰富的教学资源包括但不限于教材、课件、视频、网络资料等，这些资源能够有效辅助教师教学，减少教学准备的时间和精力，提高教学的效率和质量，因此，教师需要积极整合和优化教学资源，为学生的学习提供有力的保障和支持。教师可以结合不同类型的教学资源并根据学生的实际情况与特点，科学合理地选择和搭配教学资源，提高教学的灵活性和多样性，以更好地满足学生自主学习和解决问题的需要。同时，还要进一步优化这些资源，可以利用互联网等信息技术手段分析学生的学习数据和行为，系统可以评估出学生的知识水平、学习风格和能力倾向，从而提供最适合他们的学习内容和难度。此外，随着现代教育技术的不断发展，PBL 教学将会更加注重数字化教学资源的建设和应用，将更加注重混合式教学的探索与实践，也将更加注重个性化教学和自适应学习的发展，所以不单是教师，学校也需要加强对教学资源的投入和建设，尤其是数字化资源的整合和优化，为师生提供更加优质的教学资源和环境，以保障PBL混合式教学地顺利开展。

第四节 PBL教学法应用于高校思政课混合式教学的实践策略

一、搭建完善的PBL混合式教学流程

针对目前PBL教学法与混合式教学在高校思政课实践过程中存在的问题，提出实现PBL教学法与混合式教学的结合最重要的策略是搭建完善的PBL混合式教学流程体系，以此来优化目前单一的授课形式，激起学生的学习兴趣。流程主要按照“课前线上自学”“课中线下教学”和“课后巩固学习”三个阶段来逐步展开，提出了三阶段式的PBL混合式教学实施流程，进行流程循环，逐步提高学生的自主学习能力。

（一）课前线上自学

即任务驱动，发布课前任务，培养学生自主学习能力。PBL教学法应用于高校思政课混合式教学本质上就是将线上教学与项目任务进行结合，集成了PBL教学法和混合式教学法两者的优势，即教师以问题为切入点和抓手，在组成学生合作团队的前提下，引导学生在一段时间内通过合作探究解决问题，并在课堂中汇报成果，最终获得学习隐含在问题背后的知识，形成解决问题的技能和自主学习的能力。这个过程中，教师可以充分利用混合式教学法在线学习的优势，通过线上平台发布课前任务，让学生在学习任务的驱动下积极主动地学习，以实现个性化发展目标。相较于传统机械式的学习流程，这样做既能培养学生的主观能动性，激活学生的学习潜能，培养学生独立解决问题的能力，又能丰富线上授课内容，使学生能够利用网络平台阅读教材和查阅相关辅助材料，完成自主导学，有利于做好学生学习前置，帮助学生对所学知识建立一个初步认识和了解，同时可以使师生之间沟通不够顺畅的问题得到解决。另外，思政课混合式教学中融入PBL教学法后，线上学习平台的作用得到有效发挥，除了签到、抢

答、选人、讨论等常规平台功能外，教师还可以在平台中设置不同的任务点，促使学生自主完成相应的学习任务并通过学生的行为数据（如课程访问次数、学习进度等），及时跟踪学生线上学习情况，掌握学习动态。例如，《纲要》课“第一章——进入近代后中华民族的磨难与抗争”的教学，教师首先要明确本章重难点问题，确定好问题之后并在学习平台上进行上传：中国近代社会性质、社会矛盾、革命任务的变化；资本—帝国主义的侵略对近代中国的影响；中国人民反侵略斗争的意义；中国历次反侵略斗争失败的原因等。学生需要在任务模块中获取问题，并根据任务进行自主学习和合作学习，充分讨论和交流，完成学习内容。教师还可以在平台上创建各章节的习题模块，内容覆盖课程知识点，使学生可以根据学习进度自主选择学习任务，以便及时发现和解决自身存在的问题。概言之，PBL教学法与混合式教学的结合旨在通过线上任务驱动提高学生学习兴趣和积极性，完成课前自主学习任务，为线下课堂的深度学习做好准备。

（二）课中线下教学

即进入线下授课阶段，这一阶段教师应秉持“以学生为中心”的教育理念设计教学环节，教学环节主要包括前测反馈、问题聚焦、课堂研讨、总结评价、后测反馈五个部分。

“前测反馈”的设计主要借助了学习通、智慧树、学银在线等线上教学平台的反馈功能。比如教师可以通过学习通提前发布线上学习任务，设计多采用选择题、判断题、简答题等多种方式，或者直接通过问卷的形式进行发布，根据回答情况及时了解学生的自主学习情况和存在的问题，实现线上学习到线下学习的有机衔接。

“问题聚焦”则是教师根据学生线上学习的实际情况及课程教学需求，创设问题情境并提出任务，课堂教学围绕问题展开，帮助学生立足于问题展开知识建构的过程。所以，问题情境的创设是关键，教师除了要厘清课程章节学习的重难点问题，学生线上学习不懂、难懂的问题，还要跟现实社会结合起来，利用社会热点问题开展教学特别是学生关注度或参与度高的一些社会热点，以此做好情境创设，并依托情境提出问题，让学生自然而然地融入其中，努力思考并积极寻求解决问题的方法，达到获取知识的目的。例如，在教学《纲要》课的“第五章——中国革命的新道路”内容时，教师可提前布置学习任务，指导学生进行课前预习并按照要求完成自主学习。在学生初步了解相关知识后，教师可通过引入案例创设历史教学情境：大革命失败后，反动派四处镇压革命，屠杀共产党员和革命群众，革命处于低潮，全国陷入一片白色恐怖之中。1927 年 7 月 4 日，青年革命者陈延年壮烈牺牲，年仅 29 岁。他是热血青年，更是革命烈士。在不幸被捕后，他以钢铁般的意志，严守党的机密，宁死不屈。一年后，陈乔年也以自己的实际行动诠释了中国共产党人和革命志士为探索中国革命道路前仆后继、英勇献身的精神。依托这一情境，教师可让学生讨论以下问题：一是中国共产党为什么要继续坚持革命？二是革命应该走什么样的道路？通过在历史情境中提出明确的学习任务，形成有意义的互动学习环境，能够帮助学生更加清楚地认识到大革命失败之后中国共产党面临的严峻考验，引发学生积极思考、深入学习，并引导出下部分内容。过程中，相较于教师讲学生听的传统教学模式的枯燥，PBL 混合式教学使教师从过去的知识传授者、教学权威者转变为学生学习活动的设计者和指导者，更为强调学生的主动学习。

“课堂研讨”要求教师在教学的实施过程中将课堂学生划分为小组，并让小组学生围绕提出的问题展开充分讨论和研究，小组经过整合自主学习所获得的信息并产生解决方案形成最终的学习成果进行汇报。这一过程中，教师需要注意以下事项，以确保课堂研讨的质量和效果。一是教师要明确自身角色的定位。教师不再是课堂的主导者、单一的知识传授者，而是转变为组织者、引导者和协调者，在把握教学方向、控制教学节奏和全局统筹方面发挥着重要作用。所以教师要辅助课堂研讨，并不是一味地灌输、讲解，而是要引导学生自主学习、主动探究，在学生遇到瓶颈时进行适当的启发，提供解决问题的思路和方法。此外，因思政课的课程性质，教师还要不断进行研究和学习，适应不断变化的局面，努力提高自身的综合素养，加强与其他教师的合作与交流，提高合作能力，才能为课堂研讨的顺利开展做好铺垫。二是要注意引导学生树立主体意识。因受传统教学模式的影响，教学过程中忽视了对学生主体意识的培养，学生的主体地位得不到有效体现，所以学生可能会存在这样的问题如重知识而轻能力、学习的求知欲不足、课堂积极性不高等。而 PBL 教学法和混合式教学两者都强调以生为本，突出学生的主体地位，加之 PBL 教学法是基于问题的教学方法，问题能够激发学生的主体意识，因此教师要积极引导学生转变学习观念，树立自主学习的理念，增强主体意识和自我建构意识，主动参与学习、积极思考、大胆探究。此外，教师要倡导自主合作探究的学习方式，为学生提供广阔的自主学习空间，充分提高学生参与度，真正让学生成为课堂的主人。三是做好课堂研讨的有效准备工作。教师要提前将研讨的问题布置给学生，给予学生足够的时间搜集资料，并且引导学生通过多种方式、多种途径查找和搜集资料，尤其是要充分发挥线上平台的资源优势，使线上教学成为线下教学的有力补充。学生搜集资料时，教师也并非只是一个单纯的“旁观者”，应随时关注学生学习情况，主动与学生沟通交流搜集资料过程中遇到的问题，进行及时地反馈，有意识地引导学生做好研讨前的准备，同时培养学生搜集、整理资料的能力。此外，还要根据学生的前期学习情况，科学合理地规划课堂研讨时间，把握好课堂节奏，以提高学生的学习效果。

“总结评价”是实施过程中升华与内化的环节，也是学生总结经验、提升能力的一个重要方式。加之无论是 PBL 教学法还是混合式教学模式，总结评价是其教学实施过程中的关键环节，所以两者的结合离不开有效的总结评价。总结评价需要遵循一定的步骤和方法，具体而言：首先，学生经过课堂充分的交流与讨论之后，将讨论的结果归纳总结并将小组最终成果进行汇报展示。各组同学派一名代表进行课堂汇报，阐述本组的观点，汇报时间通常为五到十分钟，汇报过程中如有不足的地方，本组其他同学可以随时补充，其他组同学积极发言的可为其所在组适当加分，以提高学生思考问题、回答问题的积极性。其次，教师在倾听学生的成果汇报时应积极鼓励学生各抒己见、畅所欲言，不断开拓学生的思路，并可以在某些关键地方给予提示或建议，引导学生反思在解决问题过程中存在的不足，以加深或拓展学生对所学知识的理解。最后，教师应先就学生汇报的内容进行提炼，总结与该问题相关的理论知识，找出其中不足之处并进行系统性地讲解，以加深学生对理论知识的理解，同时，对学生在解决问题整个过程中的表现进行综合评价，充分发挥综合评价在促进学生发展中的作用，以调动学生的学习积极性。需要注意的是，评价的实施过程必须注重评价主体多元化、评价内容多维化、评价方法多样化，一般而言，采取学生自我评价（自评）、学生相互评价（互评）和教师评价（师评）相结合的形式进行，以形成性评价为主，终结性评价为辅，强调对整个学习过程的评价。

“后测反馈”指的是对学生知识掌握程度的反馈，是必不可缺的一种教学手段。这一阶段，教师在前述环节完成之后可以通过线上平台发起课堂测验，课堂测验能反映学生的学习信息，通过获得学生相应的测试成绩和评价，帮助教师更好地了解学生学习情况、掌握课程学习成果。同时，教师也可以根据线上平台的数据统计及时调整线下教学策略和方法，提供有针对性的指导。

（三）课后巩固学习

组织学生巩固学习是 PBL 混合式教学的最后一个环节，也是提升巩固学生学习效果的有效手段。学生需要再次回到线上，借助线上学习平台进行知识的巩固与拓展。一方面，线上平台的视频、文本、课件等学习资源学生可以无限次重复使用，有利于他们针对未完全掌握的内容及遗忘内容进行复习，以强化认知；另一方面，教师通过线上学习平台布置课后作业以及拓展性探究任务（课后作业旨在全面真实地了解学生课堂学习成效，帮助教师及时获取课堂反馈信息；拓展性探究任务能够帮助学生进一步巩固课程知识、拓展应用能力），可对学生的学习效果进行形成性测评。这个过程中，要求学生复习巩固所学知识，完成相应的学习任务，同时进行学习心得与学习笔记的整理；将学习笔记以拍照的形式发给教师检查，教师挑选优秀笔记在平台中进行展示，以便相互借鉴学习。教师通过平台及时跟踪学生的学习过程、统计任务点的完成情况，对未完成任务点的同学逐个进行督促，通知没有上交学习笔记的同学按时补交。同时，教师应根据学生需要进行在线答疑辅导，帮助学生解决在学习过程中遇到的疑难，引导学生自主查阅、学习学科相关前沿知识，开阔学生视野，加深对相关知识的深层次理解与认识。此外，教师通过学生课后巩固学习的反馈与评价，可以掌握学生是否能够适应这种教学模式，从中发现和总结问题，不断调整改进教学策略。

综上所述，这种将 PBL 教学法应用于思政课混合式教学的实施流程，实质上就是以“问题”为线上学习的起点，从线上学生的自主学习到线下教师设计组织完整的课堂教学再回到线上学生的巩固学习的混合式学习闭环教学过程，充分体现了教学过程的完整性，实现了线上教学与线下教学的有效衔接，进而确保学生学习“不断线”、教师教学“守时间”、教学质量“有保障”。

二、构建高效混合式教学智慧课堂

PBL 教学法与混合式教学法的结合虽改变了传统的思政课教学模式，但是仍要重视发挥课堂教学的主阵地、主渠道作用，教师必须把握好课堂教学，借助课堂向学生进行知识传授，而课堂的构建则会成为教学的关键，将会直接决定是否能够达到预期教学目标。近年来教育信息化与数字化校园建设向纵深发展，以“智慧课堂”为代表的教育数字化转型已成为必然趋势，这一大背景下，高校思政课需要主动顺应时代发展，拓展思维方式，改革创新教学模式，建设“智慧课堂”，即是一种以“智慧”为核心，以“课堂”为基本载体，以信息化手段促进教学的创新模式。智慧课堂作为互联网与教育深度融合后形成的一种新型课堂形式，极大延展了教学的空间维度，活化了教学资源、丰富了教学手段，因此构建智慧课堂是打通线上线下混合式教学的关键，混合式教学需要依托于智慧课堂信息化教育平台。混合式教学利用信息化教育平台运用于思政课教学活动中，让学生更多地掌握学习控制权，通过课前——线上、课中——线上线下混合、课后——线下等不同阶段的任务规划，自主调配学习时间，促使教学真正地“活”起来，满足了学生的特殊需求，从而显著提升学生的自主学习能力。同时，能够弥补以往课堂教学存在的一些不足，比如传统的签到、问答、互动等环节往往会占据较多的教学时间，给教学带来一定不便，而混合式教学模式下，教师则可以充分利用线上教学平台功能如主题讨论、屏幕共享、分组、投票等开展形式多样的线上教学活动，创设师生互动、生生互动的课堂，提高课堂互动性和学生参与度，覆盖课前、课中、课后的教学全过程，实现智慧课堂教学，促进教学顺利开展；还可以借助平台进行课堂监测，明确学生线上学习情况，助力教师精准定位，获取教学信息反馈。PBL 教学法融入思政课混合式教学同样需要依托线上教学平台进行任务的布置与发放，充分发挥信息技术的强大辅助优势，借此对传统教学进行逐步优化，构建以问题为学习导向、以学生为中心的课堂教学新模式，进而实现教学方式的转变，以达到更高质量的教学效果。基于此，PBL 教学法与混合式教学的结合必须致力于打造思政课智慧课堂，有效利用信息技术及互联网平台进行教学，发挥线上和线下教学的各自优势，促进教学活动顺利开展，进而着力提升常态课堂教学质量。

三、优化教师 PBL 混合式教学能力

首先，实现课程内容的重构以及线上、线下的有机融合。一是要重构课程内容，优化教学设计。思政课的教学内容繁多且涉及面广，涵盖了历史、政府、政策、制度、文化、哲学、经济、法律、逻辑思维等多个层面，加上课堂教学时间极其有限，就有必要根据教学目标、学情分析等因素综合考量，整合、重构课程内容并优化教学设计。以 C 高校马克思主义学院的《纲要》课为例，课程团队基于 OBE 教育理念，从人才培养目标与经济社会发展需求出发，重构课程体系，以学生为中心、人才需求为导向，进行知识架构，形成基于问题导向的十个特色教学专题。二是要明确教学目标，细化课程知识点。教师需要将课程知识点进行细化，并按照自主学习、引导学习、深度学习三个层级进行拆解，同时明确每个知识点对应的教学目标，围绕教学目标进行 PBL 混合式教学设计。比如：在进行线上自主学习时，教师要结合学生的实际学情、知识点难易程度等因素，设计适合的课前任务，引导学生质疑、思考、释疑，任务驱动、问题导向。三是要有机融合线上线下的教学内容。混合式教学强调线上线下的有机结合，线上与线下是统一的整体，这就要求教师要做好线上线下教学内容的衔接。线上的教学活动要能够激发学生学习热情，布置的课前任务包括课前自测、主题讨论等，要能够准确评估、反馈学生学习情况，为课中线下教学提供参考依据，便于线下教学的顺利展开；线下的课堂教学除了要完

成对学生线上学习成果的检验、巩固和转化外，还要通过线下的授课环节进一步帮助学生理解和掌握教学内容，从而促进学生所学知识的运用，促进知识的内化。可以说，在 PBL 混合式教学课程设计及课程内容的重构过程中，教师的主导性不但没有被削弱、被淡化，反而更加凸显，也正是因为教师主导作用的发挥才使学生拥有更多的思考空间，从而真正地发掘出其自身的潜能，这样的教学方式对学生汲取知识和拓展知识面能够起到极其重要的作用。

其次，积极构建师生同构共生的课堂生态。一是要提高课堂的互动性，让课堂“动”起来。教师应主动营造积极互动的课堂氛围，主动创造师生之间、生生之间的联结，实现实时与非实时的交流与互动，打造师生互动、生生互动、师生共生同长的课堂生态。在进行线上教学时，教师可以通过在线学习平台上传相关教学资源，包括视频资源和授课课件、热点问题和学术著作等，引导学生合理利用教学资源，完成自主学习；同时，通过应用平台功能与学生进行实时互动，提供主题讨论、课前自测、在线答疑等功能，促进学生之间的交流学习、师生之间的有效沟通。过程中所生成的互动数据能够帮助教师准确获知学生学习情况，判断学生线上学习成效，过滤出其存在的共性问题与难点，便于教师在线下教学开始前把握学情，从线上教学顺利地过渡到线下教学。在进行线下教学时，教师可以通过教学活动的组织或者在线教学平台的互动功能来增强学生与教师和同学之间的沟通。比如：教师可以引入“学银在线”“智慧树”等工具发起投票、选人、分组、抢答等活动，并根据需要灵活运用、适时使用，达到即时检验学生课堂学习效果的目的。此外，线下互动方式也要有选择性地保留运用，同时与线上互动方式相结合，通过互动不仅能妥善解决教学中的共性与个性的结合问题，而且也创造了所有师生参与的共生课堂，进而确保课堂效果。二是要重视第一次线下教学，以强化学生对教学模式的认知。PBL 混合式教学的第一次课宜采用线下授课的形式。教师需要通过第一次线下课在课程运行之初给学生讲清楚课程授课的形式以及课程学习当中可能会遇到的问题、困难和挑战，帮助学生做好心理预期并在线上学习的初期借助微信、QQ 等方式适当给予学生一定的引导提醒。另外教师在进行线下授课时要遵循循序渐进的原则，充分考虑学生的认知水平和教学目标，帮助学生尽快适应教学方式从而建立和强化对教学模式的认知，逐步实现从“教的课堂”到“学的课堂”、从“初阶学习课堂”到“高阶学习课堂”的转化。三是要科学规划学习进度，合理安排教学内容。PBL 混合式教学很大程度上强调学生的自主学习，需要学生自主完成学习任务，所以教师在进行混合式学习活动设计时应以教学目标和教学内容的分析为基础，合理安排教学进度，保持相对稳定的节奏。线上自主学习的内容包括课前自学、课后巩固所设定的学习任务点，其发布时间、频率以及体量应相对稳定，既不能占用学生太多的课后时间又要保证学生的效果；线下课堂教学则是学生线上自主学习的延伸，教师要在掌握学生线上学习情况的基础上有选择性地进行知识讲授，尤其是教学的重点和难点，同时积极引导和帮助学生解决学习过程中遇到的问题，最终通过问题的解决获取隐含于问题背后的知识，进而增强学生的问题意识、提高理解掌握运用知识水平和解决问题的能力。这些都有助于帮助学生尽快形成好的学习习惯，进入混合式学习的状态。四是要尊重个体差异，有效实施分层、分类教学并与过程性评价相结合。思政课教师在教学过程中要以学生为主体，充分尊重学生之间存在的个体差异并针对学生知识基础和能力水平的不同进行教学目标和教学活动的差异化设计。比如：基础知识较为薄弱的学生在线上学习任务方面，着重要求其进行基础知识的学习和掌握；基础知识本身较好的学生则可以进行拓展延伸学习以不断扩充知识面。而进行线下教学时则要采取不同的教学策略，尤其是面对不同专业、不同班级的学生时，课堂教学的进度、教学目标的达成以及分组任务的难度等需要根据情况进行适时调整。此外，在设置课程成绩构成占比时教师应充分尊重学生差异，将学生平时成绩的范围扩大化，加大线上线下平时成绩所占的比重，强化对学生学习过程的评价，注重学生在学习过程中所作出的努力以及取得的进步。概言之，混合式教学线上、线下的灵活性决定了教师能够为学生提供更加灵活、个性化的学习体验，通过差异化的教学设计，满足学生个性化学习的需求，甚至同一个班级学生的学习任务、教学活动以及考核方式等都可以进行“私人定制”。

最后，形成以产出为导向的持续优化改进机制。PBL 教学法应用于高校思政课混合式教学的目的在于提升思政课教学质量，而教学质量的提升离不开教学的不断优化改进。因此，教师要强化教学反思，以“思”促“教”，及时了解学生学习成果的达成情况，从而不断改进优化教学，以保障教学目标的顺利实现。教学反思应贯穿于整个教学过程，而不应只是课后才做。具体而言，课前，教师要采取多渠道、全方位进行调研，准确把握学生对思政课程的实际需求，此外还要加强与学生的沟通交流，及时了解学生课前线上自主学习完成情况并作为教学设计的重要依据；课中，以课堂教学为主，合理设计教学各环节，做到把知识有效精准传递给学生，既发挥教育者在思政课教学中的主导作用，又满足学生对自主型学习的渴求，同时关注学生学习状态，把控课堂运行态势；课后，一方面，教师要重视课堂教学反馈，多渠道获取教学反馈信息，及时了解学生的真实想法进而有针对性地调整教学以提高课堂效率和质量；另一方面，教师也要给予学生有效的反馈，这是教学过程中的重要环节，学生只有获得有效的反馈才能清楚认知自身对知识的掌握情况以及与学习目标存在的差距，便于及时调整学习行为。总而言之，课前、课中、课后三者并重，环环相扣、相互配合，这就要求教师要认真梳理整个线上线下教学过程并充分利用在线教学平台的数据统计功能进行深度分析，根据学生线上线下学习实际情况了解其学习成效，从教学目标的达成度、教学策略是否有效、教学设计是否合理等方面入手做好课后总结并找准其中存在的问题，仔细分析其原因，合理调整后续教学环节，不断修正教学设计，进而有的放矢地制定出切实可行的解决对策，使得教学呈现出持续改进的趋势，确保整个教学过程向着课程目标稳步靠近，逐步实现高质量的思政课堂。

四、建立健全科学完善的运行体系

首先，要制定规章制度，规范 PBL 混合式教学。实现有效、高效的思政课 PBL 混合式教学离不开学校强有力的保障条件，而目前来看，PBL 教学法和混合式教学模式虽得到了越来越多教师和学校的认同和接受，尤其是线上线下的混合式教学已逐步成为高校教学新常态，但大多数学校对 PBL 教学法和混合式教学模式的相关制度建设不够完善，缺少政策指引与有效保障。因此，高校要持续、深入和广泛地推进基于 PBL 教学法的混合式教学模式，就必须立足于现阶段思政课 PBL 教学法应用情况、混合式教学开展情况以及在线教学资源库建设基础，进行统一规划，把建章立制贯穿全过程各方面，规范教学，力求思政课 PBL 混合式教学切实做到有章可循、有据可依。具体而言，一是学校要成立专门的组织领导机构，统一领导协调相关工作，建立一套科学、系统、可操作性强的 PBL 混合式教学的管理制度和机制，以推进 PBL 混合教学的规范化开展与实施。比如：制定思政课课程标准以及 PBL 混合式教学实施细则，对思政课教师教学的流程要求、内容时间等予以明确规定，为教学的顺利展开提供基本遵循；同时，根据思政课教学目标、学习资源建设、教学活动组织、学习效果评价等方面制定科学合理的课程评价标准，充分发挥课程评价体系的激励、导向、诊断以及矫正的功能，定期对 PBL 混合式教学实施情况进行评价，以便为课程的运行、建设和改进提供参考依据。二是要建立健全学校、思政课教学部门以及相关职能部门之间的多方联动机制，加强部门间的协同合作，营造良好氛围，为构建和完善高校思政课基于 PBL 教学法的混合式教学模式提供坚实的外在保障。可以说，将 PBL 教学应用于高校思政课混合式教学不仅是思政课教学部门的一种教学活动，也是涉及学校多个职能部门的一项重要的思想政治教育工作，有利于落实高校立德树人的根本任务，为此，需要学校相关职能部门主动加强与思政课教学部门的工作联系，高度重视思政课建设，合理分工、各司其职，形成相互协调、相互配合的联动格局，积极促进 PBL 教学法融入高校思政课混合式教学。三是要把推动 PBL 混合式教学当作思政课课程建设和教学研究的重要组成部分来抓并通过教改立项、优秀课程建设申报、教学质量评估等手段，鼓励引导教师借助信息技术和智慧教学工具积极创新教学模式、教学方法，变革教学思维；同时，要不断完善和健全激励机制，通过制定相应的政策或激励手段来激发思政课教师开展 PBL 混合式教学的主动性和积极性，认可和鼓励开展 PBL 混合式教学的教师并肯定其对教学改革做出的贡献，进一步激发广大思政课教师投身教学改革和课程建设的积极性。

其次，要做好条件保障，确保 PBL 混合式教学顺利进行。高校应针对思政课 PBL 混合式教学建立完善的保障措施。一是平台技术保障。思政课 PBL 混合式教学的实施需要借助信息技术教学手段，信息化学习平台、设备、软件和技术支持等是实现线上线下教学融合的基本保障。因此，高校应积极引进在线教学平台如使用率较高的超星、智慧树、中国大学 MOOC 平台等多个在线学习平台，提供平台支持，便于教师选择合适的教学平台开展教学活动。学校还可以选择反响较好的 1～3 个优质平台开展深层次的合作，建立相关组织机构全面负责全校网络教学工作的组织管理，利用 5G、AI、云计算、大数据、VR 等技术构建校内网络教学平台，引导教师依托网络教学平台自主建课用课，开展线上线下混合式教学改革。此外，学校要配备专门的技术人员，负责相关技术支持和日常维护，同时重视信息技术方面人才的引进与培养，鼓励融合创新，加快信息技术升级换代与应用。二是教学资源保障。有效的课堂教学离不开丰富的教学资源的支撑，而 PBL 混合式教学除了传统课堂教学外，还包括网络在线学习，所以 PBL 混合式教学的实施需要包括线上线下教学资源在内的大量的教学资源支持。学校应通过优质资源引入和共享机制，积极推进国内各大高校之间的交流和合作，着力推出一批教学效果显著、学生兴趣浓厚、课程特色鲜明的优质课程资源，为全面构建思政课 PBL 混合式教学模式奠定坚实的资源基础。同时，要着力加强对现有网络教学资源的审核和把关，重视政治性、科学性、教育性，建立健全资源准入审核、监控把关、定期淘汰和更新机制，及时更新教学资源。此外，学校还要完善相关的硬件设施包括图书资料、教学场地、教学器具、社科文献、仿真系统和实训基地等，同时积极构建信息化教学环境，投入更多智能化的教学设备，尽可能满足教师信息化教学需求，给予有力支持，为 PBL 混合式教学提供物质保障。三是教师能力保障。教师是人才培养的关键，教师教学能力的高低直接影响教学效果。作为一种教学改革创新，将 PBL 教学法应用于高校思政课混合式教学不仅带动了教师角色定位的颠覆性转变，更是对思政课教师教学能力提出了更高的要求。教师除了要有较高的专业教学能力和常规教学技能，还需要具备一定的信息技术应用能力、混合式教学设计能力、促进学生深度学习以及有效管理学生学习过程的能力等。因此，高校应围绕教育改革新形态、课程改革新要求、混合式教学新路径等主题开展交流研讨，着力促进教师教学理念与时俱进。同时，有针对性地定期开展 PBL 教学和混合式教学方法等业务培训，不断学习和掌握最新的教学理念和方法，提升教师在新的教学形态背景下的教学能力，从而实现教师教学理念与能力的双养成，更好地开展 PBL 混合式教学。此外，学校可以在课程建设经费、教师绩效考核、职称评定、课程运行管理等方面给予开展教学改革的教师一定的倾斜，提高教师投身 PBL 混合式教学的积极性和主动性；还要从软件平台建设、数字化资源引进等方面给予教师教学必要的支持，搭建适合于本校师生的数字化学习环境。总之，PBL 混合式教学的顺利开展需要强有力的条件保障支持，学校应做好保障服务工作，从硬件建设和软件提升方面为教师开展 PBL 混合式教学提供便利，同时帮助教师解决教学过程中遇到的问题和困难。

最后，完善评价体系，保障 PBL 混合式教学的有效性。教学评价指的是对教学过程进行价值判断的过程，是保证教学质量和成效的关键环节。目前来看，随着近年来各高校思政课混合式教学改革的深入推进，相应的教学评价体系也在不断完善并取得一定成效，但总的来看，思政课混合式教学的教学评价机制、反馈机制仍有待完善，主要表现在评价标准不明确、评价内容与指标片面化、评价方式与手段不够丰富缺乏灵活性等问题。因此，为确保高校思政课 PBL 混合式教学过程的顺利实施，就有必要建立与之相配套的评价体系，以评估教学成效，帮助教师不断改进和调整教学，最终提高教学质量。具体来看，可以从以下几个方面推进：一是要综合运用教学评价方式，注重评价方式的灵活性，将线上评价与线下评价、定量评价与定性评价、过程性评价与终结性评价相结合，淡化甄别、强调反馈，既重结果、又重过程，提升课程目标达成评价的效度。线下评价侧重于定量的评价标准，在线学习平台对于学生线上学习的学习轨迹都有实时记录，教师可以利用平台所收集、计算和分析学生的学习数据，全面且系统地对学生的学习情况、特点、能力等进行深入了解，并结合这些信息对学生的学习需求展开客观分析。而线下评价则侧重于定性的评价，旨在对学生的综合能力和政治素质进行考评。教师通过学生的课堂表现包括学习态度、学习效果、学习过程等方面可以知悉学生知识目标、能力目标和素质目标的掌握情况，全面、客观地了解学生的学习进度进而作出有效评价。此外，线上、线下的评价始终贯穿着过程性评价和终结性评价。终结性评价是在教学活动结束后为判断其效果而进行的评价，一般而言在学期中、期末通过考察或考试的方式进行；而过程性评价则覆盖了学习全过程，是对学生课前、课中、课后学习的总体考量。概言之，PBL 教学法和混合式教学模式两者都强调学生是学习的主体，要充分尊重学生的主体地位，也更注重学生的全面发展和综合素质的提升，加之立德树人是思政课的根本任务，思政课的考评除考查学生的知识掌握情况外，更重要的是学生的思想道德素质，如学生道德水平、政治素质、团队精神、爱国主义精神等。所以必须告别传统教学模式的“唯分数论”，建立多元化、全方位的教学评价体系，注重对学生学习过程的评价，坚持知识性、能力性和思想性的统一，引导学生全面发展。

二是要注意评价主体的多元与互动，体现评价的客观性、公正性。传统教学中教学评价的主体通常以教师为主，学生作为被评价者，是评价的客体，在评价过程中处于被动地位，这种单一主体的评价方式往往更重结果、轻过程，不利于学生主体性的发挥，与当前高校思政课大力倡导的 PBL 教学法、混合式教学模式秉持的“以学生为主体”的教学理念相悖，因此构建高校思政课 PBL 混合式教学评价体系需要促进评价主体的多元化。高校思政课教学评价的主体主要是教师和学生。教师和学生作为两类不同的评价主体，其主体作用发挥在多元评价中具有不可替代的重要作用。在具体教学评价中，就教师而言，首要任务是转变评价观念，PBL 混合式教学与传统教学模式相比更注重学生的学习过程，所以教师不仅要注重学生学习的结果，更是要将评价贯穿于学生学习活动的全过程，包括线上学习评价和线下学习评价。线上学习评价主要考查学生的视频观看率、讨论发言情况、提问以及回答问题情况和线上作业、测试等完成情况；线下学习评价则主要考查学生的出勤率、课堂参与互动情况、小组任务完成情况和期末考试笔试情况等方面。同时，教师对学生实际学习过程和具体学习效果进行评价时应从学生思政知识的理解与掌握程度、情感态度及课堂参与度等多个维度开展，力求全面掌握学生学习质量与成效。就学生而言，作为受教主体和被评价对象同时又是评价主体，参与评价是 PBL 混合式教学的一个重要环节，应充分发挥学生在评价中的主体作用，将学生由被动评价的客体向积极参与评价的主体转变，而评价就成为学生能够主动参与、自我反思、自我教育、自我发展的过程。同时，也有助于教师在评价过程中有效地对学生进行监控和指导，帮助学生接纳和认同评价结果，使其获得全面发展。在此过程中，学生应正确认识教学评价的重要意义并在教师的引导下通过学生自我评价、小组之间评价、学生之间评价等方式积极参与教学评价，进而在自我认识和反思中得到提升和发展。可以说，评价主体的多元化是 PBL 混合式教学得以顺利实施的条件需要，能够在发挥教师对教学评价主导作用的基础上也保证了学生的主体地位，实现了“主导——主体”的统一，能够全方位、多角度地评价教学活动，最大限度提高教学评价的效果。

三是要注意评价内容的全面性。所谓评价内容的全面性指的是对学生的评价不能仅看其知识和技能方面是否得到了落实或者是否有了提高，也要充分关注学生在情感、态度和价值观等方面的发展情况。高校思政课作为高校教育中的重要组成部分，承担着培养学生的思想道德素养和价值观的重要责任，包含着知识传授、技能培养和行为养成，但从根本上说并不是简单的知识传授课和技能培养课，甚至也不只是行为养成的课程，这就决定了不能简单地用学生知识掌握的实际情况来衡量学生是否达到相应的教学目标，更重要的在于学生的能力养成、素质提升、价值建构等，也就是说评价一个学生思政课学习情况应从多方面进行综合考量，这样才能真实了解思政课教学实效。因 PBL 教学法和混合式教学模式注重学生的学习过程，学生知识的获得、能力的形成、素养的提升往往是在其过程性学习中得以实现的，教学效果如何则需要教师结合学生的过程性表现进行全方位评价。所以，无论是从思政课角度出发，还是从 PBL 教学法和混合式教学模式的运用出发，都要求教师能够对学生进行多维度教学评价，注意评价内容的全面性。一方面，需要改变过多注重知识层面的评价倾向，将知识技能的单维评价向知识与技能、过程与方法、情感态度价值观的多元评价转变。教师在明确课程知识层面相关要求之后，应把学生的学习态度、学习习惯、主动参与学习的过程、积极的学习情感、学会对学习的反思、个性特长等纳入评价内容，关注学生的全面发展，同时注重学习方法的研究指导，使学生获得知识技能过程的同时成为学会学习和形成正确价值观的过程；另一方面，需要把握定量评价与定性评价之间的张力。教师在评价内容上要明确定量评价与定性评价的范畴，比如学生课堂出勤率、作业完成度、考试及格率等可度量、易测量的方面属于定量评价，而政治态度、人生观、价值观、思想道德状况等不易测量的方面则属于定性评价。同时，针对不同的具体内容，有侧重地选择某一方面评价方法，在整体上均衡好定量评价与定性评价的恰当比重。总之，评价内容的全面性在于其评价范畴应尽可能地辐射到学生多方面的学习情况，进行综合考量，使教师能够全方位掌握学生学习成效进而不断优化教学。

第五章

CHAPTER 05

新时代高校思政课教学质量评价体系

新时代新征程，党的中心任务是“团结带领全国各族人民全面建成社会主义现代化强国、实现第二个百年奋斗目标，以中国式现代化全面推进中华民族伟大复兴”①，对高校善用思政课立德树人、启智润心、培根铸魂提出了新的更高要求。站在新的历史方位上，科学有效的教学质量评价是教学活动的重要组成部分和课程建设的重要环节，直接决定着教学活动的发展方向，充分考察思政课的教学效果，从而促进育人育才目标的实现。高校思政课教学质量评价体系的建立和完善，关系到思政课教师队伍建设，关系到学生的学习成效、学生的获得感，关系到思政课教学质量，关系到立德树人根本目标实现等重要问题。要对高校思政课进行科学有效评价，必须构建系统严密的评价体系，准确把握教学质量各要素之间的相互关系，以评促建、以评促改、以评促管。加强教学质量评价是对新时代高校思政课建设的新要求，是思政课内涵建设的重要环节，应打破评价“教给学生何种知识”的传统桎梏，基于课程教学目标和学生学习成效审视教学全过程，使“教”与“学”服务于知行合一目标的最终达成。

① 习近平．高举中国特色社会主义伟大旗帜 为全面建设社会主义现代化国家而团结奋斗——在中国共产党第二十次全国代表大会上的报告［N］．人民日报，2022－10－26（1）．

第一节 新时代高校思政课教学质量评价概述

伴随着科教兴国、人才强国、教育强国等战略的实施，我国高等教育已逐步从规模扩张的外延式发展向高质量人才培养的内涵式发展转变。2018 年教育部印发的《新时代高校思想政治理论课教学工作基本要求》强调，“要建立健全多元评价机制，采用教师自评、学生评价、同行评价、督导评价、社会评价等多种方式，对教师教学质量进行综合评价”①。2020 年中共中央 国务院印发的《深化新时代教育评价改革总体方案》是关于教育评价系统改革的纲领性文件，其强调指出“教育评价事关教育发展方向，有什么样的评价指挥棒，就有什么样的办学导向”“坚持立德树人，牢记为党育人、为国育才使命，充分发挥教育评价的指挥棒作用，引导确立科学的育人目标，确保教育正确发展方向”② 高校思政课是落实立德树人根本任务的关键课程，教学质量评价关系着“培养什么人、怎样培养人、为谁培养人”这一根本问题。在高校思政课教学活动中，教学质量评价是其重要环节，具有诊断、导向、发展功能，应贯穿高校人才培养全过程。基于国家、社会、企业对人才的需求及学生自身的认可度、满意度，持续改进教学质量，厘清教学评价重要意义、基本动因及实施路径，既回应了教育对人才质量的现实诉求，也践行了立德树人的神圣使命，是高校思政课高质量发展的内在使然。

一、新时代高校思政课教学质量评价的意义

高校思政课教学质量评价体系，应是一个动态、持续的过程，必须联系和追踪至学生成长成才全过程，才能真实反映学生的思想素质、道德水

① 教育部．关于印发《新时代高校思想政治理论课教学工作基本要求》的通知［EB/OL］．中华人民共和国教育部网，2018－04－13．

② 中共中央 国务院．印发《深化新时代教育评价改革总体方案》［EB/OL］．中华人民共和国教育部网，2020－10－13．

准、价值取向等是否真正达到思政课人才培养目标要求，才能有效评估思政课的教学效果与学生毕业后的现实表现之间的契合度、满意度。高校思政课教学质量评价，旨在促进学生全面发展，在于培养出来的人才能够适应国家发展、社会满意、企业需求、自身成长。

（一）为完善高校人才培养目标提供重要参考

人才培养是指对学生进行教育、培训、指导的过程，是一个复杂的系统工程。高校培养人才，不仅要育“智”，更要育“德”；不仅要知识传授、能力培养，更需要实现价值塑造、思想引领，需要引导学生将个人价值的实现融入到国家民族的发展前途中。高校思政课作为立德树人的关键课程，必须紧紧围绕并抓住人才能力培养这个核心点，夯实人才培养之基、践行铸魂育人之本。高校人才培养目标注重培养学生正确的世界观、人生观、价值观，用社会主义核心价值观凝聚共识，在实践中完善自我、塑造自我、成就自我；注重提升学生的政治素养和道德品质，引导学生明大德、守公德、严私德；注重培养学生的综合素质，提升观察问题、分析问题和解决问题的能力。建立高校思政课教学质量评价体系，对学生的现实情况及成长效果进行追踪评估，能进一步增强与高校人才培养的全面互动，为高校人才培养目标的完善提供指导性、方向性、基础性的重要参考。

（二）为确立高校思政课教学目标提供重要依据

《关于深化新时代学校思想政治理论课改革创新的若干意见》明确了思政课的分阶段目标，大学阶段重在增强使命担当，引导学生矢志不渝听党话跟党走，争做社会主义合格建设者和可靠接班人。这为高校思政课教学改革及考核评价明确了精准靶向。基于学生的现实表现，评估其与高校思政课培养目标的达成情况，通过动态跟踪、实时监测、持续反馈，了解学生成长成才的结构矛盾，发现存在的问题及成因，反观高校思政课育人侧重点、实效性及影响学生全面发展的各种因子，进一步结合学生实际调整、改进思政课的培养着力点，以期精准优化高校思政课的教学目标。

（三）为顺应高校教育教学发展提供重要遵循

伴随着高等教育教学的改革，高校思政课传统的授课模式和方式难以激发学生的积极性，不同成长背景和教育经历的他们对思政课的教学水平和质量提出了新的要求。高校思政课亟须建立科学有效的教学质量评价体系，以发挥正确的教学导向保障教学质量的不断提升，从而进一步立足于学生的成长需求培养其实践能力、情感认知、价值判断、人文情怀等，大力推动高校人才培养质量和社会对学校的美誉度。同时，网络信息技术的蓬勃发展对传统教学模式提出了全新挑战，混合式教学模式如火如荼地开展并获师生好评，对教学质量评价体系的全过程、多元化提出了更高要求。建立更加全面、科学、系统的评价体系，激发学生的主动性以适应信息化教学改革的时代需求，也拓展学生自主学习的机会和平台，为进一步实现思政课的教学目标增值赋能。

二、新时代高校思政课教学质量评价的原则

习近平总书记在北京大学师生座谈会上强调："培养社会发展所需要的人，说具体了，就是培养社会发展、知识积累、文化传承、国家存续、制度运行所要求的人。①"个人价值与社会价值具有内在统一性，社会是个人创造的聚合体，也为个人创造提供了大平台，人们在实现社会价值中成就个人价值。高校思政课既表现为个人价值观念社会化的彰显，也表现为社会价值观念个体化的缩影，那么教学质量评价就需要考虑个体需求和社会需求的辩证统一，关注学生个体需求的满足及社会价值的实现，夯实青年学生奋斗的力量源泉。确立科学有效的高校思政课教学质量评价原则，重点关注思政课教学活动是否着力于引导学生正确认识马克思主义在意识形态领域的指导地位、是否着力于引导学生牢固树立共产主义理想和中国特色社会主义信念、是否着力于引导学生坚持培育和践行社会主义核心价值观、是否着力于引导学生自觉传承和弘扬中华民族优秀传统文化和社会

① 习近平．在北京大学师生座谈会上的讲话［M］．北京：人民出版社，2018：5.

主义先进文化。构建高校思政课教学质量评价体系是以正确价值导向开展评价的前提条件，结合高校思政课的特殊属性，体现为以生为本、多元融合、注重实效、综合施策、聚焦发展等方面。

（一）以生为本

以生为本是党坚持以人民为中心的发展思想在高校教育教学中的具体展现，“思想政治工作从根本上说是做人的工作，必须围绕学生、关照学生、服务学生。①”显然，以生为本是高校思政课建设和评价的根本理念。以生为本的实质在于立德树人，就是要坚持育人为本、德育为先。习近平总书记在全国教育大会上的讲话中指出“培养人要在坚定理想信念上下功夫，要在厚植爱国主义情怀上下功夫，要在加强品德修养上下功夫，要在增长知识见识上下功夫，要在培养奋斗精神上下功夫，要在增强综合素质上下功夫。②”这“六个下功夫”进一步明确了培养担当民族复兴大任时代新人的基本要求，围绕怎样培养“人”这个问题给出了全面而深刻的启示，进一步丰富和发展了高校立德树人的思想内涵，为高校思政课的教学质量评价提供了科学指引。高校思政课的对象是青年学生，满足学生成长发展需求和期待是以生为本的出发点和落脚点，是为满足人民对于办好满意的教育之新期待。马克思主义理论认为，需要是人的社会属性也即本质属性，而发展性处于人的需要结构的最高层。高校思政课教学和评价要充分关注学生的发展需要，要主动、全面联系学生成长过程中的各种影响因素，把解决学生的思想问题和行为问题结合起来、把满足学生成长需要和提高综合素养结合起来、把教育学生与服务学生结合起来，以此作为教学质量评价的重要参考指标。

以生为本的教学理念反映了“以学生为中心”的现代教学模式，正确回答了谁才是教学的中心这个根本问题，为此高校思政课开展教学活动及教学质量评价要始终围绕如何有效培养学生的素质能力来进行，推进“评教”“评学”有机统一。“高等教育的质量首先是学生发展质量，即学生在

---

① 习近平．习近平谈治国理政：第2卷［M］．北京：外文出版社，2017：377－378．

② 习近平．坚持中国特色社会主义教育发展道路 培养德智体美劳全面发展的社会主义建设者和接班人［N］．人民日报，2018－09－11（1）．

整个学习过程中所‘学’的东西，包括所知、所能做的及其态度”①。由此，确保高校思政课教学质量，必须摒弃“教师”“教室”“教材”为中心的传统认知桎梏，“以学生发展为中心、以学生学习为中心、以学习效果为中心”②。只有坚持以生为本，围绕学生的学习获得，以满足学生成长需要和期待，将评价贯穿于学生成长成才全过程，持续促进学生的增值评价，才能真正发挥好教学质量评价这一驱动作用。以生为本，高校思政课必须有力推进评价“教学质量”与“学习效果”的有机衔接，从师生互动关系中促进“教师主导”与“学生主体”的有机统一。

一方面，夯实对教师“教”的评价，重视教师在“教”方面的不可替代性。通过科学设置观测指标，客观评价教师在知识传播和思想引导方面的教学成效，评估教师教学态度是否端正、教学准备是否充分、教学仪态是否合适、教学内容是否完整、教学方法是否恰当、教学素质是否优良、教学环节是否科学、教学反思是否客观等，督促教师提高思想素质和教学能力，强化对思政学科前沿性理论的研究，以扎实的学术功底涵养教学内容、以生动的讲解感召学生心灵、以行为示范引领学生成才。同时，教学素质、教学态度、教学能力等影响因子之间具有动态关联性。教学素质优良、教学态度端正、教学能力高超的思政课教师会主动加强学习，深入钻研教材、认真研究教学，结合时政要点和学生成长更新教学内容，结合信息技术手段变革教学方法，结合思想政治教育规律优化教学环节，结合学生学习效果改进教学策略；反之则荒疏于教学内容，因循守旧于传统教法和教学环节，难以促进教学目标和育人目标的达成。另一方面，强化对学生“学”的评价，重视学生在“学”方面的真实反映。以生为本，要求高校思政课更要加强对学生学习状态、学习增值、学习效果的评价反馈，更多融入学习动机、学习态度、学习体验等的评价要素。为提高学生对高校思政课的满意度，迫切需要实现教师单方面的“知识传授”向学生真正收获的“学习效果”的评价范式转换，鼓励学生以主体身份真实客观反馈自

① 陈玉琨，杨晓江．高等教育质量保障体系概论［M］．北京：北京师范大学出版社，2004：59.

② 赵炬明．论新三中心：概念与历史：美国 SC 本科教学改革研究之一［J］．高等工程教育研究，2016（3）：35－56.

身学习收获及感受，结合课堂表现、认知特点、行为实践等综合研判学生是否真正提高理论认知及对思想价值产生重要影响，是否真正能够将教学内容“内化于心，外化于行”。同时，关注学生学情，在“努力培养担当民族复兴大任的时代新人，培养德智体美劳全面发展的社会主义建设者和接班人”① 这一总目标指引下，结合不同专业、不同学段、不同背景优化分层分类评价。高校思政课普遍采用统一的教学计划、课程大纲、教案课件，有利于规范教学过程，但趋同的教学内容、划一的教学形式和统一的考核方式既忽略了学生专业知识结构和实训实践技能的异同，更忽略了高校对人才多样性、个性化的培养目标，难以提高社会对人才这一“教育产品”的满意度。因此，高校思政课教学质量评价坚持以生为本的原则，要注重高校类别、专业类别、学生成长差异，基于实际情况综合精准研判不同学情特点，关注不同高校的办学特色和专业优势、关注不同学科专业的知识储备和技能要求、关注不同学生的成长轨迹和个性特征，优化知识评价与思想价值行为相统一的评价内容及指标，破除教学质量评价“同质化”倾向，以分层分类评价更好服务于课堂教学质量和人才培养质量的提升。

（二）多元融合

高校思政课建设与改革是一项系统工程，教学质量评价体系的构建需多元参与、融合。多元融合是高校思政课开展教学质量评价的必然要求，只有不同主体方面共同参与、各司其职，才能在评价的个性把握中反映高校思政课教学的共性特征，实现教学质量评价的预期目标。

一是全员重视与指导激励相统一。高校思政课教学质量评价是提升教学实效、促进教师专业发展、提高学生获得感的必要手段，能否有效发挥其以评促建、以评促改、以评促管的调控功能，对高校人才培养具有重要的影响。因此，地方教育主管部门、高校党委、教务处、教学单位、各级督导、师生等都应该高度重视教学质量评价的现实意义。2018 年教育部印发的《新时代高校思想政治理论课教学工作基本要求》强调，“强化地方

---

① 习近平．习近平谈治国理政：第3卷［M］．北京：外文出版社，2020：328.

统筹管理”；“综合评价教学质量，建立健全多元评价机制”；“合理运用教师教学质量评价结果”①。从地方教育部门到高校各级组织，必须高度重视教学质量评价工作，建立健全常态机制常抓不懈，强化组织领导、方案指导、政策支持，落实社会评价、督导评价、同行评价、学生评价等多种方式，创设条件和机会主攻教学质量评价薄弱环节，加强对评价结果的运用和推广。2019 年中办、国办印发的《关于深化新时代学校思想政治理论课改革创新的若干意见》强调，“加大思政课教师激励力度，增强教师的职业认同感、荣誉感、责任感”②，高校要遵循意见精神，运用好教学评价结果，作为教师职称晋升、评优评先、表彰奖励、绩效考核等重要参考依据，加强先进典型的宣传力度，发挥示范带头作用，引导和鼓励教师将更多时间和精力投入课堂教学改革。

二是一元目标与多元主体相统一。在高校教学质量语境中，思政课教学质量评价要始终服务于“立德树人”这一根本价值目标，评价结合以促进教学目标的达成，从这个层面来看评价目标具有一致性、一元性，但是评价主体则具有多样性、多元性。构建新时代高校思政课教学质量评价体系，要以 2022 年教育部等十部门印发的《全面推进“大思政课”建设的工作方案》中强调的“优化教学评价体系”的各项要求精心设计组织方案，要会同领导、专家、同行、思政课教师和学生等多元主体参与高校思政课教学质量评价体系构建的论证，以保证形成的符合各高校实际的评价体系有效开展，促进高校思政课育人效益的提升。高校思政课教学评价“要建立校领导、教学督导、马克思主义学院班子成员、思政课教师和学生参加的多维度综合教学评价工作体系”③，评价主体多元化是当前高校思政课教学质量评价的显性趋势，主要涵盖了管理主体、教育主体、学习主体和用人主体，涉及政府、高校、师生、社会用人单位等利益相关方。基于各方对教育教学成果的理解存在差异，决定着教育产出成果即人才培养

---

① 教育部关于印发《新时代高校思想政治理论课教学工作基本要求》的通知［EB/OL］. 中华人民共和国教育部网，2018－04－13.

② 中共中央办公厅 国务院办公厅印发《关于深化新时代学校思想政治理论课改革创新的若干意见》［EB/OL］. 中华人民共和国中央人民政府网，2019－08－14.

③ 全面推进“大思政课”建设［N］. 中国教育报，2022－08－20（1）.

既要结合教育本身的根本任务，又应综合服务于不同主体的实际需求。因此，高校思政课教学质量评价应充分调动各方主体积极参与，给予全面、多元、个性的意见反馈，实现多元主体协同评价，进一步融合多元视域实现评价结果的有效性、公正性和科学性。比如发挥政府对高校思政课建设的宏观科学导向作用，以保证正确的政治方向，紧跟社会新要求；发挥高校党委对思政课建设的主体责任，强化党对思政课的引领和指导，发挥好教学管理部门在学科发展、课程建设、实施管理等方面的统筹实施作用；发挥各级督导和教师同行对教学目标、教学内容、教学态度、教学方法和教学效果等具体教学环节的指导帮助作用；激发学生在教学评价中主动参与、积极反思、自我教育和提高的内驱力，引导其认识自身存在的认知差距和学习效果；引入社会企业对行业人才素质的标准和需求，重点考察学生的个人品德、职业道德，进一步优化教学环节和评价，提升企业对毕业学生的满意度，从而彰显思政课育人的社会影响力。显然，多元主体从不同视角作出的评价，对高校思政课教学产生整体联动效应，提出了改革创新的走向。当然，多元融合不单是不同主体齐抓共管，也是指教学客体如手段、方法、资源和环境等的综合运用。习近平总书记指出："要运用新媒体新技术使工作活起来，推动思想政治工作传统优势同信息技术高度融合，增强时代感和吸引力。①"教学质量评价不仅要验证传统教学模式与信息技术的有机融合、优势互补，其本身的评价手段也需要借助信息技术平台收集、整理、归纳、统计和分析各指标，彰显教学评价与时俱进的内生动力。

（三）注重实效

注重实效是高校思政课教学质量评价的根本价值取向，应真实反映教学目标与实际效果的契合度。中宣部、教育部关于印发《普通高校思想政治理论课建设体系创新计划》的通知明确要求"以教育教学实效性为评价标准②"。教学效果是注重实效性的具体集中体现，既有对知识传授效果的

---

① 习近平．习近平谈治国理政：第2卷［M］．北京：外文出版社，2017：377－378.

② 中央宣传部 教育部关于印发《普通高校思想政治理论课建设体系创新计划》的通知［EB/OL］．中华人民共和国教育部，2015－07－30.

静态评价，也有对能力培养效果的动态评价，后者更为重要。换句话说，高校思政课教学质量评价更为注重评价学生的理想信念、道德素养、价值引领、行为实践等基本情况，充分彰显学生对思政课的获得感、满意度，这是教学评价的重要指标和现实着力点。

一是坚持目标导向，聚焦学生的价值引领。目标导向评价理念以教学目标为教学评价的起点，聚焦学生的学习成果，强调教学目标在于让学生收获什么样的学习成果，重视学生素质和能力的培养考察。习近平总书记强调："青年时代树立正确的理想、坚定的信念十分紧要，不仅要树立，而且要在心中扎根，一辈子都能坚持为之奋斗。[①]"高校思政课作为铸魂育人的主阵地、主渠道，教学评价必须符合思政课程的独特属性，聚焦价值引领这一评价主方向，引导学生树立正确理想和坚定信念，在真学真懂真信中真行，增强学生的理论认同、政治认同、情感认同。二是坚持持续改进，于全过程评价中促进知行合一。高校思政课的教学质量评价，对认知领域的知识传授可以量化评价，但对学生内化领域的价值引领却难以量化，必须持续贯通于学生成长成才全过程，方能持续动态反映高校思政课知行合一的目标达成度。只有建立持续改进的高校思政课教学质量全过程评价体系，通过动态监测、跟踪反馈、持续改进，把握学生的成长结构与成因，完善过程评价和结果评价相结合的实施机制，破除"高分低德"的现象，加强对"教"与"学"各环节的持续关注，充分考察学生的思想素质与行为养成，实现动态评价与静态评价的全过程统一。高校思政课教学质量评价，应加强对"教学传授"与"学习接受"各环节主客体因素的动态持续关注，根据不同阶段数据和信息变化考察学生成长成才状况，判断教学活动对学生思想、态度、能力、价值观的影响值，发挥思政课对学生成长成才的正向引导和激励作用。同时，加强内外评价的全过程统一，外部实现社会、单位、机关、企业、家庭及第三方评价机构等协同参与评价，以多元视角反馈高校对德才兼备、以德为先的高素质人才培养实效；内部实现高校党委、教学管理部门、学工部、校团委、二级教学单位、教

---

① 汪晓东，王洲．让青春在奉献中焕发绚丽光彩：习近平总书记关于青年工作重要论述综述［N］．人民日报，2021－05－04（1）．

学督导、教研室、专任教师、辅导员等“大思政”队伍协同参与评价，结合教育教学的“知、情、意、信、行”各要素展开评价。通过内外综合施策，形成“全程评价——追踪反馈——持续改进”的严密逻辑闭环，使教学实施紧扣培养目标，持续提升高校思政课“知行合一”建设实效。概言之，注重实效要求高校思政课教学质量评价要以学生学习效果为基本观测点，考察影响学生学习效果的基本要素，科学设置评价指标，发挥教学评价“指挥棒”作用，调控教学目标与教学实效的契合关系，以促进学生学习效果的真正达成与强化。

（四）综合施策

深入把握高校思政课的课程特点及独特属性，基于教学目标与学习成效审视教学全过程，综合运用多种方法使“教”与“学”各环节高效服务于“知行合一”目标达成。

一是普遍性与特殊性相统一。高校思政课既有一般课堂教学进行知识传播的共性特征，也是以马克思主义理论教育为核心内容、“育德”“育心”“育人”过程的有机统一，必须遵循马克思主义理论和思想政治教育的特殊规律。基于此，高校思政课教学兼具知识传授与价值引领的双重属性，其质量评价则应实现知识评价与价值评价的有机结合。从高校思政课课程群来看，各门思政课都是以马克思主义基本原理为基础，但具体教学目标和教学侧重点有所不同，决定了教学质量评价必须坚持普遍性与特殊性的统一，既考虑将评价基于马克思主义基本原理及思想政治教育规律之上，也要根据各门思政课的特点体现针对性。换言之，普遍性要求评价体系以整体视角评价学生对马克思主义理论和中国特色社会主义理论体系的理解；特殊性则要求全面梳理各门思政课的教学目标、教学重难点、教学内容等形成正确认识，体现各门思政课的教学特点和对学生的培养要求，合理分配各类影响因素的评价权重，对获取的资料或数据加工整理，确保评价结果有的放矢。二是过程评价与结果评价相统一。2020 年 5 月，教育部等八部门《关于加快构建高校思想政治工作体系的意见》强调要“建立多元多层、科学有效的高校思政工作测评指标体系，完善过程评价和结果评价相结合的实施机制。[①]”将过程性评价与结果性评价统一起来是教育教学评价本质、高校思政课评价实践及高校思政课教学实效的必然要求，二者既有自身的局限性也有互补性，将两种评价模式有机统一，才能实现优势互补，最大限度地发挥评价的综合效益。一方面，过程评价强调关注学生的学习、成长和收获过程，准确把握教学与学习各环节，通过对不同阶段教与学过程的动态反馈评价，考查教学目标的达成情况与学生学习收获的实现情况。另一方面，结果评价着眼于判断教学过程对学生知识、能力、价值和态度的终结性影响，通过查摆教学目标与学生实际达成情况之间的差距，作出评价并提出诊断性意见。正如泰勒所认为的目的在于“判定学生实际上发生了怎样的行为变化，我们在何种程度上达成了教育目标，以及为了获得一种有效的教育计划，我们必须做哪些进一步的改进。[②]”因此，高校思政课是静态评价与动态评价的有机结合，必须以实现教学目标为共同参照，实现过程评价和结果评价的优势互补，切实发挥教学质量评价对教学过程的研判、导向和激励作用。三是定量评价与定性评价相统一。按照辩证唯物主义原理，“质”是一事物区别于其他事物的内在规定性，为认识事物奠定基础，“量”是事物的规模、速度、程度等可以用数量关系来表示的规定性，为深化对事物的认识提供了尺度，二者相辅相成、不可分割。就定量评价而言，马克思曾指出“一门科学只有在成功地运用数学时，才能达到真正完善的程度”[③]，如通过数理统计等工具手段，对教学要素、学生认知、教学成果等进行量化描述并作出价值判断，用数据、符号体现评价结果，更显清楚明了、简易可操作；就定性评价而言，通过建立描述性评价指标，综合运用分析、总结、归纳、演绎、比较等方法，观察和梳理教学信息，总结背后蕴含的实质并作出价值判断，用鉴定评语、建议意见反馈评价结果，有利于对教学过程与教学目标作出教育学、心理学意义上的阐释与推论，形成描述性的评价结果。但是，定量

---

① 教育部等八部门关于加快构建高校思想政治工作体系的意见［EB/OL］. 中华人民共和国教育部，2020-04-28.

② 泰勒. 课程与教学的基本原理［M］. 北京：人民教育出版社，1994：85.

③ 中共中央马克思恩格斯列宁斯大林著作编译局编. 回忆马克思［M］. 北京：人民出版社，2005：190-191.

评价存在关联因素与指标权重难以精准测量的困难，定性评价存在结果难以把握且主观性强的短板，只有实现二者的相互补充，融合贯穿于教学评价全过程，才能确保评价结果的全面性与客观性。

（五）聚焦发展

构建新时代高校思政课教学质量评价体系，即是在坚持立德树人的目标导向，对包含多方主体和各方参与的高校思政课教学这一复杂系统进行科学考量的过程。聚焦发展的旨意在于促进评价对象和评价自身的全面进步、共同发展。高校思政课教学质量评价要全面考量和分析“教”与“学”的发展情况，而且教学评价本身也需要贯穿创新和发展的精神。对于学的评价，要“改变重‘选拔’的评价，转向重‘发展’的评价，促进学生的全面发展、成人成才”；对于教的评价，要“改变重‘奖惩’的评价，转向重‘发展’的评价，促进教师的发展。[①]”显然，聚焦发展的高校思政课教学质量评价更加重视师生素质的生成和发展功能，更加强调多元参与和发挥师生的主观能动性，更加彰显学生当前的发展情况且关注未来的发展潜力和空间。

聚焦发展既关注学生“学”的过程与发展，也关注教师“教”的过程与发展，具有厚重的现实基础和实践意义，统一于学生成才的基础。只有用发展的理念引领教学评价，注重对教学全过程各要素的全面考量，充分关注教师的主导作用和学生的主体作用的有效发挥，才能促进师生的共同发展与成长。一方面，“以学生为中心”的教学理念落地生根，以学生学习获得为依据，以满足学生个体成长和个性化发展需要为旨趣，将评价动态持续地贯穿于学生学习和成长发展全程，才能以富有针对性和实效性的评价手段为载体，促进高校思政课教学回归现实、回归人本，真正践行为党育人、为国育才的伟大使命。另一方面，更重视教师的自身发展，让思政课教师在实现职业发展的同时更好地落实立德树人根本任务。就教学评价审视高校思政课而言，思政课教师的主导性要充分彰显，在评价目标上

---

① 张耀灿，曹清燕．发展性评价：高校思想政治理论课教学测评的指导理念［J］．思想理论教育导刊，2009（5）：65－68.

高度重视学生个体的发展需要，在评价功能上高度重视激励学生发展的动能，在评价向度上高度重视多元主体的参与互动。高校思政课教师要一直抱有立德树人的职业初心和职业使命，将教学过程中的每一环节和方面内在统一于立德树人的岗位职责之中，关心爱护学生、关注学生成长，才能真正实现自身的久远发展。因此，用发展的理念对教与学进行评价，为教学双方拓展发展空间和实现可持续性发展提供精神动能，这是教学评价的终极追求。

第二节 新时代高校思政课教学质量评价面临的困境

2018 年教育部印发的《新时代高校思想政治理论课教学工作基本要求》重点强调，加强教学质量评价是对新时代高校思政课建设的新要求，是高校思政课内涵建设不可或缺的重要环节。2020 年中共中央、国务院印发的《深化新时代教育评价改革总体方案》进一步强调，教育评价事关教育发展方向，有什么样的指挥棒，就有什么样的办学导向。如何评价高校思政课教学成效关乎着高校思政课的发展方向，高校思政课教学质量评价需要逐步深化“谁来评价”“评价标准是什么”“评价内容是什么”与“如何评价”等重要问题[①]。高校思政课教学要探索建立健全科学合理的教学质量评价体系，有效规范高校思政课教学过程，提升教学质量与成效。

一、新时代高校思政课教学质量评价的独特属性

高校思政课教学质量评价所存在的困境，与其质量评价的独特属性具有密切关联。其一，高校思政课教学质量评价具有政治性评价的独特属性。我国高校思政课承担着宣传马克思主义信仰、中国特色社会主义共同理想的具有政治性功能的课程，要引导学生坚定“四个自信”。因此，高

① 中共中央办公厅 国务院办公厅印发《关于深化新时代学校思想政治理论课改革创新的若干意见》[EB/OL]. 新华社，2019-08-14.

校思政课教学质量评价蕴含着特殊的“思想评价”与“政治评价”要求。其二，高校思政课教学质量评价具有知识性评价的独特属性。每门思政课的教学目标要求又具有各自的侧重点，《习近平新时代中国特色社会主义思想概论》侧重于阐明习近平新时代中国特色社会主义思想的核心要义、精神实质、丰富内涵、实践要求；《毛泽东思想和中国特色社会主义理论体系概论》侧重于阐明马克思主义中国化时代化的理论创新成果；《马克思主义基本原理》侧重于阐明马克思主义的世界观和方法论、人类社会发展基本规律等知识；《中国近现代史纲要》侧重于阐明中国近现代社会发展的历史进程及其内在规律；《思想道德与法治》侧重于阐明社会道德规范与法律规范；《形势与政策》侧重于阐明国际国内时事热点和党中央方针政策。由此，高校思政课教学质量评价必须直面教师理论知识讲授的有效性及学生对理论知识的掌握程度。其三，高校思政课教学质量评价具有发展性评价的独特属性。青年学生价值观的形成是一个动态持续的培育塑造过程，意味着对思政课教学质量，尤其是对学生学习效果的评价也应符合动态持续特征，以持续改进为原则，持续关注学生思想变化并把握其思想道德素质的演进趋势。

二、新时代高校思政课教学质量评价面临的现实困境

优化高校思政课教学质量评价是检验高校思政课教学效果、提升高校思想政治教育育人成效的重要方式，对高校思政课教育教学起着很好的导向与激励作用。然而，当前高校思政课教学质量评价受到现实因素的制约，导致教学评价地位的弱化、评价主体的单一化与评价方式的静态化、教学评价机制规范化不足和可操作性不强等，不利于高校思政课教学质量的提升。因此，亟须破解高校思政课教学质量评价面临的现实困境。

（一）高校思政课面临着质量评价重视度困境

当前，部分高校对思政课教学质量评价的重视度不足、指导力度不够、激励作用发挥不充分。部分高校对思政课缺乏足够重视，导致思政课教学质量评价措施缺乏或流于形式，质量评价效果未能充分展现高校

教学评价体系的作用。同时尽管党和国家出台了一系列促进高校思政课教学质量评价的指导性方针，但在实际教学中受制于相关技术条件、制度机制等短板问题，高校难以确立真正科学实效的制度规范，未能从学生的成长、课堂教学的实效性等方面提出相关建议措施，从而使得质量评价措施难以有效调动教师教学积极性、管理人员工作能动性、学生学习主动性，致使质量评价难以真正成为促进思政课教学质量的动力源泉，制约了思政课的主阵地、主渠道作用的发挥。同时，部分高校重视教学质量评价的认知出现一定偏差，侧重于评价的社会价值，缺乏对学生长远发展的动态评价视域，评价目标局限于短期的选拔和考核，单纯强调评价的工具效益。由此导致部分高校在教学质量评价过程中仅重视对人员、资金和设备的投入，忽视了评价主体自身努力、热情、主动的无形投入，导致评价的发展性功能不能有效体现，忽视了教育间接、潜在、长期的育人价值。

（二）高校思政课面临着质量评价主体困境

当前，高校思政课多元主体协同参与评价的体制机制尚未健全，导致评价视域狭隘、维度单一，难以将各主体对思政课的价值偏好融贯于评价结果之中。英国学者叶特罗·牛顿（Jethro Newton）在考察了各种质量保障机制后指出，“质量”并非一元概念，而是对应于不同视角，关联于不同利益相关者。因此，不同利益相关者对质量的理解均有其各自“优先秩序”，呈现为“由亲及疏的差序格局网络”①。传统的高校思政课教学质量评价更多在于教师的主导评价，其他利益相关者难以完全参与评价过程，影响了评价的全面性和客观性，也降低了评价对象对评价结果的认同度和满意度，导致评价结果信效度大打折扣。教育评价活动本身具有很强的复杂性和丰富性，评价的生命力就在于多元主体的协同参与，若只靠一元主体单方面组织实施，会存在信息渠道的单一化和自身认识的局限性，难免会影响评价结果的真实性、准确性。

---

① 章建石．基于学生增值发展的教学质量评价与保障研究［M］．北京：北京师范大学出版社，2014：52.

因此，审视高校思政课教学质量评价，一是评价涉及教育主管部门、高校、师生、社会用人单位等不同利益主体要积极参与，但各主体因不同组织特性而在评价中存在着价值立场差异。二是基于促进学生成长成才的共同目标和回应社会问责的共同责任，各主体也要能凝结“求同存异”的质量评价观念共识。只有通过多元主体协同参与思政课教学质量评价，才能在评价目标确定、评价标准确立、评价指标设置、评价信息收集、评价结果反馈等各个环节，促使评价视角更宽广、评价结果更科学全面。然而，当前因评价主体困境所引致的评价视域狭隘或维度单一等问题，仍较为突出。教育主管部门未能充分发挥其在审核教育单位合法身份、规划评价改革方案的作用；高校未能充分发挥其在组织开展校内评价，产出成果等方面的主观能动性；学生未能充分发挥其在评价教学过程、反映自身学习诉求、反馈教学短板问题等方面的主体作用；社会用人单位未能充分发挥其在评价毕业生思想道德及行为养成、为人才培养和思政课建设建言献策等方面的参与作用。

（三）高校思政课面临着质量评价标准困境

当前，高校思政课教学质量评价标准仍普遍囿于通用评价的狭隘维度，未充分考量思政课的独特属性。其困境体现在两个方面：其一，多数高校将思政课教学质量评价简单等同于一般性教学评价，将常规性的教学质量评价方案和通用评价标准运用于包含思政课在内的所在课程，导致评价标准既不能符合思政课的价值属性，更难以准确反映思政课教学质量。高校思政课是一种特殊的教学过程和活动，其涵盖了知识传授、价值塑造、能力培养、实践养成等重要因素，开展教学质量评价的内容和标准如果未凸显思政课的特殊属性，将导致教学评价的权威性和规范性不够。其二，未能厘清各门思政课程之间，以及思政课程与专业课程之间教学质量评价的差异。思政课程体系中，各门课程的教学质量评价虽均应聚焦于对学生“知、情、意、信、行”实际达成情况的考察，然应根据课程特点有所侧重。但是，当前思政课教学质量评价普遍缺乏针对不同课程目标的分层评价措施，不同课程之间评价内容及范畴缺乏明晰区分，而且高校思政课程与其他课程性质差异所引致的教学质量评价困境并未有效解决。

（四）高校思政课面临着质量评价方式困境

高校思政课教学质量评价就评价方式而言，主要存在着重终结性评价轻过程性评价、重定量评价轻定性评价两种不良倾向。其一，片面强调针对课堂理论知识的终结性评价而过程性评价不足。体现在“科技理性”和“工具理性”的遮蔽下，以量化测评为主的终结性评价绝大多数仍然采用固定、统一的考核模式，实践教学也主要以提交的纸质材料为主要评价依据，而平时成绩则存在靠教师的“经验主义”“有限数据”的现象，偏离了高校思政课“价值—信仰”教育的本质。片面强调终结性评价，以学生考核成绩衡量教师教学效果，忽略了对学生思想素质和能力水平培养过程的全面考察，难以实现对学生思想道德及行为养成的系统考察。同时，开展过程性评价缺乏方法技术的支撑，评价工作者缺乏全面系统的关于熟练使用量表、检核表、档案袋法、真实评价法、大数据评价等的培训，对教学过程中产生的结构化与非结构化的数据缺乏精准的分析和评价。其二，片面强调以“评价分值”为主要表征的量化评价，针对教学组织实施、追踪调研各环节的定性评价不足。当前高校思政课教学质量评价均普遍结合“评价量表”形式，根据目标分类将评价内容具化为相应指标体系并赋予分值权重。尤其重视课时数、学分数、操行分数等显性环节的量化指标，该评价方式虽规范且易于操作，却难以适用于复杂特殊的思政课教学评价，难以有针对性地判定影响因子并发现教学短板问题，更难以全面客观反映教学质量。在这种情况下，教学评价被视为一种管理工具，重视评价的选拔、分类、奖优罚劣等功能，忽视了评价的诊断、激励、调控和增值等功能。主要体现为重视对学生学习效果进行量化测评，并通过量化的成绩单对学生进行分类、选拔和评优，忽视运用观察法、分析法、档案袋评价法及大数据评价法等综合方法对学生的思想道德、情感态度、价值观念等内隐素质进行考查，其管理的价值超越了教育本身的价值。同时，传统的高校思政课教学评价用静态眼光看待评价学生，缺乏跟学生的有效沟通与反馈，将评价结果视为评价过程的结束，难以持续追踪学生的思想行为动态，无法实现评价的增值功能。因此，高校思政课教学质量评价应坚持以生为本的原则，以“数据”“证据”“事实”为基础，重视多元化的评价方法，冲破评价的惯性思维进而提高评价的有效性。

（五）高校思政课面临着质量评价对象困境

教育部部长怀进鹏强调：“践行以人民为中心的发展思想，办好人民满意的教育。[①]”以学生发展需要为出发点和落脚点，是践行以人民为中心在教育教学领域的重要体现。发挥学生的主体作用，尊重学生的主体地位，要求高校思政课教学质量评价要加强对学生学习状态、学习效果的评价，考查学生是否积极参与课堂、是否主动思考问题、是否实现知识能力的增值等。就当前而言，高校思政课教学质量评价仍存在重“评教”轻“评学”的认识偏差，仍存在关注课堂教学而忽视课程系统实施过程，仍存在关注教师教学能力而忽视学生学习成果，评价活动未能有效坚持两点论与重点论的有机统一，难以系统把握“教与学”质量建设实际，甚至以错误的价值导向在一定程度上弱化或消解了思政课知行合一建设实效，制约了人才培养目标的达成。当前高校思政课教学质量评价仍普遍围绕“教”，比如大多数侧重针对教师教学态度是否端正、教学准备是否充分、教学能力是否胜任、教学内容是否扎实、教学方法是否恰当、教学环节是否完整等相关指标及观测点展开评价。此种单向度的评价方法容易使教学方式变为“灌输式”，即注重教师向学生的单向灌输，而忽视学生的认知、情感、态度的培养，难以促进学生认知水平的提高和情感素养的发展。虽然部分高校也设置相应的评价指标了解“课堂教学是否有师生互动”“是否采用多种教学方法”等，但仍较少融入“学”的评价指标点，如学习态度、学习动机、学习收获、学习效果等，缺乏对“学”的深入审视和剖析，弱化了学生在评价活动中对象主体的地位，难以适时掌握学生学习状态和发展状态，淡化学生的价值关怀，没有真正体现“以学生为中心”的思想。同时，高校思政课教学效果并非具有短期效应，而具有滞后性和长远性特征，对学生是一个日积月累的持久影响。正如习近平总书记在全国高校思想政治工作会议上强调的，“要坚持不懈传播马克思主义科

---

① 怀进鹏．胸怀国之大者 建设教育强国 推动教育事业发生格局性变化［N］．学习时报，2022－05－06（1）．

学理论，抓好马克思主义理论教育，为学生一生成长奠定科学的思想基础”①。由此，开展高校思政课的教学质量评价，既要着眼于实际工作成效，又要对学生长久的影响进行动态反馈，片面强调短期效应仅基于学生阶段性的满意度作出价值判断，难以建立可持续评价依据而降低人才培养质量。

第三节 新时代高校思政课教学质量评价体系的构建

高校思政课是落实立德树人根本任务的关键课程，承担着培养担当民族复兴大任的时代新人的重要任务。高校思政课教学质量评价是思政课教育教学过程中的一个重要环节，它是评估教学得失、反馈教学信息的重要手段，也是持续改进教学质量的重要途径，构建科学有效的评价体系能够为进一步提升教学质量水平、课程育人成效提供良好保障和动力支撑。教育部印发的《新时代高校思想政治理论课教学工作基本要求》提出，要综合评价教学质量，建立健全多元评价机制，合理运用教师教学质量评价结果。高校思政课必须遵循系统论方法，宏观上深入把握新时代高校思政课教学质量评价体系构建的基本逻辑、中观上正确认识新时代高校思政课教学质量评价体系构建的四重维度、微观上大力落实新时代高校思政课教学质量评价体系构建的实施路向三个层面，更好地促进新时代高校思政课教学发展与改革。

一、新时代高校思政课教学质量评价体系构建的基本逻辑

教学质量评价体系，是“学校为实现特定的人才培养目标，综合运用系统理论和方法，将教学、管理中的各项活动有机地结合起来，对人才培养过程进行系统、持续监控，形成一个能够保障达到教学质量目标并能维持相对稳定、有效的统一整体”。② 高校思政课教学质量评价体系立足于立

① 习近平．习近平谈治国理政：第2卷［M］．北京：外文出版社，2017：377.

② 安红霞．高校思政课教学质量综合评价体系构建研究［J］．学校党建与思政教育，2024（2）：63－65.

德树人与课程育人，结合高校实际，综合运用系统理论和方法构建对教学质量、学习效果的持续反馈与改进的管理系统。建立高校思政课教学质量评价体系要以实现“立德树人”根本任务为价值旨归、以思政课“八个相统一”要求为基本遵循、以打造思政课示范课堂为主要参照，切实提升思政课的教学效果。

（一）以实现“立德树人”根本任务为价值旨归

党的二十大报告指出：“全面贯彻党的教育方针，落实立德树人根本任务，培养德智体美劳全面发展的社会主义建设者和接班人。[①]”这明确指出立德树人是教育的根本任务。随着时代的发展，“大思政课”理念的提出，新时代高校思政课置于一种新的社会现实，立德树人是其教学质量评价的根本标准。高校思政课守正创新必须遵循立德树人导向，用立德树人的标准衡量和检验思政课教育教学的一切环节和方面。新时代立德树人，要正确理解“立什么德”和“树什么人”的问题，规约着个人成长发展的根本方向。

立德就是要“明大德、守公德、严私德”，是一种广义的融合之德，凝结着对国家的大德、对社会的公德及个人的私德三个方面，是新时代中国特色社会主义道德的集中体现。习近平总书记指出我们要“用社会主义核心价值观凝魂聚力，更好构筑中国精神、中国价值、中国力量，为中国特色社会主义事业提供源源不断的精神动力和道德滋养”[②]，我们要树的人形成于所立之德条件下，培养的是有理想、敢担当、能吃苦、肯奋斗的新时代好青年，是能为实现中华民族伟大复兴贡献力量的时代新人。因此，一方面，人无德不立，“立德”是人才培养的中心目标，对人才培养具有基础性、先导性作用；另一方面，“树人”是人才培养的最终目标，是教育的核心和归宿。高校“要把立德树人的成效作为检验学校一切工作的根本标准，真正做到以文化人、以德育人，不断提高学生思想水平、政治觉悟、

① 习近平．高举中国特色社会主义伟大旗帜 为全面建设社会主义现代化国家而团结奋斗：在中国共产党第二十次全国代表大会上的报告［M］．北京：人民出版社，2022：21，71.

② 习近平．习近平总书记系列重要讲话读本［M］．北京：人民出版社，2016：190.

道德品质、文化素养……[①]”，高校人才培养是否达到了预期目标，立德树人是根本标准，只有将立德树人的工作落实好了，才能做好高校的教育工作。

《深化新时代教育评价改革总体方案》将立德树人作为教育评价建构的逻辑旨归，要坚持“为党育人、为国育才”，完善学校管理和教育评价体系，充分发挥教育评价的指挥棒作用。高校思政课以学生为中心，充分尊重学生的主体作用，学生的学习效果是立德树人根本任务落实的评价尺度，也是课程育人的本质要求和价值导向。

一是立德树人有助于增强教学评价的发展性和全面性。泰勒认为，教育目标是教育评价的出发点和归宿，教育评价是衡量实际教育活动达到教育目标的程度。因而，任何的教学评价必须明确评价目标。高校思政课是对大学生进行思想政治教育的主阵地，是落实立德树人根本任务的关键课程，决定了其教学目标除了掌握马克思主义理论知识外，最重要的是思想和价值的引领。立德树人是一个德育命题，是“立育人之德”与“树有德之人”的统一。无论何时，“德”始终居于人才培养的首位和核心地位，育人的根本在于立德，而立德的目的在于“树有德之人”。高校思政课教学质量评价首先明确教学目标，而立德树人的价值导向决定了教学目标应该坚持发展性、全面性、价值性，重视对学生过程性、形成性的引导和考查。既要评价学生对马克思主义理论、中国特色社会主义理论、马克思主义中国化时代化理论成果等的掌握情况，还要评价学生对理论知识背后思想、价值和情感的内化情况，如爱国情怀、社会道德、法治意识、人格素养等是否实现升华；同时重点评价学生能力、品行、道德的外化情况，即评价学生是否把所学运用于实践，解决实际问题，提升实践能力，塑造行为习惯。可见，高校思政课教学评价目标应在立德树人视域下坚持“知识性与价值性”“理论性和实践性”的统一。

二是立德树人有助于形成“以学生为中心”的多元评价主体。习近平总书记强调：“思想政治工作从根本上说是做人的工作，必须围绕学生、关照学生、服务学生。”[②] 立德树人，关键在“人”，关乎学生成长成才、

---

① 习近平．在北京大学师生座谈会上的讲话［N］．人民日报，2018－05－03（1）．

② 习近平．在全国高校思想政治工作会议上强调：把思想政治工作贯穿教育教学全过程，开创我国教育事业发展新局面［N］．光明日报，2016－12－09（1）．

身心健康。高校思政课教师作为知识的传播者和思想的引领者，发挥着主导作用，但教学中的核心导向是学生的“学”，是以学生为中心发挥他们的主体作用。关注并重视学生的主体作用，强调学生虽作为评价对象但也应平等民主地参与评价活动，以展现评价活动对学生个人发展的建构价值。一方面，学生参与教学质量评价促使评价活动更客观有效，有助于激发其主动加强学习、积极参与教学的内生动力，理应成为除教师外的中心评价主体。另一方面，高校思政课教学目标的实现具有全面性，需要多元化的评价主体，也需要学生主体的全面参与，体现“主导性与主体性相统一”的原则，符合并展现“教与学”双方的价值期待，客观体现思政课的教学质量。当然，多元化的评价主体不仅局限于教师与学生，还涵盖教学督导、辅导员、企业相关方等群体。

三是立德树人有助于提升评价的科学性。高校思政课的教学目标关注学生的全面发展，必然需要多样化的评价方法做支撑。例如，过程性评价与结果性评价相结合。结果性评价更多强调对目标达成度结果的关注，具备简单易操作优势，然而立德树人本质内涵要求下不能仅关注学生学习末端的结果，而应加强对学习过程中学习态度、情感、价值等要素的关注，与结果性评价形成完整的评价结构与逻辑。再如，量化评价和质性评价相结合。量化评价能通过测验、考试、问答等方式测评学生对知识的理解掌握程度，是对学生学业水平进行客观评价的主要依据，但它片面强调标准化、格式化，对学生柔性的思想道德素质等价值评价无能为力。质性评价则关注学生在真实学习场景中的知识收获、价值提升、行为改变，具有灵活多样性、动态开放性特征，但也存在主观性偏差和范围难以把控的劣势。任何评价方法都有优劣和局限性，应将多种评价方法结合、互融互通，才能全面客观体现学生真实的学习状态和效果，增强评价的科学性。

四是立德树人有助于增强评价的激励性和改进性。高校思政课教学质量评价结果是对教师教育教学质量水平、学生知识和思想道德素质的检测与评定，为增强反馈和持续改进提供重要信息，是实现教学评价功能的重要环节。聚焦立德树人内涵要求，以发展性评价目标为切入口，充分发挥多元主体的综合评价作用，强化多样化的有效评价方法，能极大提高教学质量评价结果的客观性、全面性。这种结果能更好反馈并作用于教学效果考评，反向设计教学方案，对“教与学”双方进行调整，促进教师提高教学技能、学生提高学习动力具有激励作用，尤其可帮助学生完善自我认知、道德品质，增强教学评价的改进功能，提升立德树人的成效。

（二）以思政课“八个相统一”要求为基本遵循

学校思想政治理论课教师座谈会上，习近平总书记提出坚持“八个相统一”，即“坚持政治性和学理性、价值性和知识性、建设性和批判性、理论性和实践性、统一性和多样性、主导性和主体性、灌输性和启发性、显性教育和隐性教育相统一”①，直击思政课的重点和难点，为思政课改革创新标定航道，也为高校思政课教学质量评价提供重要依据。高校思政课教学质量评价是一项对思政课教师、教学目标、教学方式、教学内容和教学情境等的综合评价工程。“八个相统一”贯穿高校思政课守正创新的逻辑主线，遵循思想政治教育规律、遵循教书育人规律、遵循学生成长规律，沿用好办法、改进老办法、探索新办法，是直面思政课教学改革的矛盾、难点和痛点作出的深刻回答。坚持“八个相统一”既有教学理念上的指导，也有方法论上的要求；既有教学改革的宏观把握，也有课堂教学的具体观照，是高校思政课教学改革的根本遵循也是教学质量评价体系构建的内在要求。

首先，评价教学目标和内容，要考察其政治性和学理性、价值性和知识性、建设性和批判性、统一性和多样性的结合情况。高校思政课的教学目标要实现思想引领和价值塑造，其教学内容一是要具备政治性和学理性，这是思政课的本质属性和根本要求，区别于其他课程，需要用独特的学科归属和学理支撑讲好政治，用真理的力量讲好中国特色社会主义信念。二是要具备价值性和知识性，这是思政课的基本目标和基本要求，既要传授思政理论知识也要塑造学生的价值观，在知识传授中挖掘向上向善的价值观，将价值观渗透于知识传授之中，给学生心灵埋下真善美的种子，引导学生扣好人生第一粒扣子。同时，面对错综复杂思想文化的交流

---

① 习近平．用新时代中国特色社会主义思想铸魂育人 贯彻党的教育方针落实立德树人根本任务［N］．光明日报，2019－03－19（1）．

交融交锋和学生多元多样的思想观念，评价教学目标和教学内容，还要关注其统一性和多样性、建设性和批判性的结合状况，教学目标要做到因地制宜、因时制宜、因材施教，鼓励多样化探索，把统一的“漫灌”和精准的“滴灌”结合起来，满足不同学段、不同专业学生多方面的需求，促进学生个性化发展；教学内容要做到传播真理、讲清道理，明晰事理，传导主流意识形态，给人以真善美，还要敢于直面各种错误观点和思潮，敢于交锋、善于批判、勇于斗争，引导学生正确认识世情、国情，帮助学生提高明辨是非对错的能力和水平。

其次，评价教学关系，要考查教师主导性与学生主体性的关系结合情况。高校思政课教学是师生共同建构的教育实践活动，传道授业解惑离不开教师的主导，但从认识规律、追求真理、认同价值等方面来说学生又是认识主体和价值主体，要让学生从教学活动的客体变为主体，激发学生的积极性、主动性和创造性。当然，发挥学生的主体性并不意味着教师的责任减少和降低，学生主体性的发挥很大程度上依赖于教师主导性的程度和效果，教师要对学生的自主学习进行指导、督促和评价，鼓励他们在观察问题和分析问题中夯实理论知识、锻炼实践能力。因此，是否坚持主导性和主体性相统一、塑造信任和谐的教与学关系是高校思政课教学质量评价非常重要的指标。

再次，评价教学方式，要考察其灌输式教学和启发式教学结合的情况。教学方式是评价新时代高校思政课教学与时俱进、守正创新状况的重要参照。灌输性方法重视教师主导性作用发挥，强调理论知识传授的完整性、规范化；启发式方法重视学生主体性作用发挥，强调在教师的指引下培养学生内化于心、外化于行的能力。高校思政课传统的方法是理论灌输，是思政课教师将科学的理论知识、正确的价值观传授给学生并内化为他们的知识、能力和素质，但理论灌输不等于填鸭式灌输，更不是简单生硬的说教，而是要遵循教育教学规律、学生成长发展规律，运用理论讲授、小组讨论、同伴互学、情境演绎等多种教学方法激发学生主动参与教学体验，催生内在动力。因此，科学的灌输式教学是把启发式教学作为重要的方式，体现“灌中有启”，同样启发式教学注重引导转化，但其目的依然是把理论知识方法灌输到学生头脑中，体现“启中有灌”，实现二者融合改进，作为教学方式的评价参照。

最后，评价教学情境，要考察其理论性和实践性、显性教育和隐性教育的结合情况。一是新时代高校思政课是理实一体化的课程，融理论教学和实践教学于一体。不仅要把基本概念、逻辑结构、主要观点、重要问题、思维方法讲清楚、讲透彻，提高学生的理论素养，还要重视实践育人，把思政小课堂同社会大课堂结合起来，用生动的社会现实、具体的典型案例、优秀的榜样模范等对理论知识作出阐释和说明，对学生的思想迷惑、价值判断、选择冲突等进行释疑和解惑，用实事求是的态度，坚持理论联系实际，用科学的理论说服人，用强大的实践感化人。二是新时代高校思政课是进行思想政治教育的主渠道，但需要和其他各类课程同向同行，打好课程育人的“组合拳”。思政课程属于显性课程，是保持学校马克思主义最鲜亮底色的重要标志，对其他各类课程发挥引导作用，要理直气壮办好思政课、讲好思政课；课程思政是隐性课程，要画好课程育人同心圆，充分挖掘思政育人的元素，有机融入学生的专业知识、技术技能、职业发展中，积极推进“三全育人”综合改革实践，实现思政课程和课程思政协同育人。

（三）以打造思政课示范课堂为主要参照

习近平总书记对思政课教师的“六个要”和思政课的“八个相统一”要求相结合，体现在打造思政课示范课堂上，推动思政课高质量发展，涌现出更多“金课”“精课”。因此，建立形成高校思政课教学质量评价体系是为推动思政课教学改革创新的需要、提升思政课教师教育教学能力的需要、适应新时代大学生成长发展的需要。一是新时代高校思政课改革创新的需要。高校思政课改革创新必须回应“培养什么人、怎样培养人、为谁培养人”这个根本问题，不断增强思想性、理论性、亲和力和针对性。随着时代发展，高校思政课建设的主要方向应聚焦教学改革创新，打造高精尖的思政“金课”，在立德树人中发挥应有的作用，进一步推动思政课建设内涵式、高质量发展。在党的二十大精神指引下，把握高校思政课教学改革创新的正确方向，进一步优化内部结构、破除痛点难点、激发内生动力，追求守正与创新的平衡，提升教学质量与育人实效，将高校思政课打造成高质量“金课”，让学生真心喜爱、终身受益、毕生难忘。2022 年，教育部等十部门联合印发的《全面推进“大思政课”建设的工作方案》，为思政课改革创新指明了方向，要着眼于更大的视野、更宽的场域、更广的现实，着力于多方协同，聚焦思政课主渠道的理念、内容和方法的守正创新。新时代高校思政课教学改革创新的需要，对教学质量评价体系的构建与实施提出了更高的要求，对教学理念、教学内容、教学方法等有了新的思量与设计。二是新时代高校思政课教师教学能力提升的需要。面对高等教育教学的新形势和思政课建设特殊的要求属性，高校思政课教师的教学能力必须更新、提升和塑造，需要一个完善的教学评价指标作为其推动力和指挥棒。新时代高校思政课教师要按照“六个要”即“政治要强、情怀要深、思维要新、视野要广、自律要严、人格要正”的要求作为自身素质要求的评价标准，不断练内功、强素质，成为乐教、善教的好老师。具体而言，在政治上要考察思政课教师的信仰状况，看其是否具备科学的信仰和过硬的政治素质，是否比其他教师有更高的政治站位、更强的政治意识、更敏锐的政治鉴别力和政治洞察力；在情怀上要考察思政课教师是否具有深厚的家国情怀，是否引导学生拥有家国情怀的使命与担当；在思维上要考察思政课教师运用辩证唯物主义和历史唯物主义的思维方法开展教学实践的情况；在视野上要考查思政课教师是否将宽广的知识视野、国际视野和历史视野融入教学之中，提升教学理论阐释的说服力；在自律上要考查思政课教师的师德师风状况，是否严格约束自己，做到言行一致；在人格上要考查思政课教师的人格品行和精神风貌，是否引导学生向上向善。构建高校思政课教学质量评价体系有助于按照“六个要”要求和标准，进行合理设计，进而综合评价和检测教师教学效果，进一步提升教师教育教学能力。三是新时代高校学生发展的需要。当前，“00 后”是高校大学生的主体，他们的思想和行为有自身的特点。新时代高校学生有着更强的自我意识，更注重个体意识，而团队意识、集体原则、责任意识则有待提升；有独立思想和较强的学习能力，但分析问题、实践能力有待提升；有比较活跃的思维和判断能力，能较熟练运用网络信息技术，但社会鉴别力、心理承受力还有待提升。现实中，高校思政课授课班级大多数还是大班、中班，每位教师的授课班级和学生人数也较多，没有很好紧密结合学生的特点、心理和思想开展有针对的、专门化的教学，难免造成教学没有贴近学生，影响教学效果。教学质量评价呈现教师中心化、学生边缘化，教材中心化、实践边缘化等问题，因此亟须构建更加科学客观的思政课教学质量综合评价体系，更好检验学生的学习效果、教师的教学效果。同时，新时代高校思政课教学质量评价还要重点考虑学生的获得感，要结合时代特色、贴合学生实际，“运用新媒体新技术使工作活起来，推动思想政治工作传统优势同信息技术高度融合，增强时代感和吸引力”①，高校要在满足学生需要、适应学生特点的基础上将信息化技术的优势充分运用到教学评价各环节和全过程之中，增强学生获得感、认同感。

二、新时代高校思政课教学质量评价体系构建的四重维度

新时代，面对高校思政课教学改革新形势，要构建更符合现实需求的高校思政课教学质量评价体系，必须在立德树人目标导向指引下，形成多方主体、多方参与、多方考量的教学质量评价系统。它既是回溯的，也是前瞻的，一些关键因素在整个评价过程中发挥着重要作用。高校思政课教学质量评价体系主要包括评价主体、评价内容、评价过程及评价结果四个方面，要把握其诸多张力关系，创新构建多元协同、科学严谨、规范合理、方法多样、全程覆盖的评价体系，着力推动高校思政课教学质量评价科学发展，不断提升立德树人实效。

（一）评价主体：把握好教师评价与学生评价

高校思政课要以学生为中心、成果产出为导向，聚焦学生的综合素质能力培养，落实立德树人根本使命，让学生成长成才。结合参与的相关性、重要性，高校思政课教学质量评价的主体包括教师和学生。其中，教师主体主要包括高校管理者、教学督导、思政课教师同行及本人，学生主体即参与高校思政课教学的学生。教师和学生作为两类不同主体，对教学诸多方面、诸多问题存在不同看法，要正确认识和处理二者的关系。

---

① 习近平．习近平谈治国理政：第2卷［M］．北京：外文出版社，2017：378．

一是要处理好教师主体评价和学生主体评价的标准问题。教师主体和学生主体作为不同群体的评价主体，受到自身学识背景、认识结构、社会阅历、身心发展程度等多种因素的影响，对高校思政课教学质量的评价具有差异性。具体而言，教师主体进行评价时更多考虑教学目标是否完成、授课内容难易是否得当、教学设计是否完整完善等方面；学生主体进行评价时更倾向于考虑教师的授课方式是否新颖、教学案例是否贴近现实、授课内容是否与时俱进等方面。这种客观存在的张力会导致教师和学生在现实中的评价结果不一致，会出现教师评价高的学生评价低或者教师评价低的学生评价高的现象。这就需要围绕立德树人总目标和高校思政课教学目标构建科学合理的评价标准，依据教师和学生各自的特点分别从不同角度和不同侧重点制定评价标准，弥合二者之间的张力。

二是处理好教师主体评价和学生主体评价的比重问题。经调研当前高校思政课教学评价实践中，相较而言学生评价所占比重较大，但事实上教师主体对高校思政课教学目标、教学内容、教学方法有更深刻的理解，教师主体评价有其自身的独特性和优势。若高校思政课教学质量评价过多注重学生主体评价而忽视教师主体评价，一定程度上可能会降低评价结果的真实性、可信度和全面性。同时，适当提高教师主体评价比重，也会一定程度上增强教师从不同方面进行自我反思改进的力度，提升自身教育教学水平，达到以评促建、以评促改的目标。因此，高校在构建思政课教学质量评价时要依据学校实际，综合调研分析，准确客观权衡教师主体与学生主体的评价比重，从而更科学全面客观反映教师的教学质量与水平，保障评价的公正性、公平性，促进评教与评学的统一。

（二）评价内容：把握好定量评价与定性评价

定性评价能形象描述人们思想、行为的主要表现，对受评对象具有激励、教育作用；定量评价主要运用数据的形式，通过对受评对象表现出来的一些数据关系作整理分析，从数量上相对精确地反映评价指标及效果。高校思政课程育人是一个潜移默化的过程，在评价内容上整体遵循定量评价与定性评价结合的评价方式。对学生学习后是否达成高校思政课培养目标或达成情况如何，可通过访谈调研考察并描述学生实现的收获或成长，在知情意行方面做出的实质性改变；也要通过调查问卷调研学生学习后跟预设目标评价值的关系，通过相关性的数据分析，精确反映评价效果，准确掌握学生在内在思想、外在行为方面的变化。当前，要处理好定性评价和定量评价的张力关系，才能更全面反映评价结果，才能更全面、更精准作用于教学质量。

一是需要平衡好定量评价与定性评价各自的优缺点。高校思政课教学质量评价从定量方式看，准确率高、简单易操作，常用于教学活动的变量关系分析中。但实际评价中，存在过多追求量化指标的现象，如强调关注出勤率、参考率、及格率、优秀率等可度量、易测量的方面，对教学评价的量化指标过于细致繁琐，难以把握定量指标本身的有效性和适用性。高校思政课教学质量评价从定性方式看，用时短、耗费小，是一种传统的人文科学研究方法，也常常用于界定性的教学评价中。但实际评价中，由于某种程度上受到主观因素的影响，会使得在操作上出现基于经验、感情等主观感知的满意度评价趋势，有较强的人为主观意识，且普遍“是对思政课的外部行为进行的浅层次的逻辑化表达，而没有深入到思政课内部对教学进行深层次的逻辑性表达”① 的特点。高校思政课是一个涉及诸多方面多元评价的复杂系统，只有充分发挥定量评价和定性评价的优势，取长补短，优势互补，才能体现教学评价理论的科学性和实践的有效性。二是需要均衡好定量评价与定性评价的恰当比例。高校思政课教学质量评价包括教学设计、教学内容、教学手段、教学效果、课程考核、学生成绩等内容，针对不同的评价内容可以有侧重地选择某种评价方法，整体上均衡好定量评价和定性评价的恰当比例。如对思政课教师课堂教学效果进行评价时采用定性评价的方法对教师的思想和行为特征进行深度揭示；对课后教师对学生的指导辅学时采用定量评价的方法分析教师指导频次与学生学习效果之间的变量关系。简言之，高校要探索全面、科学的评价方式，坚持定量评价和定性评价，注重对学生德智体美劳全要素的评价，面向不同学段、专业的学生分级分类，制定具体详细的评价标准，丰富结果评价的呈

---

① 白双翎．高校思政课教学评价指标体系构建研究［J］．现代教育管理，2021（9）：49－55.

现方式，破除“一刀切”的弊端，展现真实、客观的教学效果。

（三）评价过程：把握好程序公正与内容公正

高校思政课教学质量评价的程序公正与内容公正都是非常重要的，它们分别代表着评价过程的公平性和评价标准的合理性。程序公正意味着在立德树人目标指引下，强调评价过程的公平性和透明度，以确保所有参与者都受到平等对待，包括制定清晰的评价标准、确保评价方式的公正性、提供充足的评价信息和反馈等。程序公正的目的是保障评价的准确性和可靠性，避免主观偏见和歧视。内容公正是指将思政课教师“六个要”要求、思政课建设“八个相统一”要求以及立德树人价值观念渗透在对高校思政课教学质量评价各方面的规定中，关注评价标准的合理性和科学性，以确保评价结果能够真实反映高校思政课的教学质量，涉及对教学目标、教学内容、教学方法等方面的评价，能够反映高校思政课教学的本质和目标。内容公正要求评价标准与高校思政课的教学目标保持一致，同时要关注学生的全面发展，包括知识技能、思维能力、道德品质等方面。高校思政课教学质量评价需要兼顾程序公正与内容公正，才能实现高校思政课教学质量评价的公平性和合理性，但目前二者存在张力状况。

一是高校思政课教学质量评价程序公正，但内容公正欠缺。如校级督导、院级督导听评课后给予教师教学评价分数，教学管理者再依据评教分数结合日常教学实际给予“评教”，这一完整过程保证了程序公正。但是，现实评价实践中教学督导和教学管理者对教师的评价标准存在一定程度的主观偏差，影响了教学评价的内容公正，体现为，一方面教学督导和教学管理者也是教师身份，其评价难免被相关利益或主观价值影响，导致评价内容趋同化而形式公正；另一方面作为学校的检查考核指标，教师的评价内容或标准笼统、抽象、模糊，针对性不高、时效性不强。二是高校思政课教学质量评价内容公正，但程序公正欠缺。如学生作为评价主体，对教师教学评价占较大比重，通常采用期末一次性评分的形式进行，忽略了思政课教师在日常教学过程中及时有效的评价，这种简单的评价流程会导致评价结果的片面性、主观性。同时，有个别高校为了提升学生评教的积极性，把只有评教才能查阅成绩、报名选修课等作为必须流程，导致学生被动评教，存在一定的随意性，评价结果不客观、不科学。因此，要处理好高校思政课教学质量评价体系中程序公正与内容公正的关系，二者相互影响、相互制约。程序公正能够保障评价的公平性和准确性，为内容公正提供基础；内容公正是评价的核心和关键，能够确保评价结果的真实性和有效性。为此，高校需要综合考虑各种因素，建立健全完善的思政课教学质量评价体系，多渠道、多举措实现程序公正与内容公正，包括制定明确的评价标准、规范评价程序、加强监督和反馈；要提高评价者的专业素养和公正意识，避免主观偏见和歧视；要注重学生的参与和反馈，确保评价结果能够真实反映学生的需求和期望，保障高校思政课教学质量评价体系的高效落实。

（四）评价结果：把握好教师发展与立德树人

高校思政课教学质量评价的根本目标是为了以评促教、以评促改；同时，评价结果应具有导向性和激励性，通过评价结果的反馈和运用，激励教师不断追求职业发展，提高教育教学水平和立德树人的能力。因此，高校思政课教学质量评价体系的构建，要处理好立德树人根本任务的落实与思政课教师自身发展的关系，从而让思政课教师在实现职业理想的同时更好落实立德树人根本任务。这种张力关系主要体现为两个方面。

一是少数教师依据高校思政课教学评价条目标准开展教学活动，提升了职业能力但却忽视了育人的根本要求。如部分教师努力参加教学能力比赛，根据比赛评分规则应景性包装自己、演练提升自己，一定程度上有助于提升教学技能，获得比赛高分也促进自身职业发展。但是，高校思政课教学是培根铸魂、启智润心的灵魂工程，必须久久为功，习近平总书记强调，“思政课的本质是讲道理，要注重方式方法，把道理讲深、讲透、讲活，老师要用心教，学生要用心悟，达到沟通心灵、启智润心、激扬斗志[①]”，这就要求高校思政课教师要坚守立德树人初心，勇担为党育人使命，将教学过程的全方面、各环节都统一到立德树人的职业岗位中，真正以学生成长

---

① 习近平．在中国人民大学考察时强调：坚持党的领导传承红色基因扎根中国大地走出一条建设中国特色世界一流大学新路［N］．人民日报，2022－04－26（1）．

成才为中心，才能实现思政课教师自身永久向好发展，推进立德树人目标的实现。二是思政课教师坚守立德树人，但高校思政课教学质量评价体系中的某些指标细则却体现功利化、实用化倾向，制约着教师的职业发展。如教师坚守三尺讲台，秉持育人初心，潜心教学、关爱学生，但高校思政课教学质量评价却存在一定程度上唯论文、重级别等倾向，这促使教师增强科研能力、提升专业技能，但长此以往必然会挫伤教师教书育人的积极性，不利于真正立德树人。2022 年教育部等十部门印发的《全面推进“大思政课”建设的工作方案》强调，“要优化教学评价体系”“用好思政课教学评价结果，作为马克思主义学院和班子成员考核的重要指标，作为思政课教师绩效考核、职称晋升、评奖评优等的基本依据”。① 因此，高校思政课教学质量评价要遵循教育教学规律和教师职业发展规律，构建立德树人视域下全方位、多维度的教师发展平台和体系，提升教师职业发展激励效能，持续推进立德树人根本任务的落实。只有将教师职业发展与立德树人有机结合起来，才能实现高质量的教育教学和高水平的立德树人工作。

三、新时代高校思政课教学质量评价体系构建的实施路向

构建科学有效的新时代高校思政课教学质量评价体系，要深入把握新时代高校思政课教学质量评价体系构建的基本逻辑，深入把握构建的四重维度以及正确处理其内部张力关系，从而进一步明确评价体系的实施路向。高校思政课教学质量评价体系构建的实施路向需要注重科学性、客观性、全面性、可操作性等方面的要求，不断完善领导保障体系、组织实施体系、内容标准体系、监控反馈体系，促进思政课教学质量的提高。

（一）完善新时代高校思政课教学质量评价领导保障体系

2022 年 4 月，习近平总书记在中国人民大学考察时强调：“思想政治

① 全面推进“大思政课”建设［N］. 中国教育报，2022-08-20（1）.

理论课能否在立德树人中发挥应有作用，关键看重视不重视、适应不适应、做得好不好”。[①] 其中，首先强调的是“重视不重视”即是针对领导保障问题而言的。高校思政课要实现立德树人，完善领导保障体系是着眼点，也是顶层设计的重要支撑。办好中国的事情，关键在党。“马院姓马、在马言马”这一鲜明政治导向和办学原则决定了构建高校思政课教学质量评价体系的首要保障在于加强党的领导。高校必须发挥好党把方向、谋大局、定政策、促改革、总揽全局和协调各方的作用，将思政课建设作为推进全员、全方位和全过程育人的重中之重，不断夯实党委统一领导、党政齐抓共管、各部门各司其职的思政课改革创新格局。

第一，夯实高校立德树人长效机制。国无德不兴，人无德不立。高校思政课要与新时代青年学生的成长同频共振、同心同向，必须要在立德树人的引领、协同、保障、评价机制方面都坚持正确的政治导向，确保新时代高校思政课建设与推动都始终围绕学生的成长成才与全面发展。一是必须旗帜鲜明讲政治，夯实立德树人的引领机制。高校必须牢记为党育人、为国育才的初心，始终心怀“国之大者”，坚持马克思主义的鲜亮底色、坚持社会主义的办学方向、紧扣立德树人的根本任务。一方面，强化理论引领，坚持用习近平新时代中国特色社会主义思想铸魂育人，将党的最新理论成果、重大方针政策及时融入思政课，进入学生头脑，夯实马克思主义领航工程，为学生打下坚实的思想基础。另一方面，强化价值引领，确保高校思政课的培养目标是德智体美劳全面发展的社会主义建设者和接班人这一导向不走偏，确保用社会主义核心价值观引导青年学生明大德、守公德、严私德的主导作用发挥不放松。二是凝心聚力育新人，明确立德树人的协同机制。高校落实立德树人根本任务是举全校之力、多维联动、齐抓共管、合力同心的一项育人工程。坚持将立德树人贯穿至高校人才培养的全过程、全方位，围绕学生的全面成长发展大力实施“十大育人”体系工程，实现以德育人、以美育人、以文化人、实践育人，全面提升青年学生政治品格、道德素养、人文情怀、健全人格。以思政课为主渠道，围绕

---

① 习近平．在中国人民大学考察时强调：坚持党的领导传承红色基因扎根中国大地走出一条建设中国特色世界一流大学新路［N］．人民日报，2022－04－26（1）．

立德树人在教学研究、教学改革、教学实践等方面明确任务，内化到学生的学习生活、社会实践、顶岗实习等各方面、各环节。以第二课堂、校园文化为辐射圈，推动立德树人工作与实践育人、文化育人有机结合，拓展育人路径、营造育人氛围、促进学生全面成长。三是建章立制共谋划，完善立德树人的保障机制。立德树人是一项系统工程，要坚持和完善立德树人的领导制度，落实党委书记、校长抓立德树人工作的主体责任。持续完善高校“三全育人”工作格局，建立可操作、针对性强的“大思政”工作体系。严格按照习近平总书记的“六个要”的标准配齐建强高校思政课教师队伍，完善激励措施、制定考核细则，激励与督促并重，提升他们的使命感与幸福感。同时，全面推进课程思政建设，强化思政课程与课程思政的融合发展，注重思政课的内涵建设、课程思政的制度建设，实现二者相得益彰。四是客观公正立标准，完善立德树人的评价机制。完善以育人为中心的评价导向和以实效为旨归的评价机制，高校思政课突出内涵式评价导向，紧紧围绕学生的能力提升、政治觉悟、道德品质、价值塑造等情况来开展，关注学生的知、情、意、信、行的改变与统一，尤其要把思政课建设纳入高校党建工作、办学质量及学科评估的核心指标。

第二，强化高校党委对思政课建设的主体责任。习近平总书记指出：“办好我国高等教育，必须坚持党的领导，牢牢掌握党对高校工作的领导权，使高校成为坚持党的领导的坚强阵地。党委要保证高校正确办学方向，掌握高校思想政治工作主导权，保证高校始终成为培养社会主义事业建设者和接班人的坚强阵地。①”2021 年中共中央 国务院印发的《关于新时代加强和改进思想政治工作的意见》进一步强调了必须加强和改进党对高校思想政治工作的领导。近年来，高校思政课建设取得了巨大成就，主要原因就是党中央高度重视，将其提到了前所未有的高度。可以说，思政课开展得好不好，党组织高度重视是关键。2019 年 3 月，习近平总书记在学校思想政治理论课教师座谈会上强调：“各级党委要把思想政治理论课

① 习近平．在全国高校思想政治工作会议上强调：把思想政治工作贯穿教育教学全过程，开创我国教育事业发展新局面［N］．光明日报，2016－12－09（1）．

建设摆上重要议程，抓住制约思政课建设的突出问题，在工作格局、队伍建设、支持保障等方面采取有效措施”。[①] 具体而言，要实施好高校思政课建设“一把手工程”，落实高校党委书记第一责任人职责，加强高校党委带头示范推动，形成党委宣传部、学工部、校团委、教务处、科研处、人事处等党政部门分工协作的思政课建设领导小组；要将高校党委书记、校长在思政课建设中是否履职尽责作为学校绩效管理的重要指标，推动建立学校党委书记、校长带头抓思政课的有效机制，建立校领导联系思政课教师和思政课教师服务校内外基层党组织的有效机制，建立思政课程与课程思政同频共振的有效机制；要建立重点马克思主义学院、高校马克思主义学院支援中小学思政课建设等机制，开展大中小学思政课“大练兵”活动等，形成努力办好思政课的良好氛围；要将马克思主义理论作为重点学科，将思政课作为重点课程，纳入学校发展规划，以提高领导干部党性修养作为形成思想政治教育教学良好氛围的重要抓手；要加强大中小学思政课一体化建设，构建“三全育人”格局，夯实“十大育人”体系，形成学校上下齐心协力开展“大思政课”建设的良好局面。

第三，落实齐抓共管的高校思政课教学质量评价责任体系。高校思政课作为落实立德树人根本任务，确保党的教育方针在高校得以落实的平台载体，其铸魂育人的本质属性决定着责任定位的高度。高校党委、各级党政部门、各教学单位必须统一思想、凝聚共识，明确思政课是培养德智体美劳全面发展的社会主义事业建设者和接班人的主渠道，充分重视思政课教学质量在高校人才培养和学校事业发展中的特殊地位。高校思政课教学质量评价体系的构建是一项多方主体和多方参与的复杂系统，只有加强党的全面领导、统筹各方，汇聚全校合力，才能保障其顺利开展。因此，要在高校党委集中领导下，马克思主义学院牵头负责、教务处和学工部等部门高度配合、积极协同的评价机制。其中，高校党委要明确自身抓思政课建设的主体责任，高度重视思政课教学质量评价体系的构建对提升高校思政课教学质量及立德树人的现实意义，建立高校思政课教学质量评价体系

---

① 习近平．用新时代中国特色社会主义思想铸魂育人 贯彻党的教育方针落实立德树人根本任务［N］．光明日报，2019－03－19（1）．

构建的领导小组，压实责任、通力配合、总结经验、不断改进，形成阶段性的教学质量自查报告。同时，坚持党建引领事业发展理念，要把思政课教学质量考评作为高校马克思主义学院党建工作的关键任务，纳入责任目标考核，形成以马克思主义学院党委为重点，积极调动其他部门党委协同配合。高校思政课教学质量的评价涉及主体多元、维度多元，其体系的构建是一个涉及教育、管理、服务等诸多方面的综合评价过程，高校人事处、教务处、学工部等部门也应该明确自身职责，共同关心、支持、配合学校思政课教学质量体系的构建，形成高校党委统一领导、马克思主义学院引领示范、部门分工负责、全员协同参与的责任体系，实现同频共振，激发高校思政课教学效果提升的内生动力，着力推进思政课建设与改革融入“大思政课”全员育人场域。

（二）完善新时代高校思政课教学质量评价组织实施体系

构建新时代高校思政课教学质量评价体系要以《全面推进“大思政课”建设的工作方案》中强调的“优化教学评价体系”的要求精心设计组织实施方案，既要加强外部与内部持续性评价有机统一，也要推进“评教”“评学”的有机统一，还要夯实过程评价与反馈改进良性循环，组织专家、领导、同行、思政课教师和学生等多元主体、多方参与高校思政课教学质量评价体系的构建，按要求做好日常实施工作，形成一套符合高校实际的思政课教学质量评价体系，保证评价体系有效开展，持续改进教学策略，推动产生育人效益。

第一，加强内外评价体系的有机统一。高校思政课加强内外评价体系需要从多个方面入手，包括制定科学合理的评价标准、建立外部评价多元主体、定期开展评价活动、建立健全内外部评价反馈机制以及促进思政课教师职业发展等。一是确定外部评价多元主体，积极构建包括社会、企业、单位、家庭及第三方评价机构多元主体参与的评价体系，从不同方面检验并持续性反馈高校思政课教学效果和人才培养质量。如高校要拓展思政教育工作的外延，积极追踪了解毕业学生的就业去向、思想动态、现实表现，加强与行业专家、用人单位等不同主体的合作交流，定期组织座谈交流、追踪反馈，总结分析毕业生思想行为表现的制约因素。针对行业专家，可邀请来校开展就业指导培训，通过集体座谈或个别访谈方式了解专家对毕业生的能力素质要求，从行业发展和需求视角为高校人才培养提供指导意见，从而进一步为高校就业管理部门提供有效数据，便于开展定性定量分析，为高校毕业生的就业创业提供正确指导方向、改进整改措施。针对用人单位，高校可通过问卷调查或实地走访的方式，调研用人单位对毕业学生的认可度和满意度，重点掌握学生的思想道德、职业素养、岗位适应、创新意识、奉献精神等方面的现实表现，收集用人单位对高校人才培养的需求及建议。同时，聚焦高校思政课“政治认同、家国情怀、道德修养、法治意识、文化素养”五个方面的核心素养，构建外部评价模型，从针对行业专家、用人单位、毕业生群体等多元主体的调研数据中，总结分析毕业生培养目标达成情况的自我评价、用人单位对毕业生满意度、行业专家对高校思想政治教育工作认可度等数据信息，进而掌握高校思政课教学的实际成效，为提升教学质量、反馈评价结果、持续整改措施等提供现实依据。二是确定内部评价的多元主体、建立健全内部评价反馈机制、构建培养目标达成度内部评价模型。结合高校实际，组建教务处、学工部、校团委、教学院长、教学督导、思政课教师、辅导员、学生在内的多元评价主体，聚焦学生综合素养和能力培养，依“知情意行信”各要素展开评价，以实现思政课教学目标与高校人才培养的目标融合达成。一方面，要构建校、院两级联动，形成常规评价与专项评价相结合的评价机制。教务处等部门侧重于对人才培养方案、课程标准等情况的评价，看是否跟随国家的发展大势、符合社会与用人单位的需求、紧密结合学校的发展定位等，要充分考虑学生进入社会、走上工作岗位后“德”的要素；教学单位侧重于对教学大纲、教学设计、课程育人等落实情况的评价，结合学生的学习和考核开展分析研判，为修订课程标准和大纲、优化教学内容、改进教学方法等提供重要参考依据；思政课教师和辅导员侧重于学生理论知识、能力素质的评价，定期掌握学生过程性学习的基本情况，形成综合评价数据；学生则侧重于对思想道德素质各方面的自我评价与反思，调动学习动力，激发学习兴趣。另一方面，构建内部评价模型，按照五个素养要求开展设计，结合培养目标预设每门思政课的教学目标指标，构建关联矩阵，确定课程目标对思政课核心素养要求的支撑强度，组织教学督导、课程负责人对教学资料进行查看评阅，综合研判思政课教学目标达成度，并提出改进建议举措。概言之，构建内外评价体系，组建多元评价主体均应保持应然价值取向，要坚持以立德树人成效为根本标尺，着眼于学生的全面发展和素质培养，不能片面看重最后一次性结果的评价而定论。同时，需要对内外、多元评价主体的实际情况制定多样化的日常工作方案，注重过程考核记录和资料的搜集，确保组织管理到位，发挥评价的导向作用。

第二，推进“评教”“评学”的有机统一。马克思、恩格斯指出“任何历史记载都应当从这些自然基础以及它们在历史进程中由于人们的活动而发生的变更出发”①。社会性是人的本质属性。高校思政课教育教学活动是一种“人”外在的活动，其目的是实现人的自由而全面发展。人才培养体系的构建有两方面要求：“一是有一整套清晰的预期学习成果；二是创造一切条件和机会激励所有学生完成这些成果。②”“学习成果”一旦明确，则需围绕“学习成果”开展逆向设计，不断调适改进教学内容与方法，激发学习者动机并满足其对知识、素质和能力的渴求。高校思政课教学改革，必须摒弃“教师”“教材”为中心的传统认知桎梏，以学生的学习发展及学习效果为中心，处理好思政课共性要求与学生个性特点的关系。习近平总书记在全国高校思想政治工作会议上强调“思想政治工作从根本上说是做人的工作，必须围绕学生、关照学生、服务学生”③。高校思政课教学质量评价，要遵循以学生为中心，以学生学习获得为依据，以满足学生成长发展为旨归，将评价动态持续贯穿学生成长成才全过程，于反向设计中促进高校思政课教学回归现实、回归人本，发挥质量评价对落实立德树人根本任务的驱动力。高校思政课必须有力推进评价“教学质量”与“学习质量”有机衔接，促进“教师主导”与“学生主体”有机统一。一是把握教师这一评价着力点，夯实对“教”的评价。习近平总书记在全国高

① 马克思，恩格斯．马克思恩格斯选集：第1卷［M］．北京：人民出版社，1995：67.

② 刘雅贤．基于OBE理念下的高校思想政治理论课持续改进研究［J］．西藏大学学报（社会科学版），2019（4）：209－213＋228.

③ 习近平．在全国高校思想政治工作会议上强调：把思想政治工作贯穿教育教学全过程，开创我国教育事业发展新局面［N］．光明日报，2016－12－09（1）.

校思想政治工作会议讲话中指出，“思政课建设固然有师资、教材、课程体系方面的问题，但最重要的是要解决自信问题。教师有自信，才能把自信传递给学生，让学生领会科学理论的实践价值、中华优秀传统文化的智慧力量、中国发展的时代意义”①。高校必须重视思政课教师在知识传授、能力培养和价值塑造等方面的不可替代性，必须着力于对教师教学活动的评价，引导其将外在的教学质量的提升转化为内在的立德树人的价值诉求。通过对教师素质是否精良、教学态度是否端正、教学准备是否充分、教学内容是否扎实、教学方法是否恰当、教学环节是否完整，以及教学效果优劣等相关指标及观测点的科学评价，督促教师加强理论学习、提升教学技能、提高科研水平，以开阔视野丰富教学内涵、以深刻讲解感召学生心灵、以行为示范引领学生成才。其中教学素质、教学态度等是评“教”的重要因素，素质优良、态度端正的思政课教师必然会深入钻研教学，结合世情国情党情、学校和学生实际及信息技术手段创新教学模式，优化教学环节、丰富教学内容、提升教学效果。二是立足学生这一评价落脚点强化对“学”的评价。高等教育评价“强调的是结果，即侧重于教育系统产出了什么，而非投入了什么”②，教学活动的最终目的是帮助学生通过课程学习获取知识水平、能力素质、社会适应等成长发展所需。因此，高校思政课教学质量评价应以学生学习“产出成果”为依据，反向设计评价思路与评价方案，加强对学习状态、学习增值的评价反馈。当前，高校思政课教学质量评价的总体取向仍较少审视学习过程或活动，较少融入学习动机、学习体验、学习成果等评价要素。基于此，高校思政课教学质量评价体系迫切需要转换范式，即从评价“知识传授”向评价“学习效果”转换，从单纯注重教学资源的投入更多注重教学资源使用效果的转换，聚焦学生的学习成效与动力提升。一方面，要关注课程目标达成，追踪学生的成长发展反向设计评价方案，制定评价指标及观测点。要坚持“学习成果”这一评价内核，鼓励学生客观真切反映自身学习体验及收获，结合课

---

① 习近平．在全国高校思想政治工作会议上强调：把思想政治工作贯穿教育教学全过程，开创我国教育事业发展新局面［N］．光明日报，2016－12－09（1）．

② E. 格威狄·博格，金伯利·宾汉·霍尔．高等教育中的质量与问责［M］．毛亚庆，刘冷馨，译．北京：北京师范大学出版社，2008：125．

程知识、认知结构、兴趣爱好和行为实践，研判学生是否能够深入理解所学知识及价值影响，是否能够将教学内容内化于心、外化于行，为完善评价内容标准提供现实依据，进而反向改进并修订人才培养方案，持续改进教学策略与实施。另一方面，要关注学情，优化分层分类评价。高校思政课以“努力培养担当民族复兴大任的时代新人，培养德智体美劳全面发展的社会主义建设者和接班人①”为培养总目标，在课程标准、教学计划、课程大纲、教学教案等方面采用统一规范样本，但教学内容、教学方式、考核方式整齐划一的模式会无法有效调动学生的积极性，会忽略不同学生的认知结构与实践能力的差别，会忽略不同专业人才培养的目标，也难以实现思政课教学目标对人才培养的有力驱动。因而，学生不同的成长背景、学习能力、学科专业、认知阅历的差异性，会导致他们对知识的理解与接受存在一定偏差，而且同一学生对不同课程的兴趣和认知也迥然不同。因此，高校思政课教学质量评价必须基于对学情的高度关注和精准研判，紧密结合不同专业人才培养目标的差异，紧密联系学生的成长轨迹和个性特征，紧密关注不同高校的办学特色和专业优势，破除教学质量评价“同质化”倾向，以分层分类评价更好服务于高素质人才培养。

第三，夯实评价与反馈的有机统一。高校思政课教学质量评价关注教学标达成度，强化并合理利用评价结果，形成“评价—反馈—改进”持续性良性循环机制。一是基于课程目标夯实过程性评价。围绕高校思政课的五个核心素养，结合新时代高校教育的评价理念，应更注重过程性、行为性评价，强化教务处领导、二级学院领导、教学督导、同行和学生的共同参与。高校思政课的过程评价，要考察思政课建设基本情况，如党的教育方针贯彻落实情况、思政课开课基本情况、教学时间和学分的保障情况、思政课程之间的有效衔接情况、教研室设置及集体备课情况等方面；还要考查思政课教学管理情况，如教学资料的准备、教学前中后的检查、教学重难点的把握、实践教学的开展、课堂教学的规范管理、课后对学生学习效果的检查反馈、学生实际收获及价值塑造等方面。二是用科学方法反馈改进教学质量。可结合学生成长指数，探索科学方法，围绕学生的政治素

① 习近平．习近平谈治国理政：第3卷［M］．北京：外文出版社，2020：328.

养、思想道德、家国情怀、实践能力等方面，进行全面、客观的评价，评估学生知行合一的目标达成度，如通过实地访谈用人单位、追踪毕业生就业情况来反馈问题，促进整改，提炼经验，推广做法。同时，高校思政课要聚焦问题、追踪反馈、持续改进，形成良性循环的评价闭环结构，持续督促教师自我评估、改进教学策略、提升教学实效、促进教学成果转化，以持续提升学生的获得感和教师的成就感，进一步挖掘高校思政课作为立德树人关键课程的重要优势，夯实思政课课程目标的价值导向功能和辐射作用。三是强化并合理利用评价结果。高校思政课教学质量评价不能陷入“为评而评”的不良循环，而要重视评价结果的正确使用，形成一个持续反馈、改进提升的螺旋上升模式，切实提高高校思政课教学水平。高校思政课教学质量评价涉及因素较多，评价过程难免会涉及较多主观因素，很难绝对真实、全面客观反映教学状况和效果，因而得出的评价结果是相对的。对于评价结果好的，要给予肯定支持，与教师绩效、评优挂钩；对于评价结果不好的，要找出问题、分析原因，发挥教学管理指导作用，帮助思政课教师提升教学效果。同时，基于评价结果，对于确实比较差的课程，及时将评价结果反馈给任课教师，作为课程建设和进一步改进的依据。对于无法或不愿意进行纠正的课程，要建立课堂教学退出机制，从而帮助教师寻找课程教学改进的方向，也为学生成长建立良好的筛选机制，促进课堂教学质量提升。

（三）完善新时代高校思政课教学质量评价内容标准体系

高校思政课教学质量评价的内容标准体系，要在政策和导向的指导下，把握总基调，坚持目标导向，聚焦价值引领的评价主方向；把握基本内容，坚持过程导向，制定科学合理的评价标准；把握育人成效，坚持成果导向，强化实践评价的重要延伸。

第一，坚持目标导向，聚焦价值引领的评价主方向。教学质量评价的传统理念强调“投入决定产出”，通常简单基于教学过程“量”的投入审视教学效果，难以全面评价学生学习过程中“质”的提升。坚持目标导向的评价理念则将教学目标作为评价活动的起点，强调教学过程中各环节支撑教学目标达成度，首要明确的是教学目标在于让学生获得怎样的学习成效，重视对学生素质、品行、能力的考察，并基于学习成果逆向审视教学过程、教学设计。高校思政课有其特殊的意识形态属性，决定着其教学目标、教学要求和教学标准与其他普通课程有差异，旨在改造学生的主观世界、实现价值引领，因而教学质量评价要以目标导向为遵循，采取有别于其他课程的专项评价标准以确保教学评价更有针对性、评价结果更科学有效。2019 年中宣部、教育部印发的《关于深化新时代学校思想政治理论课改革创新的若干意见》明确了大中小学思政课的分阶段目标，“大学阶段重在增强使命担当”，重点引导学生“矢志不渝听党话跟党走，争做社会主义合格建设者和可靠接班人”①，这为高校思政课教学质量评价明确了精准靶向。当前，高校出于管理便捷的角度，将常规性的教学质量评价方案和通用标准用于思政课考核评价，难以体现思政课独特属性和学生的学习成果。习近平总书记强调：“青年时代树立正确的理想、坚定的信念十分紧要，不仅要树立，而且要在心中扎根，一辈子都能坚持为之奋斗。②”高校思政课作为教育引导学生树立正确理想信念的主渠道，其课程性质和教学目标的特殊性，教学质量评价必须聚焦价值引领这一基本方向，更好践行思政课为党育人、为国育才的重大使命。高校思政课的价值引领功能，集中体现为对学生进行社会主义核心价值体系教育，主要涵盖马克思主义指导思想、中国特色社会主义共同理想、以爱国主义为核心的民族精神和以改革创新为核心的时代精神、社会主义荣辱观等系统教育。通过教育引导，使学生能够运用马克思主义立场、观点和方法，正确认识人生价值、认识社会发展规律、认识国家前途命运和世界大势；使学生能够运用习近平新时代中国特色社会主义思想的世界观和方法论，坚定做中国特色社会主义共同理想的信仰者和践行者，积极投身于实现中华民族伟大复兴的新征程。坚持价值引领这一评价基本方向，应联系于教学活动的四个方面：一是评价教学活动是否着力于引导学生正确认识马克思主义在意识形态领域的指导地位。习近平总书记在党的二十大报告中强调：“建设具有强大

① 中共中央办公厅 国务院办公厅印发《关于深化新时代学校思想政治理论课改革创新的若干意见》[EB/OL]. 新华社，2019-08-14.

② 汪晓东，王洲. 让青春在奉献中焕发绚丽光彩：习近平总书记关于青年工作重要论述[N]. 人民日报，2015-05-04（1）.

凝聚力和引领力的社会主义意识形态。①" 高校思政课创新发展的重要内容是要增强学生的主流意识形态认同，凝聚"价值最大公约数"，实现主流意识形态对多样化社会思潮的统领，画出"理想信念同心圆"。高校思政课教学要通过系统化理论教育，引导学生科学剖析多元社会思潮的本质内涵和理论内核，在关键时刻、方向问题上能澄清是非、释疑解惑，坚决维护马克思主义意识形态话语权，提高学生运用马克思主义唯物史观研判和抵御错误社会思潮的能力，增进社会主流意识形态认同感，培养理性思维和科学观念，确保高校思政课在引领社会思潮过程中的"针对性""精准性"，使学生深刻认识中国特色社会主义道路是创造人民美好生活的必由之路，中国特色社会主义理论体系是指导实现中华民族伟大复兴的正确理论，中国特色社会主义制度是当代中国发展进步的根本保障，中国特色社会主义文化是激励全党全国各族人民奋勇前进的精神力量，不断增强高校思政课时代感。二是评价教学活动是否着力于引导学生牢固树立共产主义远大理想和中国特色社会主义共同理想。青年学生要坚定理想信念，切实解决好世界观、人生观、价值观这个"总开关"问题。"总开关"问题解决不好，思想就会跑偏，信念就不坚定，精神状态就会游走在"亚健康"边缘。为此，高校思政课教师必须针对当前学生的思想迷雾及时发声亮剑，阐明科学社会主义理论关于共产主义学说的科学性和真理性，以真理的强大力量引领学生坚定共产主义理想信念。三是评价教学活动是否着力于引导学生坚持培育和践行社会主义核心价值观。高校思政课教学不同于哲学课、历史课、法律课等其他侧重于"知识传授"的人文社会科学课程，必须处理好"知识传授"和"价值引导"的关系，坚持和培育社会主义核心价值观，弘扬中国精神，发挥社会正能量，反对一切消极错误的价值观。四是评价教学活动是否着力于引导大学生自觉传承和弘扬社会主义先进文化，坚定文化自信。习近平文化思想告诉我们坚定文化自信，就是破除"西方中心论"，坚持走自己的路，实现精神上的独立自主，同时积极主动学习借鉴人类创造的一切优秀文明成果，形成熔铸古今、汇通中西

① 习近平．高举中国特色社会主义伟大旗帜 为全面建设社会主义现代化国家而团结奋斗：在中国共产党第二十次全国代表大会上的报告（2022 年 10 月 16 日）［N/OL］．人民网—人民日报，2022－10－16．

的理论大格局大气象，从而以开拓创新精神把握时代、引领时代。中华文化作为中华民族五千多年的文明历史孕育的智慧结晶，蕴含着厚德载物、天人合一、民惟邦本、修齐治平等优秀传统价值观，为社会主义核心价值观的形成奠定了深厚的文化土壤。高校思政课教学必须全面学习贯彻习近平文化思想，深入阐释传播中华优秀传统文化中蕴含的思想观念、人文精神和道德价值及其创造性转化成果；深入阐释传播党在领导人民革命、建设、改革中积淀创造的红色文化和社会主义先进文化，鼓励学生以强烈的文化自信和历史使命感，投身于新时代中国特色社会主义的伟大实践。

第二，坚持过程导向，制定科学合理的评价标准。评价标准是“衡量或判定评价对象价值程度的准则与尺度”①。评价标准是落实教育教学理念与实现价值追求的具体展现，对教育教学活动具有判断、导向作用。《深化新时代教育评价改革总体方案》提出了“改进结果评价，强化过程评价”的基本原则，因此高校思政课要结合课程属性、过程性评价特点科学设置评价标准。一是要关注学生的个性特征。“新时代课堂教学要想真正落实学生全面而自由的发展，就必须抛弃建构共性化评价标准的设想，实现评价标准设计的个性化。②”传统评价方式过多强调标准化模式忽视了个性化特征，不利于学生的全面发展，而过程性评价弥补了上述缺陷。过程性评价标准要在坚持统一、规范标准的基础上，充分关照不同学生的个性特点。高校思政课教学质量评价活动必须首先坚持底线思维、规定标准，如学生的政治立场、正确态度、学习纪律等应该遵守的基本规则，这是刚性约束。但是，除了规定动作外，在高校思政课教学活动中，学生在教师引导下会在不同教学场景中体现出自身个性风采。教学评价不能用统一标准压抑学生的个性展现，而要用定性描述方式为学生提供正确的学习方向，还要为他们成长与发展提供空间。评价标准的设置，要考虑定性描述和量化考核的比例，充分考虑学生的生源、学科、专业背景制定个性化的评价标准，实施分层、分类考核，也可设计不同的评价标准套餐，允许学生进行自主选择。二要体现思政课课程属性。高校思政课教学质量评价既

---

① 陶西平．教育评价词典［M］．北京：北京师范大学出版社，1998：113－114.

② 罗祖兵，郭超华．新中国成立70年课堂教学评价标准的回顾与展望［J］．中国教育学刊，2020（1）：59.

要遵循一般评价活动规律，也要体现思政课的课程属性。高校思政课在我国高等教育课程体系中具有重要而特殊的地位，具有跟其他课程不同的内涵和特征，培养目标也更具独特性。高校思政课是政治性、思想性、理论性和实践性的有机统一。因此，高校思政课要落实好“坚持把思政课建设同国家发展的现实目标和未来方向紧密联系在一起，坚持教育为人民服务、为中国共产党治国理政服务、为巩固和发展中国特色社会主义制度服务、为改革开放和社会主义现代化建设服务①”的总体要求，致力于培养社会主义事业的建设者和接班人，引导学生形成正确的世界观、人生观和价值观，提升学生运用马克思主义理论认识问题和解决问题的能力。在评价标准中体现思政课的课程属性，就是要将坚定的政治立场原则、德智体美劳五个素质维度、践行社会主义核心价值观力度、守公德明大德严私德等基本情况纳入内容标准体系中，引导学生树立正确的理想信念、强大的理论自觉和服务人民的崇高情怀。因而，基于思政课课程属性，高校思政课教学质量评价体系的标准要体现政治原则、政治态度与政治立场等维度；要体现理论深度、理论高度与理论厚度等维度；要体现教学理念创新、教学内容创新与教学方法创新等维度；要体现理论知识获得感、信仰信念价值获得感、成长成才获得感等维度，构建具有政治性、理论性、创新性和获得感的评价内容标准。三要保持标准动态开放。高校思政课教学质量评价标准注重过程性评价，但它不是一成不变的，具有动态性调整的基本特点。同时，过程性评价是一种生成性评价，它不是简单判断教学目标与评价结果是否吻合，而是要充分考虑在过程性教学活动中所产生的新价值，因此要保持评价结果更真实全面反映学生的学习成果，就必须要保持评价标准的动态开放。一方面，高校思政课教学质量评价标准要体现动态性，就需要评价主体根据学生的学习情况适时调整评价标准，鼓励引导学生在现有基础上通过努力可以达到相应的标准和要求，增强学生的自信心和获得感；另一方面，高校思政课教学质量评价标准要体现开放性，就需要评价主体将思政课最新理论前沿、鲜活现实及研究动态及时转化为评

① 靳诺. 新时代高校思想政治理论课改革创新的逻辑、方向和体系［J］. 教学与研究，2020（1）：16－23.

价标准，保持与时俱进、不断更新的开放状态，引导学生积极主动增强内生动力，将个人发展融入国家发展中，争做民族伟大复兴的奋进者、践行者。概言之，高校思政课教学质量评价体系的内容标准是一个合理、细致、有逻辑的总结、概括、分类的具有操作性强的指标合集。

第三，坚持成果导向，强化实践评价的重要延伸。立德树人背景下，实践教学是高校思政课教学体系中的重要组成部分，是让学生通过一定的情境进行自我体验的构建，达到“知情意信行”的统一，能有效提升思政课的教学质量和水平，增强学生对思政课的获得感，从而实现实践育人。2021 年 3 月，习近平总书记在看望参加全国政协会议的医药卫生界、教育界委员时指出，“‘大思政课’我们要善用之”，并强调“思政课不仅应该在课堂上讲，也应该在社会生活中来讲”[①]；2022 年 4 月，习近平总书记在中国人民大学考察时强调：“思政课的本质是讲道理，要注重方式方法，把道理讲深、讲透、讲活”[②]。同时，习近平总书记反复强调“马克思主义是在实践中形成并不断发展的，要高度重视思政课的实践性，把思政小课堂同社会大课堂结合起来”[③]。这些重要论述，为新时代在“大思政课”视域下建设好思政课，提供了新的发展视野和方向，而实践教学成为激活育人效能的关键场域，是承载“大思政课”建设的天然平台，也是坚持成果导向、强化实践育人，有效推动思政育人入脑、入心、入行，引导学生在实践中长见识、增才干、练本领、树情怀、显担当。因此，高校思政课教学质量评价要延伸至实践教学环节，观测学生在实践中的独立思考、团结协作、解决问题、内化精神的能力。强化实践教学评价，要从教学目标、教学内容、教学方法、教学效果四个维度展开。

一是夯实实践教学目标的评价。高校思政课不是纯理论性地传播马克思主义理论，而是要让学生在成长成才中历练智慧、塑造价值、坚定信念、熏陶品格。高校思政课的教学目标最终需要社会实践这一桥梁和依托

---

① 习近平．“‘大思政课’我们要善用之”（微镜头・习近平总书记两会“下团组”・两会现场观察）［N］．人民日报，2021－03－07（1）．

② 习近平．在中国人民大学考察时强调：坚持党的领导传承红色基因扎根中国大地走出一条建设中国特色世界一流大学新路［N］．人民日报，2022－04－26（1）．

③ 习近平．思政课是落实立德树人根本任务的关键课程［J］．求是，2020（17）：4－16．

来实现，引导学生运用马克思主义的世界观方法论改造主观世界、激发情感共鸣、真正明史、明道、明理、明德，树爱国之志，践报国之行，而学生需要将课堂教学中的理论知识内化为信仰与追求，形成强大的精神动力，付诸行动，以深厚的家国情怀和责任担当踔厉奋发、笃行不怠。建构主义认为学习是学习者基于原有的知识经验生成意义、建构理解的过程。制定高校思政课的实践教学目标时，要从学生身心发展状况、所处社会关系、思想道德状况等维度出发，充分考虑学生的多样性和个性化，坚持统一性和多样性相统一的原则；既要落实制定实践教学目标、进行实践教学任务的统一要求，又要因材施教，制定不同教学目标，采取不同的教学方法。因此，实践教学评价要结合高校办学特色和专业人才培养方案，分层分类设计评价标准，在实践教学大纲、实施方案、制度设计、实践报告等方面设置上体现专业特色与思政教育的融合，凸显思政课实践教学的鲜明特色。

二是夯实实践教学内容的评价。高校思政课教学内容其视野之宏大、历程之壮阔、内容之丰富。习近平总书记明确提出："对历史文化特别是先人传承下来的价值理念和道德规范，要坚持古为今用、推陈出新，有鉴别地加以对待，有扬弃地予以继承。这就是说，我们既不要片面地讲厚古薄今，又不要片面地讲厚今薄古，而是要本着科学的态度，继承和弘扬中华优秀传统文化，努力用中华民族创造的一切精神财富来以文化人、以文育人。[①]"因此，高校思政课实践教学内容具有融会贯通性，要处理好"古""今"关系，坚持把马克思主义基本原理同中国具体实际相结合、同中华民族优秀传统文化相结合。高校思政课的实践评价要注重教学内容的实用性、新颖性和针对性。每门思政课都要根据课程特点规划实践教学内容，避免重复交叉，制定具有操作性强且各具特色的实施方案。因此，要求高校思政课教师根据"贴近实际、贴近生活、贴近学生"的原则组织实施实践教学，充分反映马克思主义中国化时代化的最新成果，充分反映本门思政课教学的前沿理论和现实问题，充分展现具有历史性和开创性的伟大成就，充分体现具有专业特色的社会实践活动，善于从鲜活实践中挖掘

① 中共中央文献研究室．习近平关于社会主义文化建设论述摘编［M］．北京：中央文献出版社，2017．

典型案例启智润心、培根铸魂。

三是夯实实践教学方法的评价。通常来说，教学方法是由教学内容决定的。党的十八大以来，党和国家都非常重视实践教学的创新性。如 2016 年习近平总书记出席全国高校思想政治工作会议号召广泛开展各类社会实践。2017 年中共中央 国务院印发《关于加强和改进新形势下高校思想政治工作的意见》，提出要强化社会实践育人，提高实践教学比重。2021 年教育部印发《高等学校思想政治理论课建设标准》，要求把思政小课堂与社会大课堂相结合，突出实践教学，将生动鲜活的实践引入课堂教学，将课堂设在生产劳动和社会实践一线。2022 年教育部等十部门印发《全面推进“大思政课”建设的工作方案》提出“‘大思政课’建设，要善用社会大课堂”。2023 年教育部关于印发《普通高等学校马克思主义学院建设标准》明确指出，严格落实本科 2 个学分、专科 1 个学分用于思政课实践教学，积极与“大思政课”实践教学基地等建立合作机制，建设相对稳定的校外教学实践基地等内容，为高校思政课实践教学方式方法创新提供了政策支撑和重要依据。近年来，高校思政课实践教学形式多样化，积极开展如“行走的思政课”、红“言”课堂、乡村里的思政课等实践，不断提升学生学思践悟的能力，更好感受社会大课堂的温度、深度与厚度。实践评价维度要多元化、立体化，可从课堂认知、校园情景、社会体验、网络拓展四个方位进行考查，考量为学生提供更广阔的舞台和空间，触动他们的灵魂、贴近他们的生活，让他们在亲身感悟中学习、成长、启智、笃行。同时，组织实施过程中，要注重结合实践教学内容的设计，实地考察学生参与体验情况，建立信息采集、整理、分析和反馈渠道，加强实践教学效果与实践教学目标比较研究，有针对性地修订实施方案、调整组织设计、完善评价措施。

四是夯实实践教学效果的评价。首先明确高校思政课实践教学质量评价的标准，要体现契合性，根据每门思政课的课程侧重点设计具有契合度又多样化的实践教学内容，评价的关注点要聚焦理论课堂与实践课堂的契合性，评价标准有助于推动实践教学课程体系化、实践教学专题项目化，促进实践教学有效对接理论教学，相互支撑深度融合；要体现可操作性，评价指标及权重应有多方主体共同论证，充分考虑高校思政课及实践教学的特殊性，能实现对实践教学效果的量化考核评定，尽量减少人为主观因素的影响；要体现系统性，要对实践教学的实施方案、组织策划、资源整合、师生互动等方面开展全过程评价，系统全面反映实践教学成果，尤其加强对教师指导效果和学生实践成果的评价，体现教师主导和学生主体的原则。2018 年，教育部印发《新时代高校思想政治理论课教学工作基本要求》强调，要采取多种方式综合考核学生对所学内容的理解和实际运用，注重考查学生运用马克思主义立场观点方法分析、解决问题的能力。2021 年，教育部印发《高等学校思想政治理论课建设标准》要求，建立健全科学全面准确的考试考核评价体系，注重过程考核和教学效果考核。高校思政课实践教学要"以'大思政课'为发展方向，注重'小课堂'向'大课堂'延伸、'被动式'向'互动式'转变、'大水漫灌型'向'精准滴灌型'推进"①。因此，实践评价要改变传统以制作 PPT、撰写实践心得、社会实践报告等形式，应更注重实践体验与收获，坚持知行合一测评原则，引导学生在"真学""真懂"基础上，达到真知、真信、真行的目标，坚持对学生进行综合评价，并在不断的实践反馈中进行思考、总结和再教育，防止出现知行脱节、"高分低能"与"高分低德"的现象。同时，实践评价要坚持过程性考核和结果性评价相结合，过程性评价重点评价学生是否有效参与实践过程、是否具有团结协作品格、是否具备组织协调管理能力、是否真正实践笃行等，体现为一种延展性、生成性评价；结果性评价重点评价学生的实践成果的质量，反映学生实践教学的参与感与获得感，如可采用实践汇演的形式展现实践成果、采用视频展播的形式分享实践心得、采用师生互动研讨的方式交流实践体会等，体现为一种动态性、综合性评价。

（四）完善新时代高校思政课教学质量评价监控反馈体系

科学完备的监控反馈体系是高校思政课教学质量评价体系维持自身生命力的必然要求。高校思政课教学质量评价是一个系统工程，要坚持以问题为导向，完善"评价—反馈—改进"动态调节机制。破解评价中"维度狭隘化""指标同质化""效果短期化"等弊端，建立持续改进的全过程

---

① 郝保英，王涛．"大思政课"视域下高校思政课的实践性论析［J］．思想理论教育导刊，2022（10）：106－112．

评价机制、便捷有效的教学质量反馈机制、科学完备的教学质量监控机制，在持续改进中实现对高校思政课培养目标的有效支撑。

第一，建立持续改进的全过程评价机制。高校思政课教学质量的评价最终是评价“知行合一”目标的达成度，这是一个动态持续发展的过程。人才培养是“育智”与“育德”的有机统一，必须持续贯通于学生成长成才全过程，通过动态跟踪、实时监测、持续反馈、不断改进，建立全过程评价机制，客观反映学生的思想素质、价值观念、道德修养等难以量化的评价指标，进而反向审视教学设计、方法手段、教学实施等影响教学效果的因素，为优化人才培养方案提供参考依据，为高校思政课改革提供路径举措。当前，高校思政课教学质量评价仍存在片面强调量化考核的现象，师生评教、督导评价、管理者评价均普遍结合量化考核表进行，将学业成绩与平时表现等同，忽视了教学组织实施、追踪调研分析等环节的质性评价。然而，高校思政课教学质量评价应结合相关因子，综合评价并判断教学各环节所体现的“八个相统一”的内涵要求，同时高校思政课因其课程性质的特殊性和教学效果的延展性，必须高度重视学生思想、情感、行为养成之阶段性的评价，而不能机械用物化指标割裂各环节的有机联系，不能忽略阶段性的访谈交流调研等收集到的质性因素，否则难以精准考查学生思想素质及行为养成过程中“知行合一”的情况，难以全面体现“教与学”的双向赋能。推动高校思政课教学质量的持续改进，建立全过程评价机制。一是实现动态评价与静态评价的全过程统一。动态评价即加强对“教与学”各环节、各主体因素的持续动态关注，根据不同阶段信息和数据的变化考察学生的学习成果，为改进教学策略提供改进依据；静态评价即针对教学实施过程提出诊断性评价，判断教学活动对学生认知、能力、态度和价值观的终结性影响，结合调研数据与教学目标查找差距，其目的如教育评价之父泰勒所认为的，在于“判定学生实际上发生了怎样的行为变化，我们在何种程度上达成了教育目标，以及为了获得一种有效的教育计划，我们必须做哪些进一步的改进”①。只有实现动态评价与静态评价的

① 拉尔夫·泰勒．课程与教学的基本原理［M］．施良方，译．北京：人民出版社，1994：85.

全过程统一，才能充分发挥教学质量评价对教学活动的研判、导向、反馈和激励作用。二是实现外部与内部“评价—反馈—改进”的全过程统一。一方面，开展好外部持续性评价反馈。确定外部评价的多元主体，实现社会、企业、单位、家庭等协同评价，以多元视角反馈高校对人才培养的实际效果，同时积极摸排毕业生就业思想动态及去向，加强与用人单位、行业专家的交流合作，定期开展追踪反馈，了解其对毕业生的满意度、认可度，重点掌握企业和专家对毕业生的素质要求及对人才培养的指导意见。另一方面，开展好内部持续性评价反馈。组建学校教务处、学工部、校团委、教学单位领导、教学督导、教研室主任、任课教师、辅导员等“大思政”队伍协同评价，以“知情意信行”为评价要素，侧重于对学生思想道德和价值观培育的综合评价，对“知与行”的追踪反馈，从而通过综合施策，形成“全程评价—追踪反馈—持续改进”的严密逻辑闭环，使教学开展紧扣人才培养目标，提升思政课教学质量。

第二，建立便捷有效的教学质量反馈机制。高校思政课教学质量反馈机制推动持续改进，是形成教学质量监控闭环的必要条件，有助于质量监控实现自我纠错和自我完善的能力，客观评价教学实施及效果，进而约束或激励教学组织者和实施者，推动教学管理工作有序进行且形成教学质量良性循环机制。因此，高校思政课教学评价应重视教学质量现状，更应搜集数据、总结经验、反馈不足和持续改进，建立便捷、有效的教学质量反馈机制，实现学校、教师、学生等主体之间的畅通交流。一是实现学校、教师、学生的信息同步反馈。学校作为教学管理牵头负责单位，应定期组织开展教学检查，针对课堂教学、实践教学、考试考查、质量测评、师德师风等各教学环节存在的问题，及时总结形成反馈意见。学校要建立服务于高校思政课教学质量评价体系的监督反馈通道，比如设立专门的监督反馈领导工作小组、开通专门的监督反馈电话及邮箱，有利于各方主体便捷参与高校思政课教学质量评价的监督反馈工作，真实反映思政课教学质量评价过程中存在的问题，有效回应并及时改进教学评价体系的标准、内容和方法等。同时，对教学督导、校教指委等跟踪反馈的意见和建议进行搜集、整合，及时反馈给质量监督领导小组，进而反馈给教学管理者和思政课教师，制定课堂教学管理和教学质量监控等相关实施办法，加大奖惩力度，推进整改落实，切实保证高校思政课教学质量评价体系的科学性和有效性。教师作为教学活动的主要实施者，可通过智慧教学平台搜集学生的平时表现，如上课签到次数、观看音视频时长、平台研讨评论次数、提交测试成绩等数据，量化分析掌握学生的学习情况；也可通过平台进行点赞、评论、批阅，展示优秀的学习成果并鼓励学生进行交流互评，激发学生获得学习成果的成就感也能发挥榜样示范作用。同时，通过平台记录思政课教师的教学活动和过程，帮助教师评判自身教学情况，并通过同行评议反馈，以听课、说课等形式直观掌握教学质量，总结推广优秀教学案例，在交流互促中以集体智慧助力教师能力素质提升。学生作为思政课学习活动的直接参与者与教学实效的最终体现者，对教学信息的反馈最具发言权，他们的参与既可激发自身学习的主动性，也可实时掌握自身学习状态，加强自我约束和自我激励。学生反馈可在教务处等部门指导下，发挥辅导员和班团作用，设立教学信息员组织开展对“教与学”的信息搜集与反馈，通过学生座谈会、课程问卷调查、网络评教等方式多元化反馈收集教学质量问题，制定整改措施并完善质量标准。二是应实现校内校外信息的动态反馈。校内，通过学生学习成果调研、学生满意度调研、思想文化素质调研等统计分析学生对思政课的满意度，有针对性提出改进措施，优化教学实施方案，完善教学内容和创新教学方法。校外，对毕业生则应开展跟踪评价，可按年度通过问卷匿名调研的形式了解毕业生对思政课价值、思政课教师影响等整体情况，把握毕业生的思想状况及对思政课教师的教学水平、教学效果、教学质量、学习收获等方面的满意度；也可按年度组织开展毕业生座谈会，听取学生对学校就业工作、思政课程安排、实践教学实施、思政课教学方法等方面的意见或建议。同时，应适时引入用人单位开展社会跟踪反馈评价，通过召开座谈会议、问卷调查、实地走访等形式，深入把握用人单位和毕业生信息，了解用人单位对毕业生政治素养、思想品德、职业道德、奉献精神、创新意识及团队协作能力的客观评价，征求用人单位对学校管理部门、人才培养计划、思政课改革举措、实践教学开展形式等方面的意见和建议，更好培养适合国家和社会需要的高素质人才。

第三，建立科学完备的教学质量监控机制。高校思政课教学质量监控机制的构建，要坚持“以学生为中心”的理念，围绕学生的认知结构、学习规律和需求层次，以规范的教学管理和质量监控为抓手，推动思政课育人目标与学生成长目标有机统一。一是健全组织机构。高校要克服教学质量监控主体单一的问题，建立健全组织机构，以发挥其对思政课教学质量多维度、多层次的监控，主要涵盖组织领导机构、教学管理机构和教学督导机构。其中，组织领导机构发挥引领作用，统筹资源、规划实施、出台配套及组织保障等；教学管理机构负责调研、监督和反馈高校思政课教学质量现状，有针对性地提出对策建议及改进措施；教学督导机构负责过程监控，形成“督以严、导以正”的监控氛围，及时纠偏、提出建议，保证思政课各项管理制度和改革方案有效实施。同时，应加强三个机构的协同监控，落实对教学各环节的分层管理，促进思政课教学管理水平稳步提升。二是完善监控制度。高校要建立科学完备的规章制度，约束教师行为、规范教学运行、强化教学管理，保证教学质量监控有依有据。例如，加强思政课常规教学制度建设，通过制定思政课集体备课制度、课堂教学管理制度、思政课实践教学实施方案、思政课听评课制度、思政课教师岗位职责、思政课教师师德师风行为守则等系列制度，规范基本教学活动和教师教学行为，在制度框架内建立思政课内涵式发展的长效机制。再如，加强思政课教学督导制度建设，应关注教学管理部门与教学督导的关系，二者既有分工又有合作，但都基于保证教学秩序和提升教育教学质量的目标，教学督导要及时向教学管理部门反馈听评课、检查调研中发现的问题，推动其优化管理；教学管理部门要及时与教学督导交流管理动态，研判教学督导的反馈信息，完善教学管理制度，提升管理效能。三是落实队伍职能。高素质的高校教学质量监控队伍是保障监控工作顺利进行的关键，应组建高校分管领导、教务管理部门、教学单位负责人、教学管理人员、思政课教师、教学督导、学生代表和社会用人单位等群体构成的教学质量监控队伍，切实提高责任意识和监控水平。一方面，落实组织领导和“大思政课”队伍职能，成立教学质量监控领导小组，负责规划课堂教学、实践教学、网络教学在内的基本教学活动，完善课程体系和教学内容，改革教学方法与教学载体，监督教学计划实施，并组织师生开展思政课满意度测评，结合反馈信息持续制定整改措施。同时，形成全校上下联动，各部门协同尤其加强马克思主义学院、教务处、学工部、校团委、各教学单位的沟通合作，凝聚起教学质量监控的强大合力。另一方面，落实马克思主义学院、教研室、教学督导的职能，加强对课堂教学的规范管理和监督反馈，全面发现、分析和改进课堂教学的薄弱环节，实现对思政课教学过程和教学管理的全方位、全过程的监督，及时反馈并提出改进方案，从而调动教师积极性，提高课堂教学质量，促进教育教学目标的实现。同时，还要落实学生信息员职能，通过班级教学日志记录教师的教学纪律、教学进度、教学内容、课后辅导等常规教学环节，让教学管理部门及时掌握教师对教学进度计划、教学大纲的执行情况，整体了解课堂教学状况。

四、S高校思政课教学质量评价改革经验与启示

新时代高校思政课面临新的形势与机遇，肩负新的使命与担当，如何坚持立德树人、夯实铸魂育人，将高校思政课打造成学生真心喜爱、终身受益的关键课程，是高校思政课创新发展的重要课题。近年来，S高校创新推进学校思政课培养目标达成情况持续性评价机制建设，以“基于目标，强调过程、动态反馈”为取向，结合课程内容、教学实施及教学效果形成“评价—反馈—改进”的持续性良性循环机制。在教学实践运行过程中，S高校建构和优化思政课培养目标达成情况持续性评价体系，在课程目标导向、教学操作规范、课程质量监控、课程效果考核等子系统建设方面取得了显著成效。

（一）课程目标导向系统

泰勒指出：“评价过程实质上是一个确定课程与教学计划实际达到教育目标的程度的过程。”① 高校思政课培养目标达成情况持续性评价过程，本质上是建构新阶段发展需求的课程目标导向系统。S高校结合新时代高校思政课教学新要求，以成果导向理念为指导，秉承“价值引领—知识传

① 拉尔夫·泰勒. 课程与教学的基本原理［M］. 施良方，译. 北京：人民出版社，1994：85.

授—能力培养”的教学路径，结合地方历史文化资源，构建并形成了从宏观目标到微观目标的独具特色的课程目标体系，旨在实现培养目标即符合新时代国家社会的需求，符合学校教育发展定位，也符合学生成长成才要求。S 高校在思政课教学实践过程中，宏观方面注重解析高校思政课的培养目标，中观方面全面解析高校思政课每门课程的分目标，微观方面深化解析教师与学生两个不同维度的具体教学实践目标。

以微观方面的实践为例，S 高校依托红岩联线等相关“红岩文化”资源平台，发挥学校思政学科教学优势，对接学校“网络 + 课堂 + 实践”三位一体浸润式综合育人模式，充分挖掘重庆“红岩文化”资源蕴含的精神品格和丰富的育人价值，融合思政课教学，以期达到优化教学内容、创新教学方法、提升人文素养、传承红色文化、坚定文化自信和践行社会主义核心价值观的目标，进一步让思政课在传统和现代的对话，历史与现代对比阐述中更“接地气”、“活”起来。

（二）教学操作规范系统

教学操作系统是高校思政课培养目标达成情况持续性评价的核心要素，主要包括教材质量关、队伍质量关和教学质量关三个支撑点。

第一，研读教材，筑牢教材质量关。教材质量关是高校思政课培养目标达成情况持续性评价体系运行和改进的前提和基础，S 高校以马克思主义理论研究和建设工程重点教材为基础，重组教学模块，实现课程的时代性和特色性。如“中国近现代史纲要”课程的教学实践中，教学团队凝练出 11 个极富时代性和特色鲜明的教学专题，为学生呈现有高度、有深度、有温度、有情怀的思政课。

第二，创新路径，提升队伍质量关。上好思政课，关键在教师。教师队伍建设是提升教学质量的重要路径，是提升高校思政课培养目标达成情况持续性评价体系运行和改进的现实需求。S 高校关于思政课教师队伍建设，强化教育培训，通过教师之间的相互学习和竞赛、比学赶帮、老带新形成青年导师制，坚持一年一度的教学技能竞赛等方式实现教师队伍整体水平的高质量提升。教师教学质量通过学生评教、同行评教等方式在竞争中提高。

第三，以一流课程建设为契机，提高教学质量关。教学质量是监测高校思政课培养目标达成情况持续性评价体系实施的目的和归宿。提高思政课教学质量，要坚持课堂教学、实践教学和网络教学的有机结合，努力转变教学方式方法。S 高校 2021 年开展“一流课程”认定立项工作，马克思主义学院“中国近现代史纲要”教学研究部成功申报并已立项线上线下混合式教学一流课程建设。该课程申报要解决的问题是：问题意识不强、重“教”轻“学”、课程评价和支持体系不健全、线上与线下教学未能有效衔接、课堂教学与实践教学未能有效结合等问题。

针对上述问题，课程团队遵循大学生知、情、意、行的认知规律和心理特征，基于 OBE（Outcome - Based Education）教学理念，打造“线上 + 线下 + 实践”相结合的混合式立体化教学模式，实现“准备—课前—课中—课后—反思”无缝连接，构建“学—思—践—悟—化”一体化教学空间，使学生对马克思主义科学理论由政治认同、理论认同走向情感认同，实现思政课“铸魂”工程的目标诉求。该课程特色与创新之处为：

（1）重构学习空间，线上教学平台和线下课堂授课的有机结合，全程干预学生学习行为。通过线上平台提前布置课前自学内容，学生课前自主预习，完成对史实的基本了解。对学生自学过程中出现的疑惑，教师可以在线上一对一地单独作答，如果问题比较集中，教师可在课堂进行统一解答和互动交流，从而使教学更加具有针对性，更加突出重点。线上与线下的无缝衔接，实现更有重点、有深度、有效率的教与学。

（2）评学与评教的有机结合，全面推进课程持续改进。教师在教学过程中，实现合理设计、过程监控，进而不断发现问题、解决问题，达到持续改进的目的。尤其是“线上 + 线下”的混合式教学模式更加注重过程性考核，既有线上部分，包括签到、活动、测验等，又有课堂教学、实践作业等为主的线下部分。同时，通过线上平台能够及时收集学生对课程的反馈信息，以帮助教师及时地调整教学、改进教学。

（3）教学模式的创新——以“问题教学模式”进行“纲要”课程的教学。问题教学模式指的是基于学生已有历史知识结构，从历史叙述入手，通过设计历史问题，引导学生展开思考和探究答案，使他们将学习的过程转变为探求知识的过程和独立思索的过程，实现主导性与主体性的统一。

（三）教学质量监控系统

质量监控是提升高校思政课质量的重要保障，是优化高校思政课培养目标达成情况持续性评价体系运行和改进的重要抓手。高校思政课质量监控，是对思政课功能实现程度即其“符合性”和“有效性”的监督和调控，这种监控通过课程管理系统、教学评教系统、教学质量考核系统和课程质量跟踪系统来实现①。近年来，在建设市级在线精品课程、一流课程和接受专业认证的进程中，S 高校持续改进和优化教学，促进课程质量不断提升。

一是 S 高校建构系统、科学的课程管理系统，其中包括各课程的领导体制、组织机构、管理制度及管理措施。例如，S 高校建立学校党委直接领导、校党委书记直接联系马克思主义学院中心工作的工作机制；设立有促进持续评价运行和改进的市级科研平台（市中国特色社会主义理论体系研究中心 S 高校分中心）和校级科研平台（新时代青少年德育协同创新中心、S 高校纪律文化研究中心纪律文化研究室），并按照相关要求配齐建强机构主要科研人员；有健全的高校思政课教学管理队伍以及教学管理制度（具体实施 6 项）；有基于促进持续评价运行和改进的校际“手拉手”集体备课会活动，校内分享课堂活动等。

二是教学评教系统是对高校思政课课程效果的评价机制。S 高校根据思政课人才培养目标，建立科学、多样的教学评价标准。在重视学生评教的同时，重视同行教师特别是思政专家督导评教；在重视课堂评教的同时，更加注重课后、日常评教；在重视校内评价的同时，增加社会评价，以期全方位、各方面掌握教师上思政课、学生学思政课的真实情况。随着高校思政课建设的推进和展开，S 高校成功探索了基于校情学情的思政课教学质量考核激励机制。

三是教学质量考核系统是对思政课质量的考核机制。一方面建立对教

① 黄元全. 基于“需求者本位”的思政课质量评价体系构建［J］. 理论与改革，2014（2）：148－150.

师教学能力和水平的考评，动态监测、及时反馈，将教学质量贯穿教学全过程；另一方面建立学生学习水平考核机制，定期对学生掌握理论知识、情感态度、实践能力、思想道德等方面进行评价，进而反观并改进思政课教学侧重点和着力点。这种“既评教师、又评学生”的双向考评机制，是提升高校思政课教学质量的重要手段和保障。

四是思政课质量跟踪系统也是思政课培养目标达成情况持续性评价体系的重要内容。近年来，S 高校思政课质量跟踪系统主要从质量跟踪对象和质量跟踪内容两个方面进行了有效探索，相关数据有针对性地反映了教师的跟踪、学生的跟踪以及学校及社会跟踪的逻辑关系，同时提炼出关于教材质量的跟踪、教学质量的跟踪、目标效果跟踪的改进意见与具体举措，为高校思政课培养目标达成情况持续性评价提供了重要反馈。

（四）课程效果考核系统

效果评价是思政课培养目标达成情况持续性评价体系运行和改进的最终目的。“总体上讲，思想政治理论课的课程效果考核系统由教学效果、学习效果、育人效果三个部分构成。其中，教学效果是保障，学习效果是关键，育人效果是目标。[①]”高校思政课的最终受益者是大学生，英国学者麦尔肯·弗雷泽（Malcolm Fraze）所言：“高等教育的质量首先是指学生发展质量，即学生在整个学习过程中所‘学’的东西，包括所知，所能做的及其态度”。[②] S 高校充分发挥学生主体作用和教师主导作用，基于学习通平台开展“线上 + 线下 + 实践”混合式教学，通过“准备—课前—课中—课后—反思”无缝连接，实现“线上 + 线下”的高度融合，如“中国近现代史纲要”课程考核分为“诊断性评价、形成性评价及总结性评价”三部分，具体构成维度及比例如下：平时成绩（50%）+ 期末考试成绩（50%），其中平时成绩融合了“课堂 + 网络 + 实践”三种形式，具体占比构成为：网络学习 20%（学习平台数据提取）、小组实践学习 30%（包括

---

① 黄元全. 基于“需求者本位”的思政课质量评价体系构建［J］. 理论与改革，2014（2）：148 - 150.

② 肖胜映，张耀灿. 高校思想政治理论课教学评价理念新探［J］. 高校理论战线，2011（7）：62 - 64.

参观考察类、主题表演类及微电影制作等形式)、课堂表现50%（与线上学习平台数据挂钩)。

S高校课程效果考核系统的改革成效来看，一是教学效果明显提升。课程“线下+线上+实践”相结合的混合式立体化教学，实现思政课由知识传授向能力提升、价值认同和情感认同的转变，实现思政课“铸魂”工程的目标诉求，取得了明显的教学效果。学生对课程满意度大大提高，课程网评成绩多年来一直稳居全校前列。二是教学理念不断革新。基于线上线下混合式教学，推进了教师教学理念的转变，教学模式的更新；激发了学生学习兴趣，培养学生自主学习能力，提高课堂教学效率，进一步提高本科教育总体教学水平。三是教学成果收获颇多。实践教学活动广受好评，学生综合素质得到显著提升，学生实践教学经验被《中国教育报》《光明日报》等多家主流媒体相继报道。

综上所述，高校思政课创新改革始终坚持正确的政治方向、立足于立德树人、铸魂育人，以学生为中心，成果为导向，持续性改进为原则，实现对教学质量的把控，对学生由知识—能力—情感—价值的提升，进一步提升师生对高校思政课的获得感并将思政育人实效辐射全校，实现与高校人才培养目标的全面互动。

参考文献

[1] E. 格威狄·博格，金伯利·宾汉·霍尔．高等教育中的质量与问责［M］．毛亚庆，刘冷馨，译．北京：北京师范大学出版社，2008：125.

[2] 安红霞．高校思政课教学质量综合评价体系构建研究［J］．学校党建与思政教育，2024（2）：63－65.

[3] 白双翎．高校思政课教学评价指标体系构建研究［J］．现代教育管理，2021（9）：49－55.

[4] 曹培杰．智慧教育：人工智能时代的教育变革［J］．教育研究，2018（8）：121－128.

[5] 陈惠惠．自主学习理论对我国成人移动学习的启示［J］．成人教育，2016，36（5）：12－14.

[6] 陈新汉．问题的哲学意蕴［J］．上海大学学报，2005（6）：5－11.

[7] 陈玉琨，杨晓江．高等教育质量保障体系概论［M］．北京：北京师范大学出版社，2004：59.

[8] 邓喜道，张彦程．提升高校思想政治理论课混合式学习有效性的路径探析［J］．学校党建与思想教育，2019（14）：40－42.

[9] 丁国浩．问题意识导向下的高校思想政治理论课教学研究［D］．上海：上海大学，2013：35.

[10] 杜铷．高校思想道德修养与法律基础课程教学模式研究［M］．成都：西南财经大学出版社，2021：363.

[11] 冯秀军．用“问题链”打造含金量高、获得感强的思政课［J］．中国高等教育，2017（11）：22－24.

[12] 傅江浩，赵浦帆．高校思政课教学媒体技术融合改革创新［J］．湖北社会科学，2019（12）：180－184.

[13] 伽达默尔. 真理与方法 [M]. 上海：上海译文出版社，2004：471.

[14] 顾钰民. 新时代思想政治理论课传统优势同信息技术高度融合研究 [J]. 思想理论教育导刊，2018 (9)：75－78.

[15] 郝保英，王涛. "大思政课" 视域下高校思政课的实践性论析 [J]. 思想理论教育导刊，2022，(10)：106－112.

[16] 何秀超. 问题链教学法让思政课活起来 [N]. 人民日报，2019－05－24 (9).

[17] 黑格尔. 小逻辑 [M]. 贺麟，译. 北京：商务印书馆，1980：39.

[18] 怀进鹏. 胸怀国之大者 建设教育强国 推动教育事业发生格局性变化 [N]. 学习时报，2022－05－06 (1).

[19] 黄元全. 基于 "需求者本位" 的思政课质量评价体系构建 [J]. 理论与改革，2014 (2)：148－150.

[20] 教育部. 关于印发《新时代高校思想政治理论课教学工作基本要求》的通知 [EB/OL]. (2018－04－13) [2024－02－28]. http：//www. moe. gov. cn/srcsite/A13/moe_772/201804/t20180424_334099. html.

[21] 教育部. 教育部等八部门关于加快构建高校思想政治工作体系的意见 [EB/OL]. (2020－04－28) [2024－03－03]. http：//www. moe. gov. cn/srcsite/A12/moe_1407/s253/202005/t20200511_452697. html.

[22] 教育部等十部门关于印发《全面推进 "大思政课" 建设的工作方案》的通知，教社科〔2022〕3 号 [EB/OL]. (2020－08－10) [2024－03－10]. http：//www. moe. gov. cn/srcsite/A13/moe_772/202208/t20220818_653672. html.

[23] 金伟国. PBL 模式辅助历史学科教学的实践研究 [J]. 历史教学问题，2022 (5)：148－152.

[24] 靳诺. 新时代高校思想政治理论课改革创新的逻辑、方向和体系 [J]. 教学与研究，2020 (1)：16－23.

[25] 拉尔夫·泰勒. 课程与教学的基本原理 [M]. 施良方，译. 北京：人民出版社，1994：85.

［26］李博豪，王海涛．高校思想政治理论课学习过程评价及其优化［J］．学校党建与思想教育，2019（23）：58－60．

［27］李春华．论思想政治教育学科建设中思想性与知识性的关系［J］．学校党建与思想教育，2011（4）：10．

［28］李方圆．基于MOOC的混合式教学传播模式探析［J］．教育现代化，2019，6（A4）：229－231．

［29］李军刚．高校思想政治课“混合式”教学模式探索［J］．理论导刊，2019（11）：120－125．

［30］李志义，朱泓，刘志军，等．用成果导向教育理念引导高等工程教育教学改革［J］．高等工程教育研究，2014（2）：29－34＋70．

［31］梁红秀．高校思政课线上线下教学衔接研究［J］．学校党建与思想教育，2020（18）：49－51．

［32］林日青．在对话中走向发展［M］．杭州：浙江大学出版社，2005：5．

［33］刘文革．问题教学与思想政治理论课教学实效性［J］．首都师范大学学报（社会科学版），2012（5）：152－156．

［34］刘五景，欧阳恩良．思政课的道理“讲什么、怎么讲”［N］．中国教育报，2023－06－20（9）．

［35］刘小容．问题意识导向下的马克思主义整体性研究［D］．长沙：中南大学，2009：12．

［36］刘雅贤．基于OBE理念下的高校思想政治理论课持续改进研究［J］．西藏大学学报（社会科学版），2019（4）：209－213＋228．

［37］刘亚．办好理论性和实践性相统一的思政课［N］．经济日报，2020－12－15（1）．

［38］刘洋．混合式教学的困境与优化［J］．教学与管理，2020（18）：104－106．

［39］陆启越．高校思政课过程性评价模型与体系建构［J］．江苏高教，2021（10）：74－80．

［40］罗祖兵，郭超华．新中国成立70年课堂教学评价标准的回顾与展望［J］．中国教育学刊，2020（1）：59．

[41] 马赫穆托夫. 问题教学 [M]. 王义高, 赵玮, 等译. 南昌: 江西教育出版社, 1994: 4.

[42] 马克思, 恩格斯. 马克思恩格斯选集: 第1卷 [M]. 北京: 人民出版社, 1995: 67, 220.

[43] 马克思, 恩格斯. 马克思恩格斯选集: 第1卷 [M]. 北京: 人民出版社, 2012: 289-290.

[44] 毛泽东. 毛泽东选集: 第3卷 [M]. 北京: 人民出版社, 1991: 839.

[45] 全面推进"大思政课"建设 [N]. 中国教育报, 2022-08-20 (1).

[46] 沈壮海. 论思想政治教育有效性问题研究的理论框架 [J]. 教学与研究, 2001 (4): 75-78.

[47] 孙海英, 陈三营. 线上线下混合式教学在高校思想政治理论课教学中的运用探析——以《毛泽东思想和中国特色社会主义理论体系概论》课程为例 [J]. 贵州师范大学学报 (社会科学版), 2022 (5): 13-23.

[48] 孙兰英. 新时代办好思想政治理论课的根本指南 [J]. 红旗文稿, 2019 (8): 14-16.

[49] 孙曙辉, 刘邦奇. 智慧课堂 [M]. 北京: 北京师范大学出版社, 2016: 43-44.

[50] 陶磊, 汪萍平. 人工智能赋能高校思想政治理论课混合式教学之思 [J]. 黑龙江高教研究, 2022, 40 (12): 119-126.

[51] 汪晓东, 王洲. 让青春在奉献中焕发绚丽光彩——习近平总书记关于青年工作重要论述综述 [N]. 人民日报, 2021-05-04 (1).

[52] 王策三. 教学论稿 [M]. 北京: 人民教育出版社, 2002: 379.

[53] 王芳. "课程思政"建设中发挥思想政治理论课主渠道作用的探索 [J]. 教育理论与实践, 2020 (6): 35-37.

[54] 王静. 运用问题链教学法讲深、讲透、讲活思政课道理的思考 [J]. 高校马克思主义理论教育研究, 2022 (5): 101-108.

[55] 王萍霞. "互联网+"时代高校思想政治理论课混合式教学模式探析 [J]. 广西社会科学, 2017 (4): 211-214.

[56] 王卫国，曾令辉. 新媒体环境下高校思想政治理论课混合式教学模式的优化 [J]. 学校党建与思想教育，2019 (21)：60 - 62.

[57] 王永斌，尚天城. 新时代高校思政课建设新进展 [EB/OL]. (2023 - 02 - 15) [2024 - 02 - 07]. https：//m. gmw. cn/baijia/2023 - 02/15/36368796. html.

[58] 王岳喜，张云芳. 职业院校思政课混合式教学模式特征分析及实施路径 [J]. 中国职业技术教育，2020 (1)：46 - 50.

[59] 温彭年，贾国英. 建构主义理论与教学改革——建构主义学习理论综述 [J]. 教育理论与实践，2002 (5)：17 - 22.

[60] 吴潜涛，王维国. 增强亲和力、针对性，在改进中加强思想政治理论课 [J]. 思想理论教育导刊，2017 (2)：7 - 9.

[61] 吴艳东. 思想政治教育导向论 [D]. 武汉：武汉大学，2010：31.

[62] 吴争春，于天真，狄神武. 高校思政课混合式教学之"道""术""效" [J]. 思想政治教育研究，2020，36 (3)：63 - 67.

[63] 武东生. 注重对思想政治理论课课程及其教学的科学研究 [J]. 思想理论教育导刊，2017 (9)：61 - 63.

[64] 习近平. "'大思政课'我们要善用之"（微镜头·习近平总书记两会"下团组"·两会现场观察）[N]. 人民日报，2021 - 03 - 07 (1).

[65] 习近平. 高举中国特色社会主义伟大旗帜 为全面建设社会主义现代化国家而团结奋斗——在中国共产党第二十次全国代表大会上的报告 [EB/OL]. (2022 - 10 - 16) [2024 - 03 - 03]. http：//cpc. people. com. cn/n1/2022/1026/c64094 - 32551700. html.

[66] 习近平. 坚持中国特色社会主义教育发展道路 培养德智体美劳全面发展的社会主义建设者和接班人 [N]. 人民日报，2018 - 09 - 11 (1).

[67] 习近平. 思政课是落实立德树人根本任务的关键课程 [J]. 求是，2020 (17)：4 - 16.

[68] 习近平. 习近平谈治国理政：第 1 卷 [M]. 北京：外文出版社，2014：172.

[69] 习近平. 习近平谈治国理政：第 2 卷 [M]. 北京：外文出版

社，2017：377－378.

［70］习近平. 习近平谈治国理政：第3卷［M］. 北京：外文出版社，2020：328，331.

［71］习近平. 用新时代中国特色社会主义思想铸魂育人 贯彻党的教育方针落实立德树人根本任务［N］. 光明日报，2019－03－19（1）.

［72］习近平. 在北京大学师生座谈会上的讲话［N］. 人民日报，2018－05－03（1）.

［73］习近平. 在全国高校思想政治工作会议上强调：把思想政治工作贯穿教育教学全过程，开创我国教育事业发展新局面［N］. 光明日报，2016－12－09（1）.

［74］习近平. 在哲学社会科学工作座谈会上的讲话［M］. 北京：人民出版社，2016：14.

［75］习近平. 在中国人民大学考察时强调：坚持党的领导传承红色基因扎根中国大地走出一条建设中国特色世界一流大学新路［N］. 人民日报，2022－04－26（1）.

［76］习近平. 之江新语［M］. 杭州：浙江人民出版社，2007：235.

［77］谢启秦，唐云红. 高校思政课混合式教学：学理因由、实践模式与推进思路［J］. 煤炭高等教育，2021，39（5）：112－117.

［78］杨伯峻. 论语译注［M］. 北京：中华书局，2017：97.

［79］杨维伟. 基于OBE理念的"互联网＋"思政课教育研究：评《互联网＋视域下思政课教学理论与实践发展研究》［J］. 科技管理研究，2021，41（8）：222.

［80］杨小微. 现代教学论［M］. 太原：山西教育出版社，2004：187.

［81］余志远，冯宏杰，闫铭. PBL教学法在旅游管理专业研究生教学中的应用探索［J］. 高教学刊，2022，8（3）：115－117＋121.

［82］约翰·杜威. 民主主义与教育［M］. 王承绪，译. 北京：人民出版社，2001：197.

［83］张博，张世昌. 高校思政课混合式教学整体性的三个协同［J］. 思想政治教育研究，2020，36（6）：98－101.

［84］张瑞军. "问题链"教学法在"原理"课的应用研究［J］. 内

蒙古师范大学学报（教育科学版），2021（6）：50－54.

［85］张妍．高校思想政治理论课在线教学模式研究［J］．黑龙江高教研究，2021，39（12）：99－103.

［86］张耀灿，曹清燕．发展性评价：高校思想政治理论课教学测评的指导理念［J］．思想理论教育导刊，2009（5）：65－68.

［87］张耀灿，等．思想政治教育学前沿［M］．北京：人民出版社，2006：388.

［88］张耀灿，郑永廷，等．现代思想政治教育学［M］．北京：人民出版社，2007：292.

［89］章建石．基于学生增值按照的教学质量评价与保障研究［M］．北京：北京师范大学出版社，2014：52.

［90］赵炬明．论新三中心：概念与历史——美国SC本科教学改革研究之一［J］．高等工程教育研究，2016（3）：35－56.

［91］赵耀，王建新．新时代高校思想政治理论课“双线教学”的价值意蕴、问题研判与优化策略［J］．思想教育研究，2021（1）：105－110.

［92］郑永廷．思想政治教育方法论［M］．北京：高等教育出版社，2010：3.

［93］中共中央办公厅 国务院办公厅印发《关于深化新时代学校思想政治理论课改革创新的若干意见》［EB/OL］．（2019－08－14）［2024－03－10］．http：//www.gov.cn/zhengce/2019－08/14/content_5421252.htm.

［94］中共中央 国务院．印发《深化新时代教育评价改革总体方案》［EB/OL］．（2020－10－13）［2024－02－28］．http：//www.moe.gov.cn/jyb_xxgk/moe_1777/moe_1778/202010/t20201013_494381.html.

［95］中共中央马克思恩格斯列宁斯大林著作编译局编．回忆马克思［M］．北京：人民出版社，2005：190－191.

［96］中共中央宣传部 教育部印发《新时代学校思想政治理论课改革创新实施方案》的通知，教材〔2020〕6号［EB/OL］．（2020－12－22）［2024－03－10］．http：//www.moe.gov.cn/srcsite/A26/jcj_kcjcgh/202012/t20201231_508361.html.

［97］中宣部 教育部．关于印发《普通高校思想政治理论课建设体系

创新计划》的通知［EB/OL］.（2015－07－30）［2024－03－03］. http：// www. moe. gov. cn/srcsite/A13/moe_772/201508/t20150811_199379. html.

［98］朱慕菊. 走进新课程：与课程实施者对话［M］. 北京：北京师范大学出版社，2003：135.

附录1 研究报告

《中国近现代史纲要》混合式教学模式研究报告

重庆第二师范学院课程负责人芦智龙主持完成的“重庆市市级一流本科课程《中国近现代史纲要》(线上线下混合式)”。

教学团队：芦智龙、郭玉娟、李家智、刘思佳、田偲睿。

一、简介部分

(一) 标题

基于 OBE 教育理念的高校思政课混合式教学模式研究。

(二) 摘要

本课题厘清了 OBE 教育理念与高校思政课混合式教学的内在统一性，体现为以学生为中心的课程构建、以成果为导向的目标改革、以持续改进为原则的方案优化；在此基础上进一步阐释了 OBE 教育理念融入高校思政课混合式教学的价值意蕴。经过综合调研分析，找出高校实施思政课混合式教学模式存在诸如以学生为中心的理念认知不足、线上线下混合式教学流于形式、线上资源与线下教学内容重复、理论课程与实践教学脱节等方面的问题，并分析原因，并从宏观方面（坚持“成果导向”，构建思政课教学新模式；突出“学生中心”，打造生动鲜活思政课堂；遵循“持续改进”，持续加强思政课程建设）和微观方面（明确教学目标，引领教学方向；重构教学内容，组织实施教学；优化教学方法，实现多元教学；完善评价体系，促进持续改进）提出有针对性的改进策略。

二、主体部分

(一) 研究意义和主要目标

1. 学术价值方面意义

本课题研究旨在积极推动思政课教师全员参与课程理念创新、内容创新和模式创新，形成打造“金课”、淘汰“水课”的教学改革氛围。自教育部开展“一流本科课程建设大讨论”以来，高校思政课教师开动脑筋、大胆探索，努力活跃教学氛围，教学质量得到明显改善。但理性分析后发现，对标新时代高校思政课的内在要求、高校人才培养目标、大学生的需求和期盼，高校思政课教学研究与现实还存在差距，表现为对教学理念、教学形式和教学内容的深化拓展不够，大学生的思想困惑没有真正得到解决，故提升教学效果的方式渐显瓶颈。本课题研究旨在积极响应打造“金课”号召，纵深推进思政课教学改革，创新教学理念与教学方法，着力增强学校思政课的理论阐释力和现实说服力，切实做到用习近平新时代中国特色社会主义思想铸魂育人。

2. 应用价值方面意义

（1）将进一步深化对“线上＋线下混合式金课教学模式”的理解和认识，从体现前沿性与时代性要求，反映学科专业、行业先进的核心理论和成果，聚焦新工科、新医科、新农科、新文科建设，增加体现多学科思维融合、产业技术与学科理论融合、跨专业能力融合、多学科项目实践融合内容来提炼课程内容的问题，推进高校思政课内涵式发展，有效回应新时代高校思政课改革创新的内在要求；（2）为解决制约新时代高校思政课建设的突出问题而找到发力点，以“如何实现以学生学为中心的教学转变，如何有效融入信息化及数字化教学工具，如何开展线上线下一体化的混合式教学，如何做到理论与实践的融合”为突破口，纵深推动课堂教学模式和教学方法的创新，打造高校思政金课，锻造思政课教师的教学技能，也为高校“一流课程”建设提供参考样本和实践指南。

3. 主要目标

（1）OBE 教育理念下，厘清高校思政课混合式教学模式的整体改革思路，提炼出 OBE 教育理念与“线上＋线下”混合式教学的学理契合性；（2）OBE 教育理念下，对当前实施的思政课教学模式进行扬弃，探究在 OBE 教育理念指导下的高校思政课混合式教学模式的实现路径；（3）OBE 教育理念下，以我校《中国近现代史纲要》课程为例，研究混合式教学设计与实践，形成基于超星学习通的“线上＋线下”混合式教学模式和质量监控与评价机制。

（二）文献综述和研究基础

1. 文献综述

OBE（Outcome－Based Education），即成果导向教育，也称能力导向教育或目标导向教育。1994 年，美国学者斯派帝（William Spady）出版的《基于产出的教育模式：争议与答案》（*Outcome－Based Education：Critical Issues and Answers*）一书中对此模式进行了定义："清晰地聚焦和组织教育系统，使之围绕确保学生获得在未来生活中获得实质性成功的经验"。OBE 教育理念下，教育者必须对学生毕业时应达到的能力及水平有清楚的构想，以此设计出清晰的培养目标，进而根据培养目标构建课程体系、组织课程教学、评估教学效果。可见，与传统教育模式不同，这种基于产出导向的教育模式更加强调学生学到了什么，毕业时能够干什么，而不再是简单的传授式教育。"学生中心""成果导向""持续改进"是 OBE 教育理念的 3 个核心内涵，强调要以学生为中心，重视学生在学习过程中对学习成果及能力的获取，以及在不同阶段对学生所取得的学习成果进行评价，并通过持续改进措施形成一个整体的闭合环节，从而保证培养目标的实现。OBE 教育理念的核心内涵与现阶段教学体系高度契合，将 OBE 教育理念引入高校思政课中，能够更好地提升高校思政课的实效性和吸引力。

近年来，学界基于 OBE 理念从专业建设、课程建设、人才培养、教学模式改革、教学设计、实验室建设、成人教育或教师培养等方面进行了不同程度的研究，从现有研究看，基于 OBE 教育理念的研究大多数集中在工程专业领域，对文科专业的探讨应用较少。高校思政课作为大学生的公共必修课，作为一门非常注重学生学习成果的课程，需要将其放在 OBE 教育理念框架中进行考查，作出合理判断，然后予以调整与改进。

OBE 教育理念下研究高校思政课的学术论文自 2018 年才开始在国内出现，如《以 OBE 理念培养合格建设者和可靠接班人》（解安，2018）、《高校思想政治理论课基于 OBE 教学理念的改革有效性研究》（陈君锋，2018）、《基于 OBE 教育理论的"思政课"实践教学改革探索》（李丽，2018）、《基于成果导向理论的思政课实践教学模式探索》（刘娜，2019）、《OBE 理论视角下的新时代高校思想政治理论课教学模式探索》（岳金霞和吴琼，2019）、《OBE 理念下高校思想政治理论课评价要素与路径研究》（李阳，

2020）等文章。这些为数不多的研究成果从不同角度探讨了如何用 OBE 教育理念来审视高校思政课的培养目标和课堂教学的有效改进，拉开了用 OBE 教育理念研究思政课的帷幕。

学者们坚持问题导向集中探究了：①为何以教师为中心的现象在教学中依旧十分突出？②为何高校思政课课程评价和支持体系不健全？③为何高校思政课课程虽已尝试运用新媒体技术进行教学改革，但效果并不理想？④为何高校思政课课程与实践的结合不够紧密，且实践流于形式？

基于对高校思政课教学存在问题的分析，不难看出处于新形势下的思政课教育教学，其改革与发展已经成为必然趋势。而 OBE 教育理念的 3 个核心内容对于解决当前高校思政课教学存在的突出问题具有一定的契合性，将 OBE 理论融会贯通于思政课“线上 + 线下”混合式教学模式不失为一种可行的思路。这种思路之所以可行，在于二者有着内在的一致性：

一是“以学生为中心”的内在一致性：OBE 教育理念强调以学生为中心，突出了学生的主体性作用。“线上 + 线下”的混合式教学模式恰恰有助于这一理念的实现。二是“成果导向”的内在一致性：OBE 教育理念强调突出成果导向的价值诉求，注重学习成效，这一点，与“线上 + 线下”的混合式教学模式追求的目标是一致的。三是“持续改进”的内在一致性：OBE 教育理念需要课程质量的持续改进，“线上 + 线下”的混合式教学模式无疑为其提供了一种可行的路径。

由上可知，学术界对 OBE 教育理念、“线上 + 线下”混合式教学均有一定的研究，且取得了一定的研究成果，但已有成果都没有探讨如何将高校思政课混合式教学模式作为一个整体放到 OBE 教育理念框架中，仍是将其割裂开来的。对此，面对新形势，尤其是在新冠疫情防控背景下，如何更好地开展高校思政课“线上 + 线下”混合式教学，提高课程质量，理应注重将以“学生中心、成果导向、持续改进”为核心内容的 OBE 教育理念应用到思政课混合式教学模式中。

2. 研究基础

项目负责人前期相关研究成果：

（1）新媒体时代全面推进思政教学整改的方式探究（论文，北大中文核心）；

（2）基于 OBE 人才培养理念的高校思政课教学模式研究（论文）；

（3）立德树人视域下高校课程育人建设研究（论文）；

（4）课程思政视域下高职思政课教学改革的新路径（论文）；

（5）高职思政课教学的现状调查——以重庆市为例（论文）；

（6）立德树人背景下高职思政课实践教学创新研究（论文）；

（7）文化自信视域下地方文化融入思政课的思考（论文）；

（8）高校《中国近现代史纲要》课程教学改革探索（论文）；

（9）重庆历史名人资源运用于“纲要”课程的思考（论文）；

（10）重庆历史名人资源运用于《中国近现代史纲要》课程的实践性研究（校级课题研究报告），排序 1；

（11）立德树人背景下高职思政课实践教学创新研究（市级课题研究报告），排序 1；

（12）课程思政视域下高职思政课教学改革的新路径（市级课题研究报告），排序 1；

（13）重庆“红岩文化”融入高校思政课教学研究（市级课题研究报告），排序 1；

（14）《中国近现代史纲要》辅导教程（教材），排序 1；

（15）《马克思主义基本原理概论》辅导教程（教材），排序 2；

（16）2020 年校级教学成果奖一等奖，排序 3；

（17）2021 年负责的《中国近现代史纲要》课程入选学校一流课程（线上线下混合式课程），排序 1。

项目主要成员前期相关研究成果：

（1）新媒体时代高校辅导员工作面临的困惑与对策（论文，CSSCI），独撰；

（2）政治理论课网络教学的实效性研究（论文，CSSCI 扩），独撰；

（3）论高校思想政治理论课网络教学的功能定位（论文，CSSCI 扩），独撰；

（4）新时代思想政治理论课网络教学的目标构建与实现路径（论文，CSSCI 扩），独撰；

(5) 以问题教学模式提高政治理论课教学实效性(论文),独撰;

(6) 传统文化融入高校网络思想政治教育资源的路径研究(市级课题研究报告),排序2;

(7) 大中小学思政课一体化建设背景下中国优秀传统文化融入研究(市级课题研究报告),排序1;

(8) 政治理论课网络教学实效性研究(市级课题研究报告),排序1;

(9) 基于新媒体特征的思政网络课程建设理论与实践(市级课题研究报告),排序1;

(10) 基于新媒体特征的思政网络课程建设理论与实践(市级课题研究报告),排序1;

(11) 马克思东方社会理论与中国发展道路(著作),排序1。

(三)研究程序

1. 研究对象

以“混合式教学”为研究对象,本课题通过学理研究,明确OBE教育理念对“线上+线下”混合式教学的指导意义和价值,推进高校思政课教学内涵式发展;通过实践研究,探索OBE教育理念下高校思政课混合式教学模式的建构与实践;结合我校实际,重点深入研究如何深化改进思政课教学内容、如何选取贴近学生的教学素材、如何建构授课逻辑框架体系等。从重构教学内容体系、优化“线上+线下”混合式教学衔接方案、完善质量评价体系等方面,为一流课程建设找到积极进路。

2. 总体框架

(1) 教学内容研究:高校思政课需要打破教材内容的局限性。借助线上途径,补充更多教学资源,实现教材内容的拓展,丰富教学内容,增加教学元素,重构教学内容体系。

(2) 教学模式研究:高校思政课需要打破传统课堂教学模式。依据校情学情,科学制定线上教学与线下学时分配,灵活运用现代多媒体信息技术手段。一方面,能够很好地保存传统课堂教学师生面对面交流、重点详略充分说明的优点,另一方面利用现代化多媒体技术手段,通过微视频、线上答疑等方式为传统课堂教学模式补充了鲜活的现代化因素,实现传统教学手段与线上信息化教学手段的优势互补,丰富教学手段形式,提高教学吸引力。

（3）课程质量测评机制研究：高校思政课需要完善课程质量测评机制。通过线上手段，教师能够随时开展并有效记录教学课程中的考核结果，真正实现过程考核与结果考核的有效结合，实现考核评价方式的多元化与科学化。

3. 基本思路

本课题研究遵循“研究设计→学理分析→调研→混合模式建构→实践与测评”的逻辑思路，具体内容如图1所示。

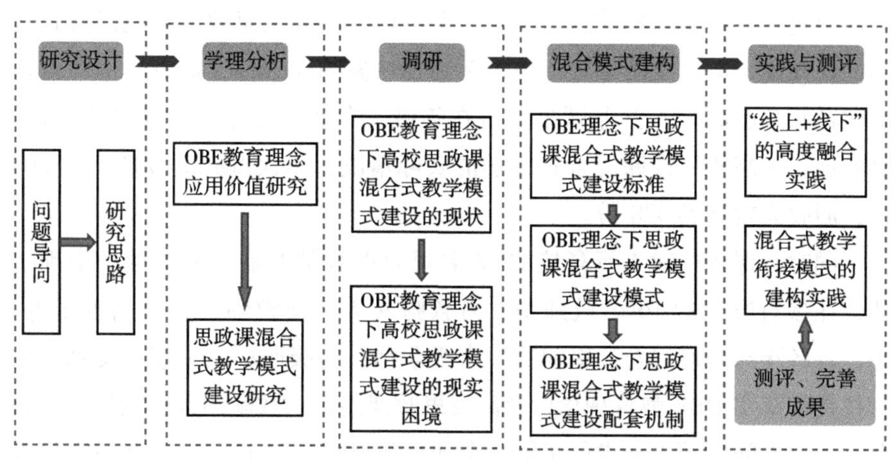

图1　本课题研究思路

4. 研究方法

（1）调查法：以我校为例，分别以马院教师和在校大学生作为调查对象，了解思政课教学实际，重点关注我校思政课“线上+线下”混合式教学的开展及实施，获取第一手宝贵资料。

（2）文献法：查阅网络期刊文献、党和国家重要会议、习近平总书记系列重要讲话，学习前人优秀的研究成果，提炼出OBE教育理念与“线上+线下”混合式教学的学理契合性；同时结合教学经验、课程实施并咨询有关专家，分析新时代高校思政课的特点，形成与本课题相关的定性结论。

（3）案例研究法：结合教育学、哲学等多学科的理论、方法和成果，以本校为例提出在OBE教育理念指导下的高校思政课混合式教学模式的实现路径。

（4）行动研究法：结合前期思政课“线上＋线下”混合式教学模式取得的经验，借鉴其他高校优秀做法，以 OBE 教育理念为指导，在不断持续改进中研究混合式教学设计与实践。

（四）研究发现或结论

1. 调研基本情况

课题组以重庆 4 所高校为例，围绕学校基于 OBE 教育理念的高校思政课混合式教学的实施情况，设置问卷星调查问卷对在校学生进行调研，问卷内容包括大学生基本信息以及大学生对现阶段高校思政课实施混合式教学的认知度、满意度两部分，为确保调查对象的代表性，调查样本覆盖本科院校和高职高专，并兼顾学生所在年级、专业等因素，力求做到客观、真实地反映高校思政课混合式教学的实际情况，本次调查共发放问卷 500 份，回收有效问卷 478 份。

同时，课题组对 4 所高校的 12 名思政课教师开展有针对性的个别访谈，在参与访谈的 16 名教师中，男教师 9 人，女教师 7 人，涵盖了老、中、青各年龄阶段以及高级职称、中级职称、初级职称三个职称类别，从学校贯彻落实 OBE 教育理念以及高校思政课混合式教学的教学效果、经验分享、存在问题等方面进行了解并全面分析。以上调查结果具有一定代表性和针对性，为课题组的数据整理和统计分析奠定了基础。

2. 调研结果与分析

课题组运用统计分析软件对回收的调查数据进行了分类和整理，并结合个别访谈情况对获取的调查数据和资料进行了全面、客观地分析，探究学校实施混合式教学情况、混合式教学对学生学习效果各个方面的影响等，得出以下的调查结果：

（1）开展现状。

本次调研的 478 份学生问卷中，样本涵盖了多个专业和年级的学生，多数被调查者为大一、大二学生，专业类别分布较为广泛。在大学生对“思政课混合式教学”的总体认知状况方面，如表 1 所示，被调查的学生中，94.6% 的学生表示接受过混合式教学，5.4% 的学生表示没有接受过。可以看出，本次调研的学生绝大多数都接受过混合式教学。

表1　基本统计量描述

变量名称	频数	占比（%）
年级	大一 155	32
	大二 212	44
	大三 88	18
	大四 23	5
专业	师范类专业 156	33
	理工类专业 122	26
	文经管类专业 134	28
	艺体类专业 66	14
是否接受过思政课混合式教学	接受过 452	95
	没有接受过 26	5

在“你所在高校开展思政课混合式教学的频率如何”的问题中，如图2所示，50.2%的学生表示所在高校开展思政课混合式教学的频率十分频繁，35.1%的学生表示比较频繁，10.3%的学生表示偶尔开展，4.4%的学生表示没有开展。可见，目前在高校思政课中混合式教学模式作为一种新型的教学模式得到了较为广泛的运用。

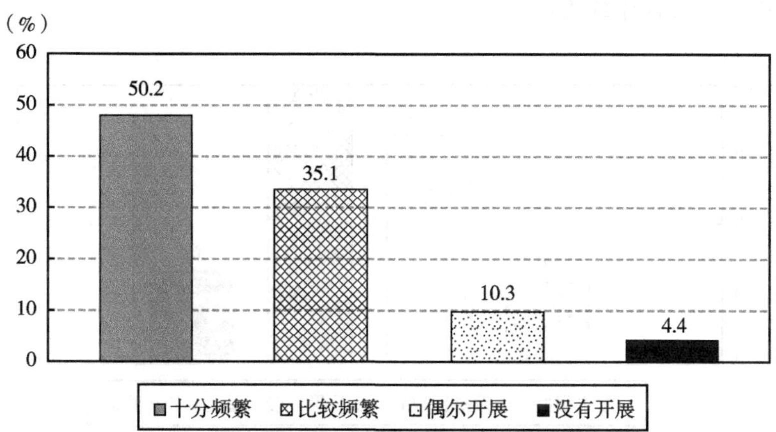

图2　学生所在高校开展思政课混合式教学频率

（2）效果评价。

调查问卷涉及到思政课混合式教学效果的问题共有4个。在“你知道每门课程的学习成果是什么吗？或者说学完一门课程后，应达到怎样的能力要求？”的问题中，如图3所示，32.6%的学生知道每门课程的学习成果或应达到的能力要求，59.4%的学生知道一些，仅有7.9%的学生不知道。

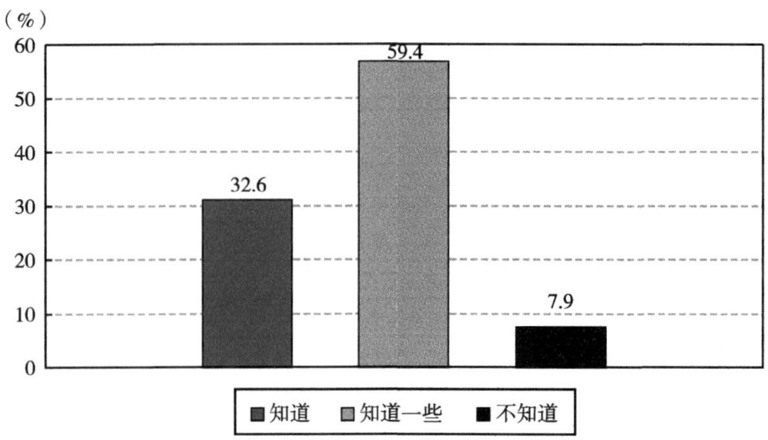

图3　关于思政课混合式教学效果的问题

在“你认为思政课混合式教学的教学效果如何?”这一问题中，通过图4可以看出，12.1%学生认为思政课采取混合式教学效果很好，34.3%的学生认为效果比较好，39.5%的学生认为效果一般，有14%的学生认为混合式教学没有什么效果。

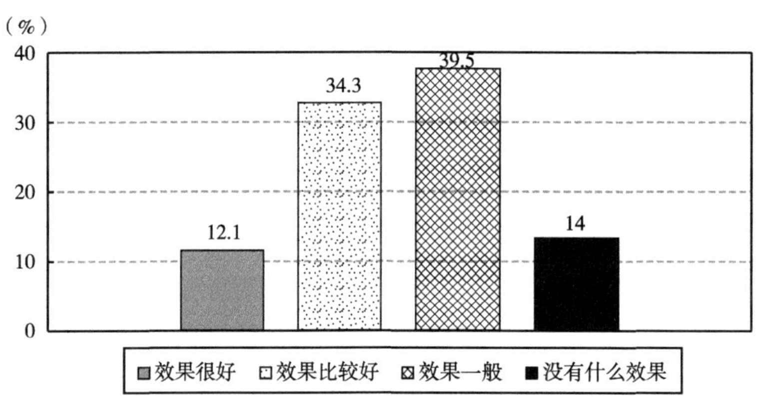

图4　思政课混合式教学的教学效果

在“你认为思政课混合式教学模式能否提高你的问题解决能力?”这一问题中，如图5可见，21.8%的学生认为思政课采取混合式教学模式能够提高问题解决能力并很清晰地知道问题所在和如何解决，54%的学生认为可以且比较清楚地知道学习中的问题所在，虽然解决问题尚有点困难，

14.2%的学生认为跟传统教学模式没有区别，仅有10%的学生认为传统教学模式更有利于提高问题解决能力。

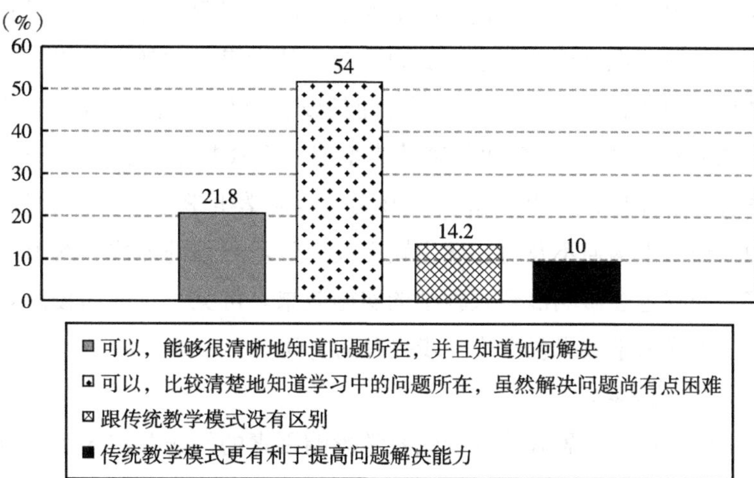

图5 你认为思政课混合式教学模式能否提高你的问题解决能力

在“你认为思政课混合式教学有没有提升你的课堂参与度?”的问题中，如图6所示，59.8%的学生认为思政课采取混合式教学模式提升了自己的课堂参与度，30.3%的学生认为有一点提升，9.8%的学生认为没有提升课堂参与度。

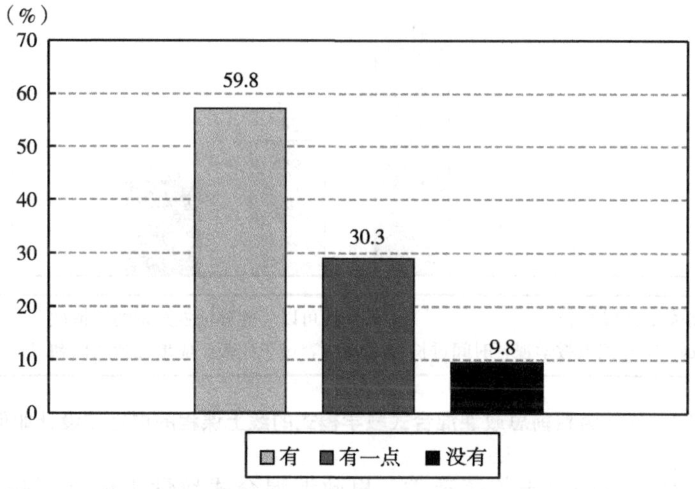

图6 你认为思政课混合式教学有没有提升你的课堂参与度

通过对以上所有样本在不同维度上的选择占比进行统计可知，在高校思政课混合式教学效果评价方面，多数学生认为思政课采取混合式教学模式能够有效提高教学效果，包括课堂的参与度、问题解决能力等得到了一定提升，但同时也有少部分学生认为混合式教学模式的教学效果一般。同时，结合教师访谈问卷中“您认为目前思政课混合式教学的教学效果如何？影响因素有哪些？”多数教师认为虽然混合式教学模式相较于传统课堂教学有一定优势，可以丰富教学形式，增强学生学习参与性和积极性，但其中诸如师生沟通不及时、学生缺乏线上学习习惯的养成、线上线下衔接不好等问题也会影响混合式教学的实施效果。可见，目前高校思政课混合式教学模式教学效果仍有进一步提升的空间。

（3）影响因素。

调查问卷涉及到思政课混合式教学影响因素的问题共有 3 个。调研结果显示，在“你认为目前思政课混合式教学模式的线上课程的内容与设计如何？”的问题中，如图 7 所示，16. 7% 的学生认为目前思政课混合式教学模式的线上课程的内容与设计很好，需要继续保持，41. 2% 的学生认为整体还可以，能够增强知识的逻辑性，24. 7% 的学生认为每一节知识点教学视频过长，17. 4% 的学生则认为教学内容过于死板，要增强趣味性和可视性。

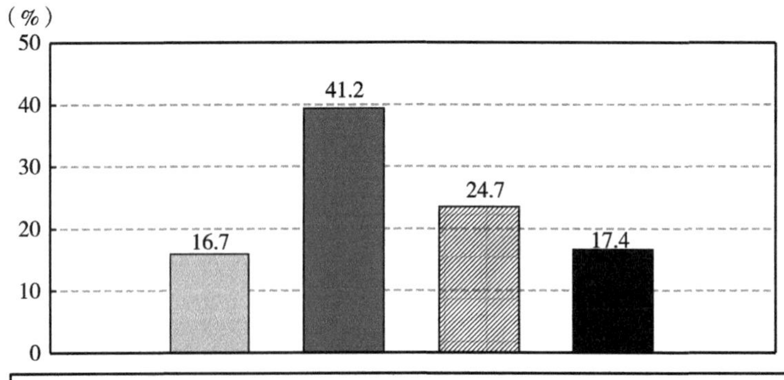

图 7　你认为目前思政课混合式教学模式的线上课程的内容与设计如何

在“你认为相比于传统教学，思政课混合式教学优势有哪些？”的问题中，如图 8 所示，51. 3% 的学生认为思政课采取混合式教学的优势在于能够自由安排学习时间，39.1%的学生认为能增强学习兴趣和提升学习效率，65.5%的学生认为使学习内容更加丰富多样，另外还有学生选择了能够帮助对知识点和考点的理解、有助于促进学生之间的交流合作等。

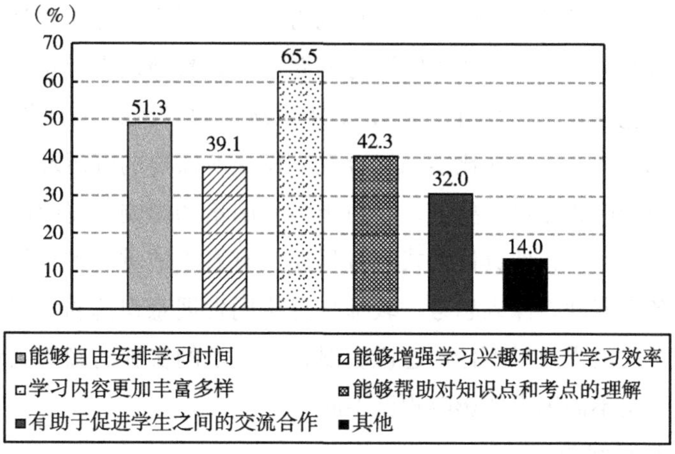

图8　你认为相比于传统教学，思政课混合式教学优势有哪些

在“你认为影响你进行线上学习的因素有哪些?”的问题中，如图9所示，49.4%的学生认为自身的学习自律性不强，另外还有学生选择了内容吸引力不强、没有充足的学习时间等，同时还有41.4%的学生认为线上学习缺乏教师指导和师生交流，30.3%的学生则认为学习效率不如传统的教学，4.8%的学生则选择了其他。

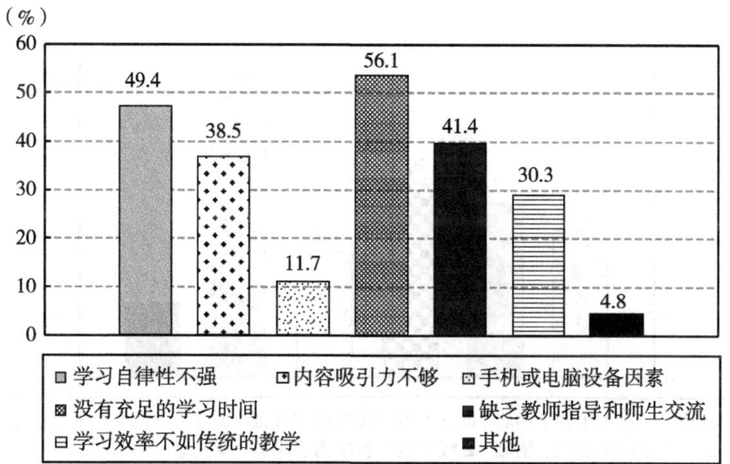

图9　你认为影响你进行线上学习的因素有哪些

通过对以上所有样本在不同维度上的选择占比进行统计分析可知，在高校思政课混合式教学影响因素方面，多数学生认为影响思政课混合式教学的因素包括自身的学习能力和学习习惯、学习内容、学习时间、学习平台等。同时结合教师访谈问卷中“您觉得思政课开展混合式教学的过程中需要注意哪些方面？请具体说明”等问题，多数教师认为影响混合式教学的相关因素包括教师、学生、教学支持系统、教学效果和评价等诸多方面，其中部分教师指出相比实施混合教学模式所需要的资源环境的硬、软件建设，教师因素是更重要的，而由于多种因素的影响，现阶段仍存在教师对混合式教学模式的具体方式、过程还没有真正地重视和理解、对混合学习系统各要素缺乏深入思考、教师自身协同发展意识薄弱等问题，导致思政课混合式教学效果不佳。这说明混合式教学的实施的确受到多个因素的影响，只是不同因素的影响程度不同。

（4）存在问题。

问卷涉及到思政课混合式教学存在问题的题目共有 3 个。在“你认为你所在高校思政课混合式教学存在的弊端有哪些?”的问题中，如图 10 所示，23. 4% 的学生认为思政课混合式教学存在教学形式大于教学内容的问题，27. 6% 的学生认为学习效果难以得到保证，30. 5% 的学生认为思政课采取混合式教学容易忽视平台学习任务，19. 7% 的学生认为学习重点不明确、清晰，44. 4% 的学生则认为线上线下教学内容重复。

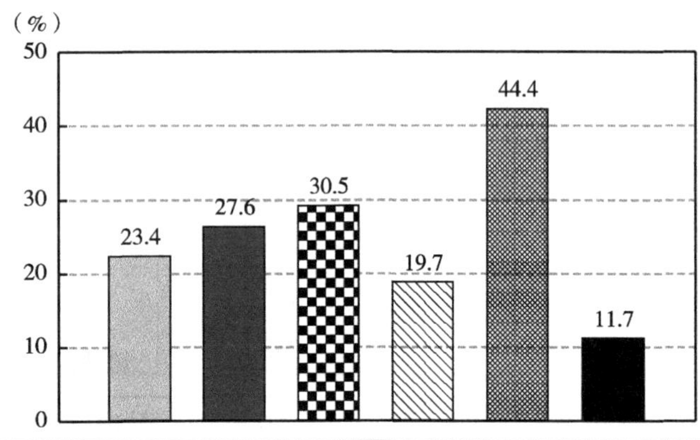

图 10　你认为你所在高校思政课混合式教学存在的弊端有哪些

在“你认为混合式学习时哪部分内容应增强?”的问题中，如图11所示，14.2%的学生认为混合式学习应减少线上学习，增加线下学习内容，20.1%的学生认为应减少线下学习，增加线上学习内容，36.6%的学生认为混合式学习应多开展活动，29.1%的学生认为混合式学习应增强师生在线互动。

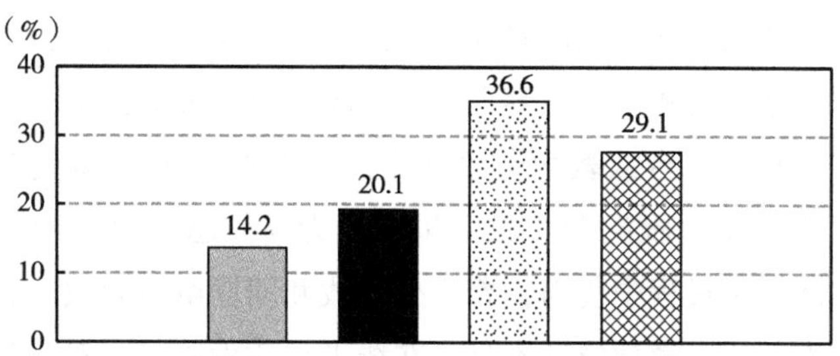

图11　你认为混合式学习时哪部分内容应增强

在“你认为目前所采取的思政课混合式教学考核方式（过程性考核：线上+线下）如何?”这一问题中，如图12所示，21.3%的学生认为当前

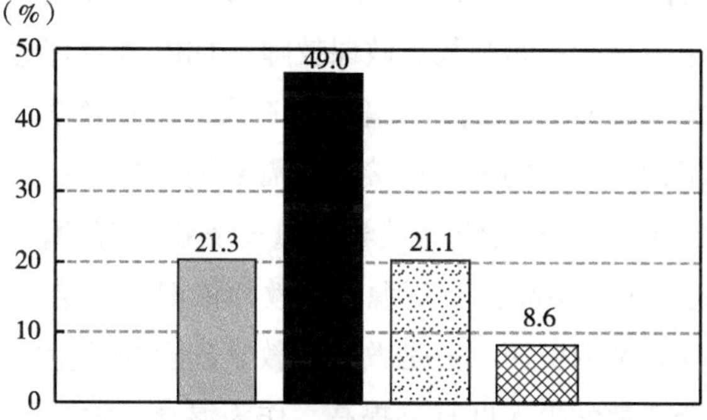

图12　你认为目前的思政课混合式教学考核方式（过程性考核：线上+线下）如何

思政课混合式教学考核方式很好，能够客观反映学习情况，49%的学生认为一般，线上部分不能真实反映知识掌握能力的高低，21.1%的学生则选择了不好，认为仍然以纯粹的知识考核、闭卷考试和以记忆为主，另外8.6%的选择了其他。

通过对“思政课混合式教学存在问题”的相关问题进行统计分析可知，多数学生认为目前思政课采取混合式教学存在线上线下内容重复、平台任务繁多、教学形式大于内容等问题。同时结合教师关于“您对使用学校提供的线上教学平台或教学资源有什么看法或建议?”等访谈问题，部分高校教师认为现阶段混合式教学虽已成为高校思政课程的重要教学方式，但在实际教学过程中仍面临着不少挑战和问题亟待解决，比如缺乏完善的规章制度、线上教学资源不足、在线平台建设不足、对学生主体地位与主观能动性发挥的重视程度不足等。可见，高校实施思政课混合式教学仍需进行有针对性和创造性的探索和实践，提出改进建议，不断完善和优化线上线下混合式教学模式。

3. 调研小结

根据问卷调查重庆市4所高校的478名学生与参与访谈的16名教师的结果进行分析发现，部分高校思政课混合式教学取得了一定成效并开始尝试引入OBE教育理念开展混合式教学，但仍处于不断摸索、创新的过程。主要表现在以下方面：一是高校思政课教师对OBE教育理念的理解和应用认识还不足，如何将OBE教育理念融入思政课混合式教学、如何做好线上网络教学和线下课堂教学的融合衔接等还需要进一步探究。二是线上课程资源有待加强，网络资源是线上教学的重要支撑，现阶段尽管可以使用MOOC、智慧树等现有精品共享资源，但教师依旧需要结合自身教学实际为学生提供更加合适的资源。三是教师的教学理念和学生的学习理念尚未完全转变，混合式教学投入度有待提高。作为混合式教学的主体，学生如果不改变学习理念，不积极投入混合式教学，其他方面的努力会付诸东流；而作为混合式教学的引导者和辅导者，教师如果不转变教学理念，混合式教学也将难以有效实施。四是混合式教学评价体系有待健全和完善。部分教师在实施混合式教学时，学生评价却依然沿用传统的评价方式，期末考试的成绩依然占据很大的比例，过程性评价内容相对单薄，难以真正反映学生的学习效果。此外，还包括课程在线平台的建设、教师混合式教学能力、学校方面的有效保障等还存在一些不足。对此，需要学校、教师、学生三者的相互配合，学校需要做好宏观引导，从基础设施、体制机制等为混合式教学提供保障；教师需要转变角色定位，面向学生需要设计混合式教学，引导混合式教学的有效开展；学生需要发挥主体作用，逐步适应并积极参与混合式教学并给予及时反馈交流，共同优化混合式教学。通过不断改进进一步完善OBE教育理念下的思政课混合式教学，让混合式教学更好地发挥育人功能。

（五）研究分析和讨论

OBE教育理念即成果导向教育理念，符合高等教育发展主流趋势，而随着互联网和信息技术的不断发展，线上线下混合式教学模式已逐步成为高校教学新常态。为进一步推动高校思政课改革创新，将OBE教育理念中的成果导向、学生中心和持续改进原则融入高校思政课混合式教学过程中，契合现阶段思政课全方位育人的现实需要。对此，构建OBE教育理念下高校思政课混合式教学模式，准确把握二者内在的统一性，挖掘其价值意蕴，探究当前高校实施混合式教学的具体情况进而分析存在的难点与困境，提出实施策略与具体方法，以期优化思政课教学模式，提高高校思政课的教学质量与育人成效，为人才培养目标的达成提供有力支撑。

1. OBE教育理念与高校思政课混合式教学的内在统一性

（1）以学生为中心的课程构建。

“学生为中心”是OBE教育理念的核心特征之一，混合式教学也强调“以学生为中心”，因此，构建OBE教育理念的“以学生为中心”的高校思政课混合式教学模式，要充分发挥传统面授教学与线上教学的优势，互补共促，选择最优化的信息传递通道，一方面，既能发挥教师引导、启发、监控教学过程的主导作用，实现不同教学环节中对学生的差异化教学，引导学生积极参与线上互动，突破传统的以教师为中心的教学方式；另一方面，又能充分调动学生作为学习过程主体的主动性、积极性与创造性，学生可以随时在线上平台进行学习，打破教学时空限制，进而构建与教师、学生的师生互动、生生互动。加之，混合式教学模式形式多样，能够促使学生完成从“闲下来”到“忙起来”的转变，教师将理论性知识转换为生动的教学素材与趣味的课堂互动，致力于打造成学生真心喜爱的思政课程。

（2）以成果为导向的目标改革。

OBE 教育理念中的“成果导向”即注重学习成效，即根据培养目标与课程目标出发，重点关注质量提升与成效改进。在成果产出方面，OBE 教育理念中的成果导向契合高校思政课混合式教学的内在意蕴，即以成果为目标，各个教学阶段均为达到预期教学效果而服务，在实际授课过程中，教师要结合专业性质和产出目标，将线上教学资源与互动情况进行预先设定，结合不同专业的培养方案设计不同的教学资源与教学活动，同时做好线上与线下之间的衔接，无法进行线上教学的部分，要进行补充教学。将成果导向运用于高校思政课混合式教学模式，一方面，教师的教学目标能够更加清晰，有利于切实提高教学质量，为教学改革出新招；另一方面，能够提高学生的专业能力与人文情怀，契合了为学生成才服务的中心理念，助推“思政课程”与“课程思政”协同育人。

（3）以持续改进为原则的方案优化。

OBE 教育理念指导下的持续改进原则即要求课程质量持续改进，要求课程教学的评价能及时反馈到教学中，以提高人才培养质量为标准，即在课程运行的过程中不断改革，以求达到最佳授课效果；混合式教学实施过程中，也需要教师不断进行教学反思和改进，以提高教学效果和学生的学习体验。结合过程性评价与终结性评价，学生可以及时提出教学反馈意见，便于教师不断改进、优化教学，缩减发现问题到解决问题的周期。因此，高校思政课混合式教学模式要坚持持续改进的原则，一方面，教师能根据学生的实时反馈及时了解课程教学效果和学生掌握情况，有利于快速调整和优化教学方案；另一方面，持续改进的原则符合思政课教师的职业要求，针对“00 后”学生知识碎片化的现状，教师要在信息的及时性、全面性及有效性方面先于学生，增强教学内容厚度，创新教学方式，进一步促进教学实效性的提升。

2. OBE 教育理念融入高校思政课混合式教学的价值意蕴

（1）革新思政课程理念。

思政课是高校面向全校学生所开设的一门公共必修课，因授课群体的学科专业、能力素质等存在差异性，就决定了思政课不能采取单一化授课方式，必须契合学生实际需求和人才培养目标。将OBE教育理念下的混合式教学模式应用于高校思政课教学中，遵循其反向设计的原则，以学生的学习成果为中心，在教学设计方面进行区别性的考量与分析，能够有力推动思政课教育教学理念的革新。教学内容的设计不仅要考虑学生的专业类别还要注重学生的预期学习成果，如师范类专业的学生授课内容除了基础教学内容还应注重师德师风、职业信念教育，将其贯穿到师范生培养的全过程。可见，OBE教育理念下的教学紧扣新时代人才培养的需求，强调以学生的专业背景、实际需求、人才培养等为核心组织开展教学活动，以便学生实现专业化发展。

（2）创新思政课程形式。

混合式教学模式是将线上教学与传统课堂教学优势进行有机融合的新型教学模式。混合式教学模式与传统教学模式相比有其明显优势，但也存在学生学习成果不明确、考核体系单一等问题，为此，以OBE教育理念为指导，创新思政课混合式教学模式，能够在克服这些问题的同时实现课程形式的创新与发展。以往思政课教学模式比较单一，以教师讲授为主，难以保障学生主体地位，教学内容理论性也较强，使得多数思政课缺乏吸引力、感染力。而OBE教育理念与混合式教学模式都强调学生中心地位，OBE教育理念下的“线上平台+线下课堂”混合式教学的开展既有助于重构课堂形态，打破原有“一言堂”的被动局面，丰富课堂形式，充分调动学生学习主动性与积极参与性，提升课堂教学实效性，还能推动思政课不断探索多元化教学模式，增强思政课的生动性。

（3）更新思政课程方法。

OBE教育理念下的混合式教学模式融合多种教学方式的优点，秉持“教师为主导、学生为主体”的教育理念，强调充分了解学生需求前提下实现教与学的有效互动。与建构主义学习理论者主张的“教师由知识的传授者、灌输者转变为学生主动建构意义的帮助者、促进者，发挥学生的主动性、积极性”不同，混合式教学模式则更为强调教师对学生的引领作用，借助线上平台与学生展开实时沟通，同时根据授课对象的不同要求与实际情况有针对性地采取教学方法。多样化的教学方法也是提高学生思政课学习兴趣的重要手段，尤其是信息化时代下的教学方法能够以最佳的方式呈现不同的教学内容进而有效传递教育信息，更加符合当代大学生的学习特征。相比于被动式地接受学习，学生更倾向于主动式地自觉学习，学生可以结合自身实际和需求进行个性化学习，充分发挥主观能动性，进而实现课程知识从教师单向传递到师生双向互动的有利转变。

3. 高校实施思政课混合式教学模式存在问题及原因分析

（1）以学生为中心的理念认知不足。

在高校思政课教学中，学生中心地位不突出，部分思政课教师教学理念仍然停留在“我要教会学生什么”这一层面，而没有转化为“学生要获得哪些知识”，导致教学准备及教学授课过程中只是停留在对知识的梳理层面。具体表现在，一方面，青年思政课教师由于自身经验不足等多方面原因在教学方法的掌握上还不成熟，大多以“讲清楚”为授课标准，而没有深入研究教学对象的实际需要，导致教师纯粹“为讲而讲”；另一方面，部分有经验的思政课教师，虽然清楚学生主体的课堂观念，但在教法方面没有与时俱进，不了解新时代大学生的个性化需要，对正处于人生“拔节孕穗期”的“00 后”大学生的兴趣点、关注点不够了解，学生的认同感、获得感缺失。

（2）线上线下混合式教学流于形式。

针对当前高校思政课混合式教学的探索中存在的流于形式的问题，其主要表现为部分混合式教学仅仅将线上教学平台当作上传资料的工具，没有利用好线上教学平台的教育资源和教学工具，无法将学生线上学习与课堂教学很好地进行融合，导致线上线下教学成了“两张皮”，没有发挥出混合式教学的优势，混合式教学改革仅仅停留在表面。加之部分教师在上传教学资源时难以取舍，重数量轻质量，导致学生在自学时面临资料过多、无法甄别、负担较重等现实问题。高校思政课教师在混合式教学探索中，应建立教研室主任为骨干、“老带新”的教学团队，熟练掌握教学平台的管理、应用、考核等，使其在教学前中后的运行过程中充分发挥“助推器”的作用。

（3）线上资源与线下教学内容重复。

从思政课线上线下混合教学现状来看，依旧还存在线上教学资源缺失的问题，尽管部分高校立足自身办学实际，在学习通、云班课、雨课堂等线上平台上传了课程的相关资料，如教学视频、要点解析及案例分析等，使得这一问题一定程度上得以解决。此外，线上资源的完善并非是资源的简单累积，如果不加以梳理和甄别，将会与线下教学内容重复，导致教学内容的衔接不充分、教学效果的不明显，不能充分体现出混合式教学的优势，这一点也是实际教学过程中存在的普遍问题。教师应结合所授课程教学的重难点内容，区分出线上资源及线下教学的各自侧重点，让学生在混合式教学的模式下学有所获，从而发挥线上资源学习和线下课堂教学两方面的合力作用。

（4）理论课程与实践教学脱节。

针对当前高校思政课教学中存在重理论轻实践，重灌输轻体验的现象，部分高校在成绩考核时引入了实践环节作为考评指标，学生以小组为单位选择活动内容，组织、开展实践活动并完成相关成果。但是，由于实践教学的内容制定没有进一步的考证选题，导致理论未能有效指导实践，实践未能有效延伸课堂，学生书本上学习到的内容难以与实践教学内容相对应。加上部分实践教学内容缺乏活力与新意，只注重活动形式与范围、不考虑学生的现实情况，导致学生在实践活动过程中虽投入了大量时间和精力，但收获往往不能与之形成正比，没有实现与课堂上所学习的理论知识融会贯通。所以，高校应以实际举措规范实践教学的实施，充分挖掘课堂外的实践育人资源，从而实现课堂与课外的全程育人。

（5）传统课程评价方式滞后化。

传统的课程评价方式往往较为单一，加之评教结果反馈到教师的过程中由于实际流程的繁杂，存在时间方面的滞后性问题，留给教师加以思考和改进的时间略短，也就难以及时调整与完善实际教学过程。同时，传统的评价方式多为终结性评价，无法评价学生整个学习过程中的整体表现，违背了混合式教学模式更为注重过程性评价的理念，难以有效保障教学评价的客观性和全面性，进而影响教学的反思与改进。因此，教师需要对这些问题进行及时有效地诊断与改进，充分发挥混合式教学模式的优势，突破客观环境制约，改善学生与教师之间的不平等关系，实现平等沟通，构建客观系统的教育评价体系以及时反馈教学效果，全面推进思政教学效果多元提升。

4. OBE 教育理念下高校思政课混合式教学模式的建构策略（宏观）

（1）坚持“成果导向”，构建思政课教学新模式。

在 OBE 教育理念下，高校思政课结合校情学情，根据人培方案和课程标准有针对性地制定教学大纲或授课思路。例如，针对师范类专业学生，在思政课授课中，要契合该专业的未来发展方向与定位，在育人环节中重在培养其教师素质与情怀；针对理工类专业学生，在教学过程中应重点培养其世界观、价值观、人生观，通过学习形成正确的历史观并将在思政课学习到的方法与观念融入到所学专业中。课前，教师应充分考虑学生专业背景的差异性，在教学平台发布个性化的教学资源，根据不同学科的培养方案，选取线上发布的预习资源，让学生能通过线上资源在课前做到自主导学，同时根据不同专业的培养目标发布不同的课前讨论，引导学生积极主动思考；学生则根据线上学习的基础知识参与教师课前发布的问题讨论，使教师了解学生的学习进度。课中，教师通过问题链模式进行线下讲授，根据课堂教学设计对不同专业的学生进行理论精讲、答疑与小结，鼓励学生积极参与课堂研讨活动，引导学生结合自己的专业开展实践活动。课后，教师总结梳理并评估是否达成课程教学目标，结合学生线上学习与课堂教学效果发布章节测验，并指导学生高质量完成社会实践活动，学生在课后完善笔记、绘制思维导图、回顾所学、拓展阅读。

（2）突出“学生中心”，打造生动鲜活思政课堂。

针对教学中以教师为中心的观念仍然突出的现象，对此，在思政课线上线下混合式教学的过程中，要将“教师要讲授什么给学生”转变为“学生能够获得什么”，以教师侧和学生侧两个维度在课前、课中、课后三个阶段分别体现，教师应当及时转变思想观念，认识到“学生中心”的重要价值。课前，在线上自主导学环节，教师应制定合理的教学设计以拓展备课思路，以教师探究和集体备课的方式推陈出新，结合课程特点研制专题式教学方案，并在线上平台上发布供学生自主学习的教学资料，学生根据在线平台资源自主学习和思考。课中，作为混合式教学和“学生中心”体现的关键环节，教师通过前期设定的教学问题在讲授过程中发布主题讨论、小组讨论等方式，以师生互动及生生互动的模式提高学生学习的自主性，培养学生的探究式思维，让学生真正参与到课程中。突破传统式教学中学生被动学习的模式，越来越成为当今思政课教学的发展主流趋势。课后，教师在线上平台及时回复学习提出的问题，并发布主题讨论类开放式回答的问题，鼓励学生主动思考，以“浸润式”教学充分发挥思政课的育人效果，学生在课后要结合课程内容及时做出总结，以笔记、思维导图等多种形式完成线上巩固学习，真正将知识入脑、入心、入行。

（3）遵循“持续改进”，持续加强思政课程建设。

OBE 教育理念强调教师的反思和持续改进，教学改进工作也是展现思政教学整改实效的重要体现，在以人为本教育理念支撑下，高校思政课混合式教学应遵循“持续改进”这一原则，不断优化教学方法和学习环境，以有效的机制建设保障思政教学实效。可以说，高校思政课线上线下混合式教学下的教学方法诊断与改进既能将学生课堂主体地位与教师主导价值进行有机统一，真正实现教学合一的教学理念，也能构建以教学能力为本位的多元立体化考核方式，让学生充分参与评价体系，真正实现接地气教学。课前，教师根据课程情况发布学习资源和相关主题讨论，鼓励学生自主梳理问题链，形成问题意识，教师也要结合学生特点与时代发展要求，不断更新课程线上资源及相关活动。学生在课前要根据线上平台资源进行自主学习，教师则要及时了解学生在线学习情况，对学生进行有针对性的指导和帮助。课中，教师要根据学生的课前反馈及时调整相关讲授内容，授课过程中还要引导学生积极参与课堂互动，创设积极互动的课堂氛围，灵活运用教学方法和教学工具，给予学生自主学习的空间，适时引入游戏化元素，并以平台实时数据监测学生课堂学习效果，做好评估与反馈。课后，学生则根据自身学习情况可以与教师进行线上或线下的点对点交流，教师要根据学生的反馈及时做出授课调整，以实现课程育人的最大化。

5. OBE 教育理念下高校思政课混合式教学模式的设计实施（微观）

以《中国近现代史纲要》（以下简称“纲要课”）课程为例，OBE 教育理念下的“纲要课”课程混合式教学模式的构建需要根据高校学生特点和人才培养目标，从明确教学目标、重构教学内容、优化教学方法、完善评价体系等方面完成，以获得该课程教学的创新性探索。

（1）明确教学目标，引领教学方向。

OBE 教育理念下的课程目标要符合人才培养目标和各行业需求确定的课程毕业要求。“纲要课”课程教学的根本任务与最终目标在于立德树人，引导和帮助学生树立正确价值观念。因此，OBE 教育理念下的“纲要课”课程目标的团队计划从知识、能力和素质三个维度设定：知识目标，即通过课程学习学生能够掌握中国近现代史的基础知识，认识近现代中国社会革命、建设、改革与发展的内在规律性，从而了解党史、国史、国情，深刻领会历史和人民是怎样做出了“四个选择”；能力目标，即学生能够学会运用马克思主义尤其是历史唯物主义的立场、观点和方法来分析问题和解决问题，培养学生的历史思维和历史智慧，提高其发现问题、独立思考、科学判断的能力；素质目标，即学生能够在充分了解近现代中国历史发展的过程中进一步激发民族自尊心和自信心，培养爱国主义情怀，树立正确的世界观、人生观和价值观，明确历史使命，努力成为堪当民族复兴重任的时代新人。教学目标确定后，教师还需根据章节内容完成教学目标的细分，结合学生实际特点实施教学。

（2）重构教学内容，组织实施教学。

“纲要课”课程教学内容涉及十个章节，内容多且教学时间有限，因此有必要根据教学目标、学情分析等因素综合考量，整合、重构课程内容。课程团队基于 OBE 教育理念，从人才培养目标与社会发展需求出发重构课程体系，以学生为中心、人才需求为导向架构知识，形成基于问题导向的十个特色教学专题。在此基础上，依托线上平台构建专题内容，实施“线上自主导学 + 线下专题精讲 + 线上巩固学习”的混合式教学，即实现课前、课中、课后的全方位学习。

课前：线上自主导学。教师需以专题学习教学内容为依据确定教学目标，明确重难点，据此制作学生学习任务清单指引学生进行线上课前自学，包括视频资源、授课课件和拓展阅读等课程资源，针对学生学习过程中产生的疑问可以在线与老师进行即时沟通。此外，学生也可以积极参与课程主题讨论发表看法，教师则应辅助调整讨论方向和进度。这一环节旨在学生能够初步了解新授课内容，为线下学习做好准备。同时，教师能够了解学生是否按时完成相应的学习任务，还存在哪些难以理解的知识点，以便教师及时调整教学进度、安排和内容。

课中：线下专题精讲。教师应秉持“以学生为中心”的教育理念设计教学环节，教学环节包括前测反馈、问题聚焦、课堂研讨、总结评价、后测反馈五个部分。“前测反馈”是在学生完成课前自主学习的基础上，通过线上学习平台任务的发布，掌握学生自主学习情况，实现线上学习到线下学习的有机衔接；“问题聚焦”则是以专题学习的重难点问题作为切入点，尤其是针对学生难懂、不懂的问题，教师要在课堂上进行系统化讲授，加深学生对知识的理解与掌握；“课堂研讨”要求学生分组展开讨论并进行学习成果汇报；“总结评价”需要教师就学生课堂讨论内容进行点评和总结，帮助学生从实践中获得知识；“后测反馈”就是通过线上学习平台发布任务，了解学生课堂学习效果的同时明确课后学习任务。教学过程中，教师要充分利用抢答、选人等平台功能，还要根据教学内容设计专题实践教学活动，引导学生积极参与。

课后：线上巩固学习。课后巩固是教学中不可缺少的重要环节，教师要组织学生进行巩固学习，持续强化学习效果，从线下学习再次回到线上学习，完成章节测验以评估学习质量和教学效果，并在教师的指导下，完成专题内容的总结与整理，形成完善的学习笔记和学习心得。同时，学生还可以根据个人兴趣爱好自主选择资源库中的内容进行拓展学习，以进一步丰富和完善知识体系。此外，教师可以通过问卷调查等方式，了解学生知识掌握程度，获取教学信息反馈，切实做到持续性改进。

综上，教学内容的设计除了要符合“纲要课”课程要求，还要遵循以学生为中心的教育理念，充分发挥学生的主体性，重视学生线上、线下实际学习成果的获取，根据反馈信息及时调整教学设计以保障教学目标最终实现。

（3）优化教学方法，实现多元教学。

OBE 教育理念下的混合式教学模式强调不断创新教学方法，尤其是现代信息技术与“纲要课”课程教学的有机结合能够助力“纲要课”教学实现新突破。一方面，教师要灵活运用混合式教学手段，教学中应充分利用线上教学平台的强大功能，通过主题讨论、PBL 分组任务等打造灵活性、趣味性课堂，调动学生课堂参与的积极性和主动性。另一方面，OBE 教育理念强调学生的学习成果而不是教师教了什么，强调研究型教学而不是灌输型教学，强调合作学习而不是竞争学习。因此，教师要改变照本宣科的“满堂灌”教学，以学生为中心，充分发挥学生主体作用，提倡让学生讲，不仅能够检验学生线上学习成效还能进一步提升教学质量。同时，这种教学方式能够进一步提升学生的综合能力，而教师又可将其作为学生考核的内容，打破常规的考核方式。

（4）完善评价体系，促进持续改进。

OBE 教育理念强调持续性改进，这一理念下的混合式教学模式要求教学评价必须贯穿整个教学过程，教学评价环节并非教学的终点而是新的起点，要以评价促结果，及时了解学生学习成果的达成情况，不断改进优化教学。因此，教师应深入分析“纲要课”教学和教学过程，将过程性评价与终结性评价相结合，尤其注重过程性评价，过程性评价包括线上、线下两部分。课前，教师要准确把握学生的课程需求，还要了解学生线上自主学习完成情况并作为教学设计的重要依据；课中，以课堂教学为主，合理设计教学，把知识有效精准传递给学生，既发挥教育者在教学中的主导作用，又满足学生对自主型学习的渴求，同时关注学生学习状态，把控课堂运行态势；课后，要及时与学生进行沟通交流，多渠道获取教学反馈信息进而改进教学。可以说，整个过程教师需要详细了解学生实际学习情况并及时进行教学反思，制定解决对策，促进教学持续性改进，逐步实现高质量思政课堂。

6. 结语

OBE 教育理念为探索新时代高校思政课教学模式改革提供了新方向，而混合式教学模式作为当前高校的主流教学模式应与 OBE 教育理念相结合。因此，针对当前高校实施思政课混合式教学模式存在的实际问题，以问题为导向，提出新的思考，遵循“学生为本、成果导向、持续改进”的 OBE 教育理念，将其融入思政课课前、课中、课后三个环节，同时充分利用线上线下混合式教学模式的融合优势，做好思政课教学线上与线下教学的有效衔接，通过教学内容的设计、教学实践环节以及教学评价体系的调整，进一步完善教学体系，达到有效地提升教学效果，激发学生主动性和创造性，努力实现思政课教学“配方”先进、“工艺”精湛、“包装”时尚。

三、主要成果

1. 公开发表的论文

（1）论文：新媒体时代思政教学诊断与改进方式探究（《中学政治教学参考》）；

（2）论文：新时代高校思政课精准供给的实施策略探究（《兰州职业技术学院学报》）；

（3）论文：OBE 教育理念下高校思政课混合式教学模式融合实践研究——以一流课程《中国近现代史纲要》为例（《长江丛刊》）；

（4）论文：基于 OBE 理念的高校思政课混合式教学现实困境及对策探析（《长江丛刊》）。

2. 课程资源

（1）打造基于 OBE 教育理念的高校思政课混合式教学的配套教学资料（以中国近现代史纲要课为例，包括教学大纲、教学日历、教学课件、混合式教学教案）；

（2）打造线上红“言”课堂微课项目，目前已完成基于课题研究的系列微课视频，并运用于市级一流课程“中国近现代史纲要”课程教学实践中（线上线下混合式）；

（3）打造线上学术著作阅读＋线下分组分享相结合的“读书思享”学习项目，形成用学术讲政治的专题学习范式，目前形成 5 个专题的学习育人主题；

（4）立项学校示范性实践教学基地，课题组于 2022 年申报立项学校示范性实践教学基地，形成支撑课题研究持续性成果产出的重要场域资源。

3. 教师获奖

（1）课题负责人获得重庆第二师范学院首届“超星杯”示范性数字教学空间评比一等奖；

（2）课题负责人获得 2022 年度重庆第二师范学院混合式教学设计创

新大赛二等奖；

（3）课题负责人主讲的课程获评重庆第二师范学院一流本科课程示范案例；

（4）课题负责人获评重庆第二师范学院 2022 年度教学管理工作先进个人；

（5）课题组成员刘思佳获得第六届重庆市高校青年教师教学劳动和技能竞赛二等奖。

4. 指导学生获奖

课题负责人指导文学与传媒学院 2020 级学生熊欣获得 2022 年学校师范生微课大赛二等奖，参赛作品《以青春之力　共筑中国梦》。

四、参考文献

［1］韩喜平等．关于思政政治理论课教育教学难题的破解［J］．学校党建与思想教育，2018（9）．

［2］靳诺．新时代高校思想政治理论课改革创新的逻辑、方向和体系［J］．教学与研究，2020（1）．

［3］李蕉．教学比赛比什么：从“一堂课”看思想政治理论课的“课堂革命”［J］．思想教育研究，2020（1）．

［4］刘娜．基于成果导向理论的思政课实践教学模式探索［J］．学理论，2019（6）．

［5］王锁明．“思政课”改革创新要抓四个关键点［N］．光明日报，2019－11－04．

［6］温旭．智能算法助推高校精准思政的逻辑进路［J］．思想理论教育，2020（6）．

［7］吴争春．高校思政课混合式教学之“道”“术”“效”［J］．思想政治教育研究，2020，36（3）．

［8］赵慧娟．人工智能时代的课堂革命：新课堂 新思维 新模式［J］．成人教育，2018（9）．

［9］Lindsley O R. Precision teaching: Discoveries and effects［J］. Journal of Applied Behavior Analysis, 1992（1）: 51－57.

五、附录（调查问卷及访谈提纲）

附1 基于 OBE 教育理念的高校思政课混合式教学模式研究调查问卷

亲爱的同学：

你好！

我们是重庆市高等教育学会 2021 ~ 2022 年度高等教育科学研究项目《基于 OBE 教育理念的高校思政课混合式教学模式研究》课题组，感谢你参加本次匿名调查活动！请你根据实际情况，在选项中选择你认为最符合的选项（有些题目为单选，有些题目为多选），并将你选择的答案填在括号内，或在“______”上填写相关答案即可。你的帮助将促使我们更好地了解你的学习需求，希望能得到你的真实想法与宝贵意见。衷心感谢！

混合式教学：即将在线教学和传统教学的优势结合起来的一种“线上”+“线下”的教学。

1. 你所在的年级是（　　）。

A. 大一　　B. 大二　　C. 大三　　D. 大四

2. 你的专业类别是（　　）。

A. 师范类专业

B. 理工类专业

C. 文经管类专业

D. 艺体类专业

3. 你之前是否接受过思政课混合式教学？（　　）

A. 接受过

B. 没有接受过

4. 你所在高校开展思政课混合式教学的频率如何？（　　）

A. 十分频繁（5 ~6 门课程）

B. 比较频繁（3 ~4 门课程）

C. 偶尔开展（1 ~2 门课程）

D. 没有开展（0 门课程）

5. 你知道每门课程的学习成果是什么吗？或者说学完一门课程后，应达到怎样的能力要求？（　　）

A. 知道　　B. 知道一些　　C. 不知道

6. 你认为思政课混合式教学的教学效果如何？（　　）

A. 效果很好

B. 效果比较好

C. 效果一般

D. 没什么效果

7. 你认为思政课混合式教学有没有提升你的课堂参与度？（　　）

A. 有

B. 有一点

C. 没有

8. 你认为思政课混合式教学模式能否提高你的问题解决能力？（　　）

A. 可以，能够很清晰地知道问题所在，并且知道如何解决

B. 可以，比较清楚地知道学习中的问题所在，虽然解决问题尚有点困难

C. 跟传统教学模式没有区别

D. 传统教学模式更有利于提高问题解决能力

9. 你认为目前思政课混合式教学模式的线上课程的内容与设计如何？（　　）

A. 很好，继续保持

B. 整体还可以，应增强知识的逻辑性

C. 每一节知识点教学视频时间过长

D. 教学内容过于死板，应增加趣味性和可视性

10. 你认为相比于传统教学，思政课混合式教学优势（　　）。（可多选）

A. 能够自由安排学习时间

B. 增强学习兴趣和提升学习效率

C. 学习内容更加丰富多样

D. 能够帮助对知识点和考点的理解

E. 有助于促进学生之间的交流合作

F. 其他

11. 你认为影响你进行线上学习的因素有（　　）。（可多选）

A. 学习自律性不强

B. 内容吸引力不够

C. 手机或电脑设备因素

D. 没有充足的学习时间

E. 缺乏教师指导和师生交流

F. 学习效率不如传统的教学

G. 其他

12. 你认为你所在高校思政课混合式教学存在的弊端有（　　）。（可多选）

A. 教学形式大于教学内容

B. 学习效果难以得到保证

C. 容易忽视平台学习任务

D. 学习重点不明确、清晰

E. 线上线下教学内容重复

F. 其他

13. 你认为混合式学习时（　　）内容应增强。

A. 减少线上学习，增加线下学习内容

B. 减少线下学习，增加线上学习内容

C. 多开展活动，提高学生分析问题、解决问题能力，培养创新精神

D. 师生在线互动，交流学习心得

14. 你认为目前所采取的思政课混合式教学考核方式（过程性考核：线上+线下）如何？（　　）

A. 很好，能够客观反映学习情况

B. 一般，线上部分不能真实反映知识掌握能力的高低

C. 不好，以纯粹的知识考核、闭卷考试和以记忆为主

D. 其他

15. 为了更好地开展思政课混合式教学，你对此有什么建议？

《基于 OBE 教育理念的高校思政课混合式教学模式研究》课题组

2022 年 3 月 20 日

附2 基于 OBE 教育理念的高校思政课混合式教学模式研究访谈提纲

尊敬的老师：

您好！

我们是重庆市高等教育学会 2021 ~ 2022 年度高等教育科学研究项目《基于 OBE 教育理念的高校思政课混合式教学模式研究》课题组。衷心感谢您参加本次匿名调查活动！

1. 您认为思政课采用混合式教学模式是否有必要？如果有，请您罗列几点。

2. 您是否了解 OBE 教育理念？混合式教学中是否融入 OBE 教育理念？

3. 您认为目前思政课混合式教学的教学效果如何？影响因素有哪些？

4. 您对使用学校提供的线上教学平台或教学资源有什么看法或建议？

5. 您觉得思政课开展混合式教学的过程中需要注意哪些方面？请具体说明。

6. 您能否分享一下思政课混合式教学模式的成功经验或做法？对混合式教学模式的未来发展有何期望和建议？

《基于 OBE 教育理念的高校思政课混合式教学模式研究》课题组

2022 年 3 月 20 日

基于问题导向的“中国近现代史纲要”课混合式教学设计与实践

芦智龙 文道群
重庆第二师范学院 重庆化工职业学院

作者简介：
芦智龙，重庆第二师范学院马克思主义学院专任教师；
文道群，重庆化工职业学院马克思主义学院教研室主任，副教授。

一、案例介绍

基于问题导向的思政课混合式教学，既根据课程内容的逻辑架构和教学重难点，以问题导入为突破口，聚焦核心素养培育，重构教学内容，以期满足学生多元化成长需求，打造有效思政课堂；又依托线上线下混合式教学模式，打破时间空间限制，引导学生由浅入深进行通透学习，实现思政课育人功能的最大化。《中国近现代史纲要》（以下简称“纲要”）是大学本科生必修的一门思想政治理论课，主要讲授中国近代以来争取民族独立、人民解放和实现国家富强、人民幸福的历史，帮助学生了解党史、国史、国情，深刻领会历史和人民选择马克思主义、选择中国共产党、选择社会主义道路、选择改革开放的必然性。本案例基于成果导向（OBE）的视阈，遵循学生知、情、意、行的认知规律和成长需求，构建“学—思—践—悟—化”一体化教学空间，实现“课前自主导学—课中专题研学—课后巩固提高”无缝衔接，立体化、全方位让学生参与学习体验。

二、案例详述

（一）课程团队建设与能力提升

课程团队10名成员中教授2名，副教授1名，讲师5名，助教2名；从职务上看，有学院教学副院长、教研室主任和一线思政课教师，团队成员分工协作工作效率高；从学术背景上看，团队成员具有思想政治教育、历史学、社会学等多学科专业背景；从教科研经验上看，团队成员长期从事思想政治教育工作，主持或参与过省部级各类课题，熟悉教科研各个环节。团队成员先后承担了《中国近现代史纲要》《形势与政策》《走进四史》等课程教学和研究工作。结合本校实际，团队成员先后通过建设校市级一流本科课程、建立示范性实践教学基地、承办校际"手拉手"集体备课会等，教学方面成效显著。在课程负责人的带领下，团队成员积极承担和参与各级各类科研、教研项目，参加各级各类教学比赛。近年来，团队成员主持、主研相关课题20余项，省部级课题10项。基于课程改革发表论文数篇，核心论文4篇，出版专著4部、教辅2部；制定实践教学方案1份，撰写专题教学讲义1本、创建案例资源库1个；教师参加教学比赛获得市级二等奖2次，校级一等奖2次，二等奖5次；获得市级教学论文比赛二等奖1次，2名教师获学校"优秀教师"荣誉称号。

概言之，团队成员职称、学历、学缘以及年龄结构合理，教科研实力强，研究成果运用转化效果好，团队实践经验丰富，合作意识强，在学校教学改革和兄弟院校合作交流中获同行充分肯定。

（二）课程内容与资源建设及应用

1. 课程内容

重组教学内容，形成基于问题导向的11个特色教学专题，帮助大学生了解党史、国史、国情，认识中国近现代史的主流、本质和发展规律，深刻领会历史和人民怎样选择了马克思主义，选择了中国共产党，选择了社会主义道路，选择了改革开放，选择了中国特色社会主义道路。

2. 立体式的资源建设

线上平台建设上，教学团队依托超星学习通平台，设置了"线上云课堂+线下面对面"主菜单界面，选用中南大学等国家级一流课程作为线上教学资源，设置了“线上自主导学 + 线下专题精讲 + 线上巩固学习”三个主体模块；结合学校办学特色和学情设置了“读书思享 + 手绘思政课”两个补充模块；结合重庆地方历史文化资源研制了教学案例集 1 部（含教学案例 150 个）；针对本科教育的特点制作了适合学生个性学习的资料库（经典著作 30 部、交互式微视频 35 个、习题 300 个）。

线下实践研学上，教学团队梳理出涵盖课程价值目标的实践教学专题 8 个，形成了“课堂 + 校内 + 社会”三位一体的实践教学体系。自 2018 年以来，打造了情景剧排演、文艺作品展示等特色活动，累计收集学生作品 450 余个，评选精品作业 60 余个。同时，积极开展馆校合作，共建实践教学基地 5 个，示范性实践教学基地 1 个，云基地 1 个，近 3 年组织师生参观学习 600 余人次，开展实践教学基地特色志愿服务 50 余人次，进一步丰富了“纲要”课实践教学的内容与形式。

（三）线上线下混合式教学设计

基于成果导向（OBE）的视阈，坚持问题导向，以教师为主导、学生为主体，构建“理论知识点、学生关注点、教学契合点”相结合的三位一体教学体系，形成“设问导思 + 创设情境 + 材料分析 + 师生对话”的教学模块链，激发学生的最大兴趣和求知欲。根据课程教学内容，设计“线上 + 线下 + 实践”相结合的混合式立体化教学模式，实现“准备—课前—课中—课后—反思”无缝衔接，构建“学—思—践—悟—化”一体化教学空间，提升课堂教学实效，如图 1 所示。

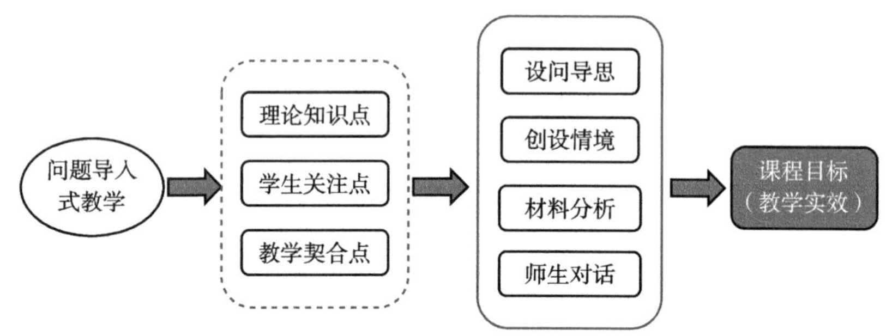

图 1　“线上 + 线下 + 实践”相结合的混合式立体化教学模式

教学过程主要包括课前（准备）、课中（教学）、课后（巩固）三个环节，授课 40 学时 3 学分，主要环节如图 2 所示。

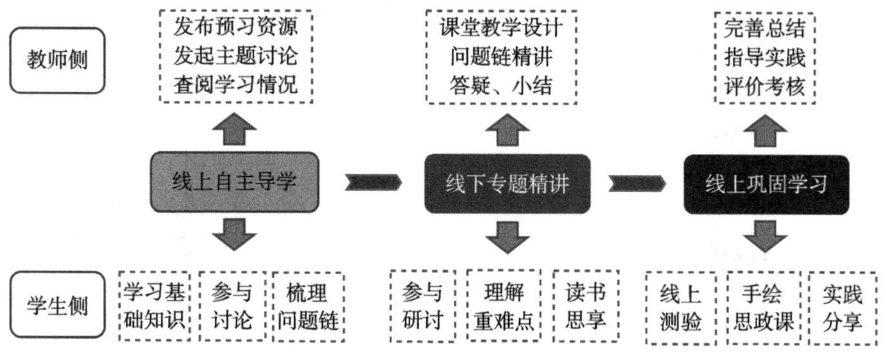

图2 基于问题导向的“中国近现代史纲要”课线上线下混合式教学模式

（四）课程教学内容及组织实施

1. 课程教学内容

本课程精心设计了11个专题教学内容，如图3所示。

预期目标	重组的11个教学专题，针对学校不同专业的学生进行分层教学，突出针对性、增强创新性。通过个性化教学，设问导思，循循善诱逐步解决学生的思想困惑，回应学生的理论和现实关切点。
教学内容	绪论——东方巨人在近代的沉沦 专题一 抗争觉醒——近代中国的反侵略斗争 专题二 拣尽寒枝——对国家出路的早期探索 专题三 揖美追欧——辛亥革命的成与败 专题四 红船映初心——中国共产党的诞生 专题五 艰苦探索——中国革命的新道路 专题六 浴火重生——中华民族的抗日战争 专题七 命运较量——为新中国而奋斗 专题八 万象更新——中国进入社会主义社会 专题九 任重道远——社会主义建设在探索中曲折发展 专题十 大国转身——中国特色社会主义的开创与持续发展 专题十一 长风破浪——中国特色社会主义进入新时代

图3 专题教学内容

2. 课程组织实施

课前，组织线上自主导学，基于学习通平台设计导学内容与互动环节，包括自主学习线上视频资源和授课课件、开展热点问题研讨和学术著作分享（读书思享）等，科学运用好任务驱动的教学策略，教师查阅学生预习情况，并梳理问题链。如图4所示为学生在线学习慕课视频。

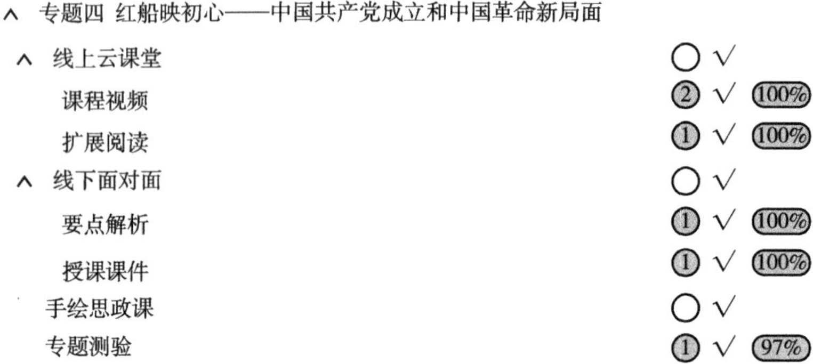

图 4 学生在线学习慕课视频

课中，组织线下专题精讲，设计完整课堂教学过程，基于 OBE 理念“以学生为中心”的核心特点，围绕核心问题，通过理论讲授、案例分析、情景模拟、小组研讨、代表发言、总结点评等讲清历史脉络和理论本质，让学生内化教学内容，提高学习效果。同时，根据教学内容设计专题实践教学，结合重庆历史文化资源，依托实践教学基地，设置参观考察类、主题演讲类、戏剧表演类、经典研读类和分享课堂等活动，并通过线上平台展示优秀实践作品。

课后，组织学生巩固学习，再次回到线上并在教师的指导下，完成专题内容的总结与整理，形成完善的学习笔记和学习心得，绘制专题思维导图。

因此，形成基于问题导向的线上 + 线下的衔接教学，以学生为中心，以成果为导向，让学生形成学习闭环，体现教学结构的完整性。

如图 5 所示为教师查看学生学习情况、在线答疑、评分。

图 5 教师查看学生学习情况、在线答疑、评分

（五）课程成绩评定方式

本课程采用过程性考核与终结性考核相结合、定性评价与定量评价相统一的方式，既包括线上的签到、学习、讨论、测验，也包括线下课堂教学、实践活动等的考核（如图6）。

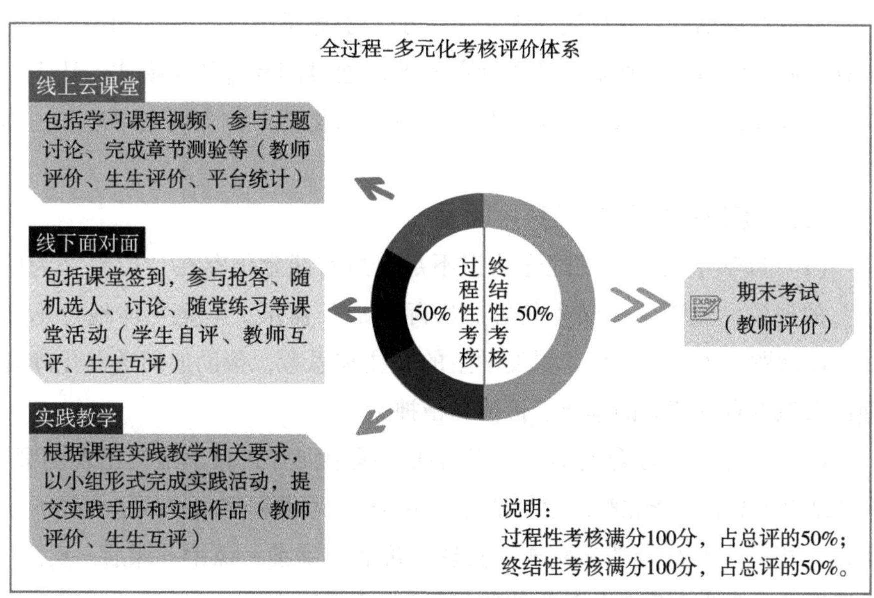

图6　全过程—多元化考核评价体系

三、教学案例成效

（一）特色与创新点

本课程教学的特色与创新体现在，基于成果导向（OBE）的视阈，围绕“理实一体化”育人模式，实现了三个结合：线上线下结合、评学评教结合、学思践悟结合。

“理实一体化”育人模式，即课程理论教学与实践教学的目标、主体、活动等一体化，实现课程育人功能的最大化。

线上线下结合：重构学习空间，线上教学平台和线下课堂授课有机结合，全程干预学生学习行为，基于问题教学模式，增强教学的针对性、突出创新性，通过线上线下有效衔接，打破时间空间限制，形成学生的学习闭环结构，实现更为完整、更有深度、更具成效的教学。

评学评教结合：以 OBE 理念持续性改进为原则，将学生评教与教师评学相结合。学生评教以提高课堂教学质量，教师评学以促进学生成长发展，二者良性互动，构建师生沟通的有效渠道，实现以学评教，以学促教，教学相长。

学思践悟结合：正确定位课程的功能，引导学生学习理论知识、思考精神实质、践行初心使命、感悟问题本源。通过问题链教学模式，让学生对本课程展开思考、探究答案、自觉践行、内化精神，实现主导性和主体性的统一。

（二）解决的重难点问题

（1）以学生为中心的理念认识不足。当前课堂仍存在“以教师为中心”的现象，疏于关注学生的思想实际和成长需求，学生主体地位不突出。以问题导入为突破口，引发学生的关注和思考，帮助他们透彻化理解理论知识本身及背后的本质、价值和精神。

（2）线上线下融合度不够。当前线上线下混合式教学衔接出现割裂、有效结合欠缺，缺乏完整的教与学的闭环结构。本课程实施“线上＋线下＋实践”相结合的混合教学模式，实现“准备—课前—课中—课后—反思”无缝衔接，学生深度参与教学体验。

（3）课程评价方式单一化。当前思政课教学评价方式比较单一，对课程教学实效性与学生的学习成果缺乏更为客观、公正、科学的评价。本课程通过采用定性与定量相统一，过程性评价和终结性评价相结合的多元化评价方式，实现学生对教学“知识—能力—情感—价值”的提升，同时提升思政课教学质量和教师教学水平。

（4）理论和实践脱节。当前仍存在重理论轻实践，重灌输轻体验的现象，理论未能有效指导实践，实践未能有效延伸课堂。本课程依托示范性实践教学基地的建设，充分挖掘重庆历史文化资源的思政育人功能，实现理论内化、实践外化。

（三）主要成效和成果

（1）学生满意度高。近 2 年据学校质评处统计，学生对“纲要”课的 5 星好评率达到 94% 以上，学生对超星学习通学习平台的参与度达 97.5% 以上，课程效果明显增强。

（2）督导评价高。校级、院级教学督导对本课程教学内容的设计、教学方法的创新、教学形式的改革及实践教学的组织开展给予了较高肯定与评价，授课教师的考核分数均排名学院前列。

（3）改革成果多。2022 年马克思主义学院“纲要课”入选市级一流本科课程（线上线下混合式课程），2022 年成功申报聂荣臻元帅陈列馆示范性实践教学基地。近年来，团队成员主持、主研相关课题20 余项，其中省部级教改课题5 项（重点课题2 项），省部级科研课题10 项（重大课题1 项，重点课题3 项）；基于课程改革发表论文数篇，核心论文4 篇，出版专著4 部、教辅2 部；制定实践教学方案 1 份，撰写专题教学讲义 1 本、创建案例资源库 1 个；教师参加教学比赛获得市级二等奖 2 次，校级一等奖2 次，二等奖5 次；获得市级教学论文比赛二等奖 1 次，2 名教师获学校“优秀教师”荣誉称号。随着混合式教学创新的系列举措落地落实，增强大学生思政课的获得感，实践教学活动广受好评，学生综合素质得到显著提升，学生实践教学作品多人次获得学校奖励，学生实践教学经验被《中国教育报》《重庆日报》等多家主流媒体相继报道。

四、未来计划或启示

（一）五年建设计划

（1）近期计划：2023 年，对课程内容体系的架构、教学模式的创新、教学模块的重组、教学评价的优化等进行深入研究，形成科学合理、系统完善的实施方案，并按子目标分阶段、有计划、定责任的将建设计划分配到人、落实到位。

（2）中期计划：2023 ~ 2025 年，调研借鉴市内外兄弟院校的成功经验，基于成果导向视阈进一步探索线上线下混合式教学的深度对接、多元协同、融通教材，打造教学资源库，形成系列微课视频（线上）、示范课堂（线下），提炼一批理论成果（论文、课题等）。同时，进一步完善定性与定量、过程性与终结性相结合的评学评教考核机制。

（3）远期计划：2025 ~ 2027 年，经过实践探索和反复验证，对课程形成螺旋式上升的改进，梳理理论和实践成果，以期形成可复制、可推广的混合式教学模式与经验。

（二）改进方向或启示

一是更新教学理念，加强教师培训，完善一流课程建设制度和规范，专题教学和实践教学落到实处，提高课程的高阶性；二是开展教学实践、凝练教学成果、运用至教学实际、推广形成典型经验，突出课程改革的创新性；三是持续优化混合式教学设计，完善质量评价机制，体现立体化教学模式，做精做优 PBL 分组任务模块，增加课程的挑战度。